자·유·표·현·과 심·미·감 중·심·의

유아미술교육 ^{2판}

이원영 · 임경애 · 김정미 · 강유진 공저

학지사

유아미술교육을 사랑해 주셔서 감사합니다.

『자유표현과 심미감 중심의 유아미술교육』을 2015년 세상에 내놓으며, 시지각 이론視知覺理論 · 색채이론 · 듀이Dewey의 미술교육 이론을 받아들여 유아미술교육에 접목하는 일이 맞는 일인지, 내용을 제대로 이해하여 전달하고 있는지 정말 많은 생각에 잠겼었다. 의논 대상이 되어 주셨던, 이제는 이 세상에 안 계시는 은사님들의 얼굴도 스쳐 갔었다. 그런데 2판을 내야 한다는 소식을 듣고 감사한 생각이 들었다. 4년 동안 이 책으로 가르쳐 본 분이 많았다는 의미이기 때문이다. 처음부터 끝 장까지 한 자 한 자 읽으면서 우리가 초판에 제시한 이론과 실제가 뒤처진 내용은 아니었는지, 오류나 오자는 없었는지, 더 좋은 표현은 없는지, 의미는 제대로 전달되고 있는지 서로 바꾸어 가며 검토했다. 4차원에서 5차원 세계로 진입하는 이 시점의 특징을 머리에 떠올리며 살펴보니, 다행히 유아미술교육의 핵심 이론과 의미는 아직 뒤처지지 않았다. 이미 잘 알려진 사실이지만 유아교육자들은 영유아들을 미래사회로 이끌어 갈 최전선에 서 있는 역군들이다. AIArtificial Intelligence를 발전시킬 사람들은 어른들이지만, 그들의 머리에 창의성이 심어져야 할 시기는 유아기이고, 어린아이들을 가르칠 사람들은 우리들이기 때문이다. 아기들은 어려서부터 자신 있게 자기의 느낌과 생각을 표현하고 자기의 의견을 다른 사람과 효과적으로 나눌 수 있으며 무엇이든 미술의 요소와 미술의 원리를 적용하여 아름답게 만들 수 있는 능력을 몸에 익혀야 한다. 그래야 우리나라가 세계에서 인정받고 살아남을 수 있게 될 것이기 때문이다. 세계 최초로 초능력을 가진 미래형 로봇을 개발했다 해도 기계 속이 훤히 보인다면 어느 나라가 사겠는가? 그런 의미에서『자유표현과 심미감 중심의 유아미술교육』은 제 방향에 서 있다고 본다.

초판 곳곳에 '자유'에 대한 개념을 방임과 차별화한 것은 잘했다고 판단했다. 20세기를 지나온 우리의 선배 학자들이 자유표현을 소개할 그 당시의 사회적 분위기는 어른 중심의 주입식교육이 강력한 영향력을 발휘하고 있을 때여서 아이들 스스로 하도록 자유를 주어야 한다는 명제를 강력하게 던질 수밖에 없었기 때문에, 균형적 교수-학습 방법을 적용해야 한다는 것을 우리 세대는 배우지 못했었다. 우리나라 유아교육자들뿐 아니라 치젝Cizek의 창조주의적 미술 교수-학습 방법을 소개받았던 서구 유럽 유아교육자들도 같은 실정이었다. 이런 경향에 제동을 건 학자는 치젝의 창조주의적 미술교실을 실제로 방문 관찰했던 존 듀이John Dewey였다. 듀이는 "네 마음대로 그려라."라고 허락받은 치젝의 미술교실 아이들이 처음에는 신나게 그리고 만들었지만 곧 방향과 흥미를 잃는 것을 관찰하고는 무한의 자유는 방임이라는 의견을 이론으로 정리했다. 듀이의 의견에 동감한『자유표현과 심미감 중심의 유아미술교육』저자들은 장고長考 끝에 유아를 대상으로 하는 미술교육은 창조주의 교수-학습 방법으로 시작하되 균형주의 교수-학습 방법을 순환적으로 적용할 필요가 있다는 데 합의했다. 그리고 가장 중요한 것은 아이들에게 마음대로 그리고 만들고 바꾸어 보게 자유를 주되, 그들을 항상 듣고 보고 관찰하다가 아이들이 도움을 요청할 때는 필요로 하는 것을 마련해 주어야 한다는 데도 공감했다. 그러다가 자유를 돌려주어야 할 시점이 오면 다시 아이 스스로 할 수 있는 자유를 주어 표현하게 하는 것이 이 책의 핵심 개념이라는 데도 동의했다.

이렇게 하려면 유아를 가르치는 교사는 '내가 유아를 위해 무언가를 가르쳐야한다'는 강박관념에서 벗어나 예술활동의 주인은 영유아이고 기본정신은 자유표현과 창의성임을 굳게 믿으며 아이들 한 명 한 명을 세심히 도와야 할 것이다. 저자가 누구인지 보지 않은 채 서점에서 이 책의 내용을 뒤적이다가 마음에 들어서 교재로 채택한 후, 나중에야 저자가 누구인지를 봤다는 졸업생과 통화할 때는 감사했지만, 한편으로는 미안하기도 했다. 그래서 "내가 당신들을 가르치던 때에는 유아미술교육에 대해 많이 알지 못해 미안하다."라고 사과했다. 이 졸업생 이외에도 초판 내용을 읽고 가르치며 오자나 오류를 전화, 이메일 등으로 알려 주신 분들께 이 자리를 빌려 감사의 말씀을 전하고 싶다. 이번에도 열심히 협력해 책을 더 잘만들려고 노력한 임경애, 김정미, 강유진 교수께 감사한다. 초판 때는 백소현 차장님이 열심히 해 주시더니 이번 2판 원고는 유가현 선생님이 열심히 해 주셨다. 감사드린다. 그러나 누구보다 고마운 분은 처음부터 지금까지 믿고 지켜봐 주신 김진환 사장님이시다. 마음속 깊은 곳에서부터 감사를 드리며…….

2019년
이원영

1판 머리말

아! 유아미술이 영유아들에게 행복을 가져다주기를 바라며

드디어 『유아미술교육』이 세상 빛을 보게 되었다. '아동미술'이라는 이름 대신 '유아미술교육'이라는 명칭을 쓰기로 한 이유는 특별하다. 초등미술교육의 일부라는 암묵적 개념으로부터의 독립, 영유아의 발달에 적합한 미술교육의 필요성을 강조하려는 강렬한 의지, 아동중심교육철학에 기초한 행복 교육으로서의 미술이 되었으면 하는 소망을 담아 그리했다.

아동미술에 관심을 갖게 된 것은 1963년 이화여자대학교 도서관에서 로웬펠트, 리드의 아동그림 발달단계이론을 읽으면서 감동을 받은 후부터였다. " '아동미술'이란 학문이 있는 것일까?" "어디서 무엇을 공부해야 하는 것일까?" 이런 의문을 가지고 계속 찾았으나 여의치 못했다. 미국에 유학을 가려고 알아보니 아동미술을 개설한 대학교는커녕 유아교육 자체를 전공할 수 있는 대학도 몇 군데 없었다. 유아교육은 내부분 초등교육의 유치원 교육 전공 분야로 있거나 가정학의 아동발달 또는 아동학 전공의 한 분야로 있었다. 미국 워싱턴대학교University of Washington 대학원의 초등교육과 한 귀퉁이에서 무늬만의 유아교육을 전공하며 도서관과 서점에서 아동미술과 관련 있어 보이는 책은 모두 모았었다. 대부분은 초등학교 미술

교육을 다룬 서적들이었다.

1975년 중앙대학교 보육학과(1980년 우리나라 최초로 '유아교육학과'로 명칭을 바꿈) 교수가 된 뒤 '아동미술'을 가르치라고 할 때 선뜻 하겠다고 나선 후로부터 약 33년간 아동미술을 가르치게 된 것은, 1963년부터 갖게 된 아동미술에 대한 짝사랑 때문이었지 이 분야에 대해 많이 알아서가 아니었다. 사실 그 당시 아동미술은 모든 보육학과에 개설된 과목이었지만 가르치는 사람이나 배우는 학생에게 인기가 없는 과목이었다. 낙엽을 풀로 붙여 작품 만들기, 가위질하기, 헌 양말로 인형 만들기 등의 미술활동들은 시키는 교수도, 학점을 받아야 하는 학생들도 괴롭고 싫은 일이었다. 매년 아동미술을 가르칠 때마다 영문으로 출판되는 아동미술 서적을 구입해서 함께 공부하며 가르치고 배웠지만, 학기를 마치고 나면 어딘지 부족한 느낌이 들었다. 지금은 젊은 학자들이 쓴 아동미술 교재가 많지만 1990년에는 한 권도 없어서 출판사마다 써 달라는 부탁을 해 왔었고 계약을 한 곳도 있었다. '쓰긴 써야 하나 보다.'라는 마음으로 집필을 시작한 지 20년도 넘었으니 오래도 뜸을 들인 책이다. 그런데 원고 쓰기가 중간에 자꾸 끊어지면서 진전이 되지 않았다. 무엇인지 아귀가 맞지 않았고 철학도 없었고 개념을 정립하는 것이 힘들었기 때문이다. '나만 이렇게 느끼나?'라는 생각에 아동미술에 관심이 있거나 대학에서 가르치는 제자들과 함께 머리를 맞대고 의논하며 쓰기로 한 것도 벌써 10년이 되었다. 선장이 비틀거리니 선원들도 함께 비틀거렸다. 비틀거리며 공부하고, 토의하며, 집필하는 과정에서 '유아미술'의 개념이 잡혀 가기 시작했다. 유아미술은 아동미술과 연관은 있지만 다르게 접근해야 하는 부분이 있으며, 아동중심교육철학에 근거해서, 또 교육과정의 체계에 근거해서 틀을 잡아야 한다는 원칙을 정하였다.

2014년 초 어느 날 우리는 "아!" 하는 감탄을 하며 아동중심교육철학과 유아미술의 연결점을 찾았고, 묘화기법 훈련·창조주의 표현기법·균형주의 미술 교수-학습 방법 간의 연결고리를 찾았다. 연결고리들이 찾아지자 그동안 우리나라에 있었던 미술교육 활동이나 교수방법들이 제자리를 찾아가기 시작해서 원고는 빠르게 완성되어 갔다. 물론 지금 이 책의 내용이 유아미술교육 이론의 완결편이라고 자만하는 것은 아니다. 이것은 시작에 불과하고, 앞으로 후학들에 의해서 계속 연구되고 개선되어야 할 것이다. 연결고리를 찾았던 날 학지사의 김진환 사장님께 전화를 걸어 "사장님, 올해 안에 '유아미술교육' 원고가 끝날 것 같습니다. 풀리지 않던 부분의 연결고리를 찾았습니다. 그런데 많이 판매될 책이 아닐 수도 있습니다." 했더니 사장님께서는 "괜찮습니다. 한 분야가 발전하려면 원론적인 책이 있어야 합니다." 하셨다. 이 말씀에 난 크게 감동했다.

이 책은 영유아의 미술교육을 염두에 두고 썼다. 만 3세 미만의 영아들은 발달 특성상 미술활동을 활발하게 할 수 없는 시기이지만 탐색 경험은 출생 직후부터 시작되기 때문에 이 책에서는 필요에 따라 '영유아(영아와 유아)'라고 쓰기도 했다. '만 3세~만 6세 미만'에게 적합한 내용일 때는 '유아'라고만 표기했다. 전체를 '제1부 유아미술교육의 이론적 기초'와 '제2부 유아미술교육의 실제' 편으로 나누고, 제1부는 다시 6장으로, 제2부는 3장으로 나누었다. 이론적 기초에서 다룬 내용은 유아미술교육의 개념과 목적, 유아미술교육의 내용, 미적 능력의 발달, 유아미술교육의 원리와 교수-학습 방법, 유아미술교육의 평가, 유아미술교육을 위한 물리적 환경 구성으로 구분하였다. 이론적 기초에서의 핵심은 '유아미술교육의 주인은 영유아'라는 것이다. 미술교육에서 가장 중요하게 생각해야 할 것은 영유아들이 만들어 내는 미술 작품도 아니고 유치원이나 어린이집을 화려하게 해 줄 전시도 아니며 학부모들을 기쁘게 할 미술 작품을 만들게 하는 것도 아닌, 영유아 자신의 행복이라는 점이다. 유아교육기관에서 미술교육을 받은 영유아들은 주변의 아름다운 것을 찾을 수 있고, 이를 표현할 수 있을 뿐 아니라, 아름다운 것을 감상할 수 있는 능력을 가져야 한다. 아름다움을 자신의 마음으로 받아들이고 표현하며 행복감을 느끼게 되는 것이 유아미술교육의 목적이다. 우리에게 미술교육을 받은 영유아들이 모두 화가 · 조각가 · 현대설치미술가가 되지는 않을 것이지만, 적어도 주변의 아름다운 것을 보며 그 특별함과 다름에 환희를 느낄 수 있는 사람으로 성장했으면 좋겠고, 머릿속에 각인된 경험이 일생을 살아가는 데 오아시스 같은 샘물로, 그림으로, 심미감으로, 감상 능력으로 피어나 행복해지면 좋겠다는 마음으로 이 책을 썼다. 욕심을 조금 더 부리자면, 영유아들의 머릿속에 가득해진 상들이 움직여 이를 그림이나 입체물 등으로 표현하려는 마음이 넘쳐나 끊임없이 그리다 보니 세상 사람들을 기쁘게 해 주는 작품을 선보이는 멋진 화가가 될 수 있어도 좋겠다.

아름다움을 탐색하고 표현하는 일이 생활의 한 부분이 된 후 아름다운 것을 감상하는 습관까지 갖게 된다면 유아미술교육의 목적은 달성되고도 남는다. 비싸지 않아도 멋진 옷을 고를 수 있고 이를 멋스럽게 코디해서 입을 수 있으며, 디자인이 멋진 가구 앞에서 디자인의 의미를 음미하며 서 있는 여유를 가지며, 화가들이 그린 그림을 감상하는 능력을 갖는다면 그들의 삶이 더욱 멋져지지 않을까? 물론 이것은 우리가 영유아들을 가르치는 동안 볼 수 있는 능력들은 아니다. 그러나 뿌리 내리게 도와줄 수는 있다. 유아교육은 뿌리내리기 교육이니까…….

이 책을 출판하기까지 고락을 같이한 임경애 교수, 김정미 교수, 강유진 교수에게 감사한다. 임경애 교수의 20년간의 유치원 및 어린이집 현장 경험은 『유아미술교육』을 이론과 실제가 함께하는 책으로 태어나게 했으며, 강유진 교수의 유치원 교사 경험 및 숙명여대 미술대학에서의 서양화 전공 이력은 유아교육자들이 소홀하기 쉬운 미술이론의 기초를 다지게 했고, 체계적이고 분석적인 김정미 교수는 새로운 내용을 토론할 때마다 날카로운 질문을 던져 우리들의 사고를 예리하게 하였고 책의 틀을 잡는 데도 큰 기여를 하였다. 서일대학교 부설유치원의 김정자 원장, 상명대학교 부속유치원의 전형미 원감, 한국경진학교의 임희 선생님, 경복대학교 유아교육과 전공심화과정의 학생 및 삼육대학교 유아교육과 학생들은 유아들에게 활동을 하게 하고 이를 관찰하며 사진을 찍어 활용할 수 있게 해 주어 큰 도움이 되었다. 유아의 눈높이에서 교육하고 여러 가지 문제를 유아중심으로 해결하는 데 능한 김혜경 새소리 유치원 원감이 원고를 다 읽고 의견을 준 것은 감사한 일이었다. 또한 무엇보다도 감사드려야 할 분들은 학지사의 김진환 사장님과 직원 여러분, 그중에서도 이 책의 편집을 맡아 주었던 백소현 과장님이다. 1960년대 새

내기 학생으로서 가졌던 '아동미술'에 대한 호기심이 '유아미술교육'으로 마무리되게 해 준 모든 분께, 특히 어설픈 교수의 강의를 들으며, 질문하고, 코멘트해 주며 아동미술을 수강해 주었던 유아교육과 학생 모두에게 감사의 마음을 전한다.

"여러분의 사랑 · 인내 · 도움 · 기다림으로 『유아미술교육』이 가능했습니다. 감사합니다."

2015년 3월
저자들을 대표해서
이원영이 썼습니다.

차례

● PART 1. 유아미술교육의 이론적 기초

Chapter 5. 유아미술교육의 평가 • 247

Chapter 6. 유아미술교육을 위한 물리적 환경 구성 • 269

PART 2. 유아미술교육의 실제

PART
1

유아미술교육의
이론적 기초

PART 1

유아미술교육의
이론적 기초

Chapter 1

유아미술교육의 개념과 목적

　우리나라 유아교육계는 광복 후 '미술'이라는 용어를 쓰다가 2007년 교육인적자원부가 '제2007-153호 유치원 교육과정'을 고시하면서 '조형'이라는 용어를 사용하였었지만 2011년에 교육과학기술부와 보건복지부가 함께 고시(교육과학기술부 고시 제2011-30호/보건복지부 고시 제2011-106호)한 '누리과정'에서는 '미술'이라는 용어를 다시 사용하고 있다. 유아교육 현장에서는 아직도 이 두 용어가 혼용되고 있으나, 교육과정의 용어도 변경되었고 '미술'이 '조형'보다 좀 더 포괄적 의미를 담고 있으므로 이 책에서는 '미술'이라는 용어를 사용하고자 한다. 또한 이 장에서는 예비유아교사가 유아미술교육을 배워야 하는 이유, 유아미술교육에 대한 개념의 변화, 유아미술교육의 목적과 목표를 살펴보기로 한다.

1. 예비유아교사와 미술교육

'유아미술교육'이라는 과목 명칭을 보면 떠오르는 의문이 많다. 유아를 위한 미술교육은 존재할 수 있는 것인가? 초·중·고등학교 학생을 위한 미술교육과 같아야 할까, 아니면 달라야 할까? 달라야 한다면 어떤 점이 어느 정도 달라야 하나? 미술교육의 개념은 무엇이고 미술교육의 목적은 무엇일까? 그림을 잘 그리는 사람을 길러 내는 것이 목적일까? 조각을 잘 하는 사람을 길러 내는 것이 중요할까? 초등학교에 입학해 미술과목 점수를 높게 받도록 유아교육기관에서 준비시켜야 할까? 아니면 미술교사 또는 훌륭한 화가가 되도록 교육해야 하나? 유치원이나 어린이집에서 미술교육을 받는다고 해서 훌륭한 화가가 될 수 있을까? 집안이 부유해서 어려서부터 화가에게 도움을 받아야 미술가가 될 수 있는 것은 아닐까? 유아를 대상으로 미술 교육을 하는 것은 낭비 아닐까? 미술에 재능을 갖고 태어나야 그림이라도 그릴 수 있는 것 아닐까? 대학생인데 유치하게 '유아미술교육'은 왜 배워야 하나?

우리는 유아를 위해서뿐만 아니라 우리 자신을 위해서도 유아미술교육을 반드시 공부해야 한다. 유아들이 선생님으로부터 미적 감각에 대한 분위기를 전달받으면 자기 주변의 아름다운 것들을 인지하게 될 것이고, 이때 느껴지는 감정과 새로운 생각을 그림으로 표현해 볼 수 있을 뿐 아니라 다른 친구들이나 미술가들의 그림, 조각 등 미술 작품을 감상할 수 있게 되는 것처럼 유아교사들도 유아를 위해 미술교육을 준비하는 동안 아름다움 탐색능력, 표현능력, 감상능력이 향상될 수 있기 때문이다. 동네에서 신발 가게를 하는 40대 여성을 미술관에서 만났다. "바쁘신데 미술관에 오셨네요?" 했더니 "가게에만 있으면 감정이 피폐해지는 느낌이 들어요. 가끔 미술관에 전시되어 있는 그림을 보면 마음이 편안해져요. 전시가 달라질 때마다 오곤 합니다."라고 했다. 그렇다. 미술은 우리가 살아가면서 주변의 아름다움을 찾기도 하고 아름다운 것이 왜 아름다운지 알게 하며 삶의 질을 높일 수 있기 때문에 공부해야 한다.

유아들은 아장아장 걸을 수 있고, 손발을 마음대로 움직일 수 있을 때부터 주변에서 이것저것 찾아보고 좋아하는 것을 주워 서랍에 소중하게 보관하기도 한다. 그러다가 경험이 쌓이기 시작하는 어느 날 흔적을 만들어 내기 시작한다. 해변에 놀러 가서 모래 위에 막대기를 움직여 흔적을 남기고, 방의 벽지 위에 남기고, 종이 위에 남긴다. 유아들이 처음 그리는 그림은 낙서 같기도 하고 긁적거리기 같기도 하다.

이런 초기 그림들을 보며 유아교육 전공자들은 "○○가 그림을 그리기 시작했어."라며 기뻐하는 반면, 유아의 미술발달 단계를 모르는 어른들은 영유아의 초기 작품을 그림으로 인정하지 않는 경우가 많다. 유치원에서 학기말에 작품을 모아 포트폴리오로 만들어 집에 가져가게 했는데 어떤 유아가 이것을 쓰레기통에 버렸다. 선생님이 그 아이에게 "네 그림이 버려져서 선생님이 다시 꺼냈어." 했더니 "선생님, 버리세요. 집에 가면 엄마가 버릴걸요, 뭐."라고 하였다. 부모가 유아의 그림을 그림으로 존중하지 않았고, 이에 유아의 마음이 상한 예다. 그래서 그 아이는 엄마가 버리는 것을 보느니 차라리 자신이 유치원에서 버린 것이다. 선생님이 "나는 네가 열심히 그린 걸 알아. 혹시 이 그림 책 내가 가져도 될까?" 했더니 그 아이는 눈을 반짝이며 "네." 했다. 유아미술에 대한 개념 유형에 따라 유아의 그림을 다루는 어른의 교육방법이나 태도는 하늘과 땅 차이가 된다.

유아교육을 배우는 대학생들 중에는 중·고등학교의 미술 시간에 대해 "재미있었어."라는 기억을 가지고 있는 사람도 있고 "지겨워. 다시는 하고 싶지 않아." 하는 학생도 있을 것이다. 초·중·고등학교에서 미술 시간을 싫어했던 학생들은 유아미술교육을 공부해야 한다는 것을 알게 되는 즉시 "이제 겨우 하기 싫은 과목을 피했다 싶은데 다시 미술 시간을 들어야 해?"라고 생각할지도 모른다. 미술 시간이 즐거웠던 학생은 "그래, 재미있겠는걸. 고등학교 때 성적이 좋았으니 대학에서도 잘할 기야." 하는 생각을 하며 즐겁게 수강 신청을 할 것이다. "난 미술에는 재능이 없는데 학점을 어떻게 따지? 학점관리에 구멍이 날 것 같아." 하며 불안을 느끼는 학생은 "왜 어른인 우리가 유아처럼 무얼 만들고 그려야 해?" "미술교육을 받으면 유치원이나 어린이집에서 더 잘 가르칠 수 있나?" "나 자신에게는 어떤 이득이 있

을까?" 등등 생각이 많을 것이다.

대학생들이 이렇게 생각하는 것은 무리가 아니다. 그러나 이런 부정적인 생각을 극복하고 유아미술 과목을 배우면 졸업 후 유아들을 가르치게 될 때, 멋지게 옷을 입고 싶을 때, 결혼해서 집을 아름답게 꾸미고 싶을 때, 자녀에게 심미감을 길러 주고 싶을 때 큰 도움을 받을 수 있다. 유아교육과 관련은 없지만 '유아미술'에 대한 기초적 지식과 실제를 익히는 동안 문화적 소양을 기를 수도 있어 유아미술교육은 문화교육의 기초도 된다(박정애, 2010).

유아들이 아름다운 것을 아름답다고 생각하는 능력을 갖게 도와주고, 보고 느낀 것을 자유롭게 표현할 수 있게 해 주며, 아름다운 것을 즐거운 마음으로 감상할 수 있게 돕는 교사가 되는 것은 쉬운 일이 아니다. 끊임없이 노력하며 배워야 한다. '유아미술교육'이라는 과목을 공부하는 과정에서 대학생인 우리들의 미적 인식이 향상되고 자신의 느낌과 생각을 어떤 형식으로든 표현할 수 있고, 옷도 보다 더 세련되게 입을 수 있으며, 주변의 아름다운 것들을 감상할 수 있는 능력을 갖게 되는 것은 부수적으로 얻을 수 있는 보너스다. 예비교사에 대한 유아미술교육의 필요성을 정리하면 다음과 같다.

미술교육의 필요성을 정리해 봅시다

- 예비교사들의 미적 인식이 향상되어 자신의 느낌과 생각을 자유롭게 표현할 수 있다.
- 삶이 보다 세련되고 품위 있게 될 수 있다.
- 교사가 되어, 교육 현장에서 유아들에게 미적 경험을 갖게 하고, 자유롭게 표현할 수 있도록 해 준다. 또한 아름다운 것을 보는 능력을 가질 수 있도록 도울 수 있다.
- 미적 능력을 발휘하여 주변을 아름답게 가꿀 수 있다.
- 문화적 현상을 이해하고 익힐 수 있다.

2. 유아미술교육에 대한 개념의 변화

보헤미아에서 태어나 오스트리아에서 미술을 공부하며 활동한 젊은 미술학도 프란츠 치젝Franz Cizek은 그 당시 학교의 미술교육 방법이 틀렸다는 것을 증명하려고 노력했다. 자유연상법으로 무의식 세계에 들어 있는 부정적인 정서를 밖으로 내보내 건강한 정신을 갖게 해야 한다고 한 프로이트의 영향을 받은 치젝은, 아이들이 누구의 간섭도 받지 않고 자유롭게 그림을 그릴 수 있어야 한다고 생각하였다. 치젝은 묘화(그림 그리기)기법 훈련 미술교육을 자유표현 중심의 창조주의 미술교육으로 바꾸었고, 이 창조주의 미술교육 방법은 균형주의 미술교육으로 바뀌어 지금에 이르고 있다.

1) 묘화기법 훈련 미술교육에서 창조주의 미술교육으로

현재 우리나라 유아미술교육 전문가들이 강조하고 있는 것은 유아들의 '자유로운 표현'이다. 그런데 유아의 자유로운 표현을 돕는 미술 교수–학습 방법을 적용하게 된 것은 그리 오래된 일이 아니다. 치젝이 1930년경부터 창조주의 미술교육을 주창하면서 '자유화' '자유롭게 그리기'라는 용어가 서구 유아교육계에 영향을 미치기 시작했다. 우리나라는 한두 곳의 대학 부속 유치원을 제외하고는 1980년대 후반까지 묘화기법 훈련 중심의 미술교육 개념이 팽배했다. 1990년대 이후에야 '자유롭게 그리기'가 일반 유치원에서도 적용되기 시작했다. 1897년 부산 거주 일본인들이 유아기 자녀들을 위해 유치원이라는 교육기관을 처음 설립했을 때 묘화기법 훈련 유아미술교육이 함께 들어왔고 그 전통이 오랫동안 지속되었기 때문에 서구에 비해 늦었다. 일본인들은 독일의 유치원 창시자인 프뢰벨의 11공 작업 중 묘화기법 훈련과 색종이 접기 등을 유치원에서 가르쳤고 우리나라도 일제강점 36년 동안 이 영향을 받았기 때문이었다.

1816년 '독일 어린이 작업소'를 설립하고 1840년에 이 기관의 이름을 바꾸어

'유치원kindergarten'이라고 명명한 프리드리히 프뢰벨Friedrich Wilhelm August Fröbel (1782~1852)이 '은물恩物, gift과 작업作業, occupation'이라는 교육 프로그램을 교육과정에 세계 최초로 도입했을 때만 해도 전 세계가 놀랐다(Kraus-Bœlte & Kraus, 1892). 프뢰벨의 11종 작업 중 세 번째가 '그림 그리고 색칠하기'인데 이는 모눈종이를 이용하여 교사가 가르치는 대로 따라하는 묘화기법 훈련이었는데도 교육과정에 그림 그리기를 넣었다는 그 사실에 세상이 놀랐던 것이다. 어린 유아들에게 그림 그리기를 시킨다는 것은 과거에는 생각하지도 못했었기 때문이었다. 그 당시 놀란 사람보다 반대한 사람들이 더 많았을 정도로 유치원에서의 미술활동 그 자체는 논쟁을 불러일으키기에 충분했다.

프뢰벨은 아기가 이 세상에 신성神性을 갖고 태어난다고 보았다. 그는 유아 내면의 신성은 스스로 밖으로 나오려는 성질을 갖고 있다고 생각하였다. 유아의 신성을 밖으로 표현하게 돕는 방법으로 프뢰벨은 '은물'이라는 놀잇감과 작업을 하게 하였다. 즉, 모눈종이에 구멍 뚫기perforating, 바느질하기sewing-out, 그림 그리고 색칠하기drawing, coloring and painting, 종이 줄로 엮기paper-interlacing, 종이판 짜기mat-weaving, 종이 접기paper-folding, 마음대로 종이 오려 내 큰 종이판에 붙이기free-cutting, paper-outing and mounting, 두 손으로 벽에 그림자 만든 후 종이에 그려 오려 내기silhouetting, 콩으로 입체물 만들기pea-work, 골판지로 상자 만들기cardboard-modeling, 진흙으로 입체물 만들기modeling in clay의 11가지의 작업이었으며 그 역사적 의의가 크다.

프뢰벨의 '은물과 작업'은 그 당시 유치원의 핵심 교육과정으로 모든 유치원 교사들이 익혀야 했다. 1900년대 초반까지 영국에서는 은물과 작업을 프뢰벨의 방법대로 정확히 만들 수 있어야 유치원 교사 임용고시에 합격할 수 있었다. 광복이 되기 이전인 1915년 이화여자전문학교의 정동유치원에 개설되었던 '유치원사범과*'에

---

* 유치원 교사를 양성하는 정규 사범대학이 없을 때 사립 유치원에서 유치원 교사를 양성했던 곳으로 '유치사범과'라고도 불렀음.

서도 학생들은 은물과 작업을 배워야만 유치원 현장에서 가르칠 수 있었다. 한국 최초의 유치원 교사양성 기관인 '이화 유치원사범과'를 만든 브라운리Miss Charlott Brownlee(富來雲, 브래운) 선교사가 미국에서 프뢰벨식 교육을 받았기 때문이었다.

창조주의(자유표현) 유아미술교육을 우리나라에 소개한 학자는 프뢰벨의 묘화기법 훈련으로 교육받았지만 후에 미국 컬럼비아 대학교Columbia University 대학원에서 듀이의 영향을 받은 김애마金愛麻 교수와 선교사 허길래Clara Howard, 許吉來였다.

이 두 분은 미국 유학 당시 존 듀이의 강의를 직접 듣고 감명을 받았으며 이를 1950년 이후 우리나라 유치원 교육에 접목시키려고 노력하였다. 그러나 자유표현에 의한 미술활동 교수–학습 방법은 21세기인 현재도 우리나라 유치원에 보편화되지 못하고 있다. 아직도 색종이 접기나 오리기 등 프뢰벨 작업의 일부를 하는 곳이 있고 묘화기법 훈련 미술활동을 하는 곳도 있다.

프뢰벨의 11종 작업은 0~5세 영유아가 하기 어려운 활동이 많다. 교육방법도

1892년 영국의 프뢰벨식 유치원의 모습
출처: http://www.roehampton.ac.uk/Colleges/Froebel/Froebel–History/

유치원에서 프뢰벨식 작업을 하는 모습
출처: http://www.historyofeducation.org.uk/page.php?id=31

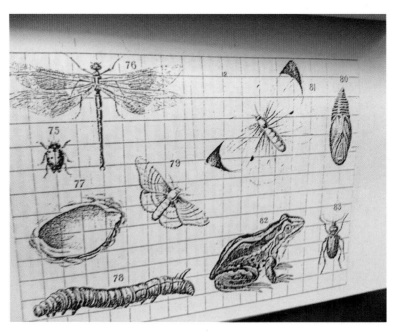

프뢰벨의 11종 작업 중 모눈종이를 이용한 그림 그리기
출처: Kraus-Bœlte & Kraus (1892).

칸딘스키의 1923년 작품인 'Composition 8'은 프뢰벨의 은물과 작업을 재구성해서 만든 작품이다.
7(paper parquetry), 8(sticks), 9(rings), 14(weaving), 15(slats), and 16(jointed slats)
출처: http://cabinetmagazine.org/issues/9/brosterman.php

교사 중심이어서 교사의 지시에 따라 유아들은 그리기나 만들기를 체계적으로 해야 했기 때문에 자유표현과는 거리가 멀었다. 프뢰벨의 교육철학은 유아중심 교육철학을 이론적으로 발전시키는 데는 크게 공헌하였지만 유아미술교육의 실제는 유아중심이 아니었다. 또한 프뢰벨의 작업 11종은 각 작업마다 큰 학생들도 하기 힘든 작업 내용이 함께 들어 있어서 영유아의 발달에 적합한 유아미술활동이라고 볼 수 없다. 단지 미술활동을 유치원 교육과정 내용에 포함했다는 그 사실에 역사적 의의가 크다.

현재 우리나라에서 출판된 유아교육전공 학생을 위한 유아미술교육 교재는 대부분 영유아의 발달에 적합한 미술교육으로, 유아의 자유표현을 중요시하고 있다. 그러나 유치원 교육현장에서 이루어지는 유아미술교육의 실제는 그 유치원의 원장이나 교사에 의해 다양하게 이루어지기 때문에 이들이 영유아에게 어느 정도의 자유를 주고 어떤 방식으로 미술교육을 하고 있는지 정확히 연구된 바 없다. 다만,

우리나라의 유아미술 교수–학습 방법은 프뢰벨의 묘화기법 훈련 교육에서 치젝의 창조주의 미술교육으로 서서히 바뀌어 유아들에게 자유표현의 기회를 많이 주는 방향으로 진행되고 있다.

프란츠 치젝Franz Cizek(1865~1946)은 Vienna Academy of Fine Art에 다닐 때 아주 가난한 동네에 있는 허름한 집에서 하숙했다. 가지고 놀 것이 마땅치 않았던 동네 아이들에게 치젝은 어느 날 "우리 화가가 되어 보자."라며 화가놀이를 제안하였다. 아무런 지시나 간섭도 하지 않고 놀게 하였는데 아이들의 그림은 그들 나름대로의 공통점이 있으면서도 어른들의 그림과 달랐다. 특히 하숙집 앞에 있는 약 2.5m 길이의 허름한 담장에 아이들은 자신이 느끼는 대로, 또 생각나는 것을 마음 내키는 대로 여기저기 그렸는데 그 표현이 창의적이었다. 아동 개개인의 독특성이 나타나면서도 연령별 공통점도 있었다. 이 그림들을 보며 치젝은 아동들은 어른들이 표현하는 방식과는 아주 다른 방법으로 그림을 그린다는 것을 처음 알게 되었다. 그때부터 치젝은 아이들에게 그림 그리는 방법을 가르치거나 간섭하지 말아야 한다는 확신을 갖게 되었다. 그는 아동들이 자유롭게 그린 그림을 수집해서 국제 전람회에 전시하여 세계 미술교육자들의 관심을 받았다. 이것이 '창조주의 미술교육'의 시작이다.

프란츠 치젝(1865~1946)

미술대학 학생일 때부터 아이들의 자유로운 표현을 존중했던 치젝은 32세가 되던 1897년에 자신이 가르치고 있던 대학 한 구석에 아동미술 교실을 열어도 좋다는 허가를 대학 당국으로부터 받아 자유로운 표현을 하게 하는 방법을 계속 적용할 수 있었다. 6년 후에는 그 대학에 '아동미술' 과목을 개설할 수 있게 되었다. 이 미술교실에서 치젝은 만 6세에서 15세 아동들을 대상으로 미술활동을 하였지만 곧 만 4세 유아들에게도 미술활동을 자유롭게 시켰다. 자유롭게 자신의 느낌과 생각을 표현하게 하는 치젝의 창조주의 미술교육이 유아에게도 적용되기 시작한 것이다. 자유표현을 강조하는 '유아미술교육/아동미술' 과목을 배운 전공자들이 많아지면서, 프뢰벨의 11종 작업으로 미술활동을 했던 서구의 유치원들이 유아의 자유로운 표현을 강조하는 방향으로 미술활동을 하기 시작했다.

이러한 치젝의 새로운 신념과 교수방법에 동조하는 이들이 유럽과 미국에 많아져서 미술교육 분야에 변화를 주기 시작했지만, 이 "젊은이의 타락"을 막아 달라고 교육 당국에 청구한 사람들이 더 많았다는 기록을 보면 반대가 극심했음을 알 수 있다. 거대한 전통과 관습은 쉽게 바뀌거나 사라지지 않는다. 저항도 많고 혼란도 극심하여 서로 반목과 갈등도 심하다. 묘화기법 훈련을 신봉하는 사람들과의 갈등으로 인해 대학 당국은 아동미술 과목을 계속 대학교 교육과정에 두려면 미술교육계획안을 제출하라고 요구했다. 치젝은 대학 당국에 "아동 스스로 아이디어를 생각해 내고 발전시키고 완성하는 것이 아동미술이지 교사가 만든 계획안에 따라 아동들이 미술활동을 하게 하는 것은 '아동미술'이 아니다."(심영옥, 1999)라며 교사가 미리 만드는 미술교육계획안 작성 및 제출을 거부했다. 치젝이 '계획된 미술교육계획안' 제출을 거부하자 대학 당국은 교육과정에서 '아동미술' 과목을 폐강했다. 교과 폐강이라는 불이익을 당했지만 많은 젊은 미술학도는 치젝의 이러한 '창조주의 미술교육'에 매혹되어 계속 뒤를 이어 창조주의 미술교육이론과 방법을 공부했고 창조주의(자유표현) 미술교육 방법을 확산시켰다.

치젝의 '창조주의 미술교육'은 처음부터 자유로운 표현을 중요하게 생각했던 프로이트의 정신분석이론에 영향을 받았다. 프로이트는 인간 내면의 무의식 세계에 침잠해 있는, 어린 시절 부모로부터 받은 부정적 정서를 밖으로 이끌어 낸다면 히스테리 등 정신 질환을 고칠 수 있다고 보았는데, 이를 자유연상법이라고 한다. 치젝은 이 자유연상법을 아동미술교육에 접목했던 것이나. 치젝은 유아들이 자유롭게 그리는 동안 어른들은 간섭하지 말아야 한다는 점을 거듭 강조하였는데(심영옥, 1999), 유아교육 분야에서는 이를 '자유화'라고 불렀다.

아동미술교육을 유아/아동 발달에 적합한 미술활동으로 발전시키기 위하여

40여 년간 혼신의 힘을 다한 치젝이 1946년 타계한 후 그의 후계자들에게 교육받은 비올라Viola, 톰린슨Tomlinson, 로드Richard Load, 리드Hurbert Read, 로웬펠트Lowenfeld와 같은 이들이 아동미술교육 이론을 발전시켰다. 이 중 로웬펠트는 아동미술 발달 단계 이론을 정립한 사람으로서 우리나라에서도 많이 인용되어 현재에 이르고 있다. 이들의 영향으로 유럽과 미국의 교육기관에서는 창조주의 미술교육이 보편화되었고 교사양성 대학교에 아동미술 과목이 개설되는 곳이 많아졌다. 유치원교사 양성기관에서 '창조주의 아동미술' 개념에 기초한 교육을 받은 교사가 증가하자 자연히 프뢰벨의 '11종 작업중심' 미술활동을 하는 유치원이 없어졌다. 우리나라는 1960년대 중반에 이화여자대학교 사범대 교육과 '학령전 교육 전공'과 중앙대학교 사범대 '보육과'에 '아동미술'이 개설되어 외롭게 자유표현을 강조하는 교육을 하였다. 1980년에도 프뢰벨의 11종 작업을 중심으로 미술활동을 하는 곳이 꽤 있었다. 색종이 접기 작업은 지금도 하는 곳이 있다.

미국 유치원에서 프뢰벨의 작업 중심 미술교육 방향을 치젝의 창조주의 미술교육으로 전환하는 데 공헌한 사람은 스탠리 홀Granville Stanley Hall(한국에서는 Granville까지 부르지 않고 '스탠리 홀'이라 부르고 있음)이었다. 아동심리학자로서 아동연구운동을 일으켰던 스탠리 홀은 존스 홉킨스 대학교의 총장이기도 했는데 "유아 자신이 선택한 활동에 자유롭게 참여할 수 있도록 시간을 보장해 주는 프로그램, 즉 자유놀이 과정"을 주장하였다. 스탠리 홀은 실제로 유아들이 하루 종일 유치원 마당에서 자유롭게 뛰어놀게 하는 교육을 1898년 캘리포니아주의 산타바바라에서 하였다. 홀은 "유아에게 종이끈을 엮어 보게 하는 등의 정교한 일들을 시키는 것은 대근육 발달보다 소근육 발달을 앞세우는 일로 유아의 자연적 발달에 위배된다."라고 하였다. "작은 글씨 쓰기, 작은 그림, 가느다란 선 그리기 등은 아직 발달하지 않은 유아의 소근육에 긴장을 주게 되므로, 유치원 교육활동에서 사라져야 한다."라고도 하였다(Beatty, 1998). 이탈리아에서 '몬테소리 교육'을 창시한 마리아 몬테소리Maria Montessori(1860~1952) 역시 프뢰벨의 은물처럼 일련의 시리즈로 몬테소리교구 세트를 개발하여 유아들에게 작업하게 하였는데 미술활동을 자유롭게 하게 한 활동은 아니었다. 몬테소리가 처음 시작한 Cas dei Bambini(이탈리어로 '어린이의 집')는 빈민가 어린이들에게 기본 생활 습관 및 기초학습 능력을 기르는 것이 목적이었고 영유아 만이 교육대상이 아니어서 교구가 소근육을 발달시키는 것에 집중되어 있다. 이로 인해 몬테소리 교육은 후일 영유아 교육 프로그램으로 전문화되면서도 그 전통을 그대로 갖게 되었다. 현재 우리나라 유아교육기관에서 몬테소리 프로그램을 하는 곳은 소근육 활동들을 많이 하는데 이는 앞에서 말한 오래된 전통에 기인한 것이다. 영유아기에는 소근육보다는 대근육을 쓰는 활동을 많이 해야 한다고 생각한 스탠리 홀은 프뢰벨의 작업과 몬테소리의 교구 대신에 치젝의 창조주의 미술교육을 소개하여 창조주의 미술교육이 미국에서 확대되는 전환점을 만들었다.

치젝의 창조주의 미술교육이 유럽과 미국, 캐나다 등에서 계속 확산되었지만 그의 자유표현주의 미술교수방법을 비판한 사람은 미국의 유명한 교육철학자 존 듀이John Dewey(1859~1952)였다. 듀이는 영유아 및 아동들에게 자유롭게 표현할 기회를 주는 것은 좋지만 "네 마음대로 그려 봐라."라며 영유아들이 알아서 하게만 해서는 창의성을 이끌어 낼 수 없다고 보았다. 치젝과 같은 시대를 살았던 미국의 교육철학자 듀이의 이론은 소련이 1957년 미국에 앞서 세계 최초의 인공위성인 '스푸트니크'를 발사하자 다시 지지를 받기 시작했고, 피아제와 비고츠키의 인지이론에 의해 유아교육계에서 공고해지기 시작했다. 창조주의 미술교육을 보완하는 개념이 대두된 것이다.

2) 창조주의 미술교육에서 균형주의 미술교육으로

역사적 관점에서 볼 때 유아미술교육을 포함한 학교교육은 극단적인 두 종류의 개념 사이를 큰 시계 추처럼 왔다 갔다 했다. 두 유형의 극단적인 개념이란, '교사 중심'으로 교육하는 것과 유아에게 100%의 자유를 주어 스스로 배우게 해야 한다는 '유아중심' 개념이다. 유아에게 자유를 주어야 한다고 믿었던 루소는 그의 교육 소설『에밀』에서, 12세가 될 때까지 자녀에게 책을 읽히지 말고 들과 산을 뛰어놀

며 자연에서 스스로 성장하고 배우게 해야 한다고 하여 큰 반향을 일으켰다. 루소는 "모든 인위적인 교육은 아동을 망칠 뿐"이라는 말도 하였다. 유아미술교육의 시각으로 볼 때 치젝은 프로이트의 자유연상, 루소의 자연주의 교육, 자유로운 표현을 강조하는 미술교육, 창조주의 교육을 주장한 것이다. 유아 및 아동들에게 표현의 자유를 주지 않는다면 미술 작품에 창의성이 나타날 수 없다고 본 것이다. 듀이는 치젝의 자유로운 표현 방법이 나온 배경에 대해, 오랜 기간 학교교육이 교사중심의 지식주입 교육이어서 '내면으로부터의 표현'과 '자발성을 강조하는 움직임'이 나오게 되었지만 이 교육방법이 최선은 아니라고 믿었다.

　듀이는 창조주의 미술교육은 유아의 자유표현을 극단적으로 강조하기 때문에 배움이 일어나지 않을 수 있다고 비판하였다. 그동안 학교교육이 학습자의 순수한 흥미를 무시하고 교사 위주로 지식을 가르쳤듯이, 미술도 교사중심으로 가르쳤기 때문에 문제가 심각하지만 치젝의 창조주의 미술교육도 문제가 있다는 것이다. 치젝의 아동미술교실을 방문했던 듀이는 "교실에 들어서자 아동들은 자유롭게 그림을 그리면서 즐거워하였고 기쁨이 넘치는 것을 보았다. 그러나 시간이 지날수록 아동들은 어떻게 해야 할지 방향을 잡지 못해 안절부절못했고 나중에는 흥미를 잃는 것을 보았다. 그 교실에서는 잠재력이 지속적으로 피어나지 않았으며, 그림이 더 나은 단계로 발전하지 못했다. 실제로 성취해 낸 결과물도 없었다(Achambault, 1974)."라고 비판하였다. 그는 이런 현상이 계속된다면 또 다른 극단적인 개념, 즉 좀 더 성숙하고 더 많이 알고, 경험이 더 많은 사람이 학생을 가르치는 '지식 중심' 내지는 '성인 중심'의 교육방법으로 회귀하게 될 것이라고 우려했다. 듀이는 미술교육도 마찬가지여서 학습자에게 100%의 자유를 주어 표현하게 하는 방법과 교사주도로 미술교육을 하는 방법 사이에 균형을 이루어야 한다고 보았다.

　'균형주의 미술교육'이란 유아들이 자신의 느낌과 생각을 자유롭게 표현하도록 기회를 주면서도 적절한 순간 적절한 방법으로 교사가 도와주어 그들의 미술표현이 향상될 수 있도록 도움을 주는 미술교육을 말한다. 이를 '유아의 자유로운 표현과 교사의 안내가 균형을 이루는 교수법guided teaching-learning method'이라고도 한다. 유아의 자유로운 탐색과 표현을 존중하면서도 그들이 도움을 받고 싶어 할 때, 또 교사가 관찰한 결과 도움이 필요하다는 판단이 설 때 도와주어 미술 표현이 향상되게 해 주는 미술교육방법이다. 비고츠키Lev Semenovich Vygotsky는 이를 비계설정scaffolding이라 하고, 유아교육과정 전문가들은 '유아의 발달적 요구에 민감하게 반응하는 상호작용'이라고 한다. 이때 도움을 주는 것도 어른의 입장에서 일방적으로 하는 것이 아니라 질문을 하거나 이야기를 나눔으로써 유아 스스로 해결 방법을 터득하도록 안내하며 도와야 한다. 교사가 미술 영역을 구성해 주고, 자유롭게 표현할 기회를 주며, 미술활동 재료를 다양하게 마련해 준다면, 또 유아의 표현이 활성화될 수 있는 언어적 상호작용을 한다면 유아의 개성과 창의성이 숨쉬는 작품을 생산해 낼 수 있다. 자유와 교사의 안내가 균형을 이루는 교육방법이 균형주의 미술 교수-학습방법이다.

유아 및 초등학교 아동들은 치젝이 경험했던 것처럼 자신의 생각·문제 해결 능력·의사결정 능력을 실험하고 싶어 한다. 자유롭게 그림을 그리는 유아들을 유심히 관찰하면, 미술의 요소인 색·점·선·모양/형·명암·질감/촉감·공간을 거침없이 활용하는 것을 볼 수 있다. 유아들은 미술이론에 대해서 모르고 관심도 없지만 거의 본능적으로 미술의 요소를 활용하여 자신의 경험을 그려 내고 이야기를 담곤 한다. 유아들은 흥이 나면, 누가 '이렇게 해라, 저렇게 해라' 하지 않아도 스스로 그림을 그리지만, 이러한 아이들의 마음을 읽은 후 필요한 재료를 마련해 주고 질문을 하거나 인정해 주는 민감한 교사가 있다면 유아들은 자기 내면에 있는 최선의 잠재력을 밖으로 표출해 낸다. 미술의 원리를 표현하는 것은 영유아들에게는 아직 낯선 내용들이어서 많이 표현되지 않는다.

민감한 교사가 되려면 교사들은 미술의 요소 및 미술의 원리에 대해서 잘 알아야 한다. 미술의 원리는 영유아에게 어려워 말해 줄 횟수가 적시만, 유아교사들은 미술의 요소와 원리에 대한 내용들을 잘 알아 두는 것이 좋다. 그래야 유아교사로서 자신감이 생겨 유아들이 어떤 미술재료를 원하는지, 어떤 어려움이 있는지, 어떻게 동기유발을 해 주어야 하는지, 언어적 상호작용을 할 때 무슨 말을 해야 할지

판단해서 도울 수 있기 때문이다. 미술의 요소와 원리를 모르면 자신감이 떨어져 미술활동을 하는 것 자체가 부담이 되고 힘들게 느껴질 것이다.

균형주의 미술교육을 하려는 교사는 유아의 연령, 발달 수준, 흥미를 구체적으로 파악해야 하고 미술의 요소와 원리에 대한 지식도 충분히 있어야 하며 미술 재료와 활동에 대한 지식 및 경험이 풍부하여 유아들이 도움을 필요로 할 때 적절히 대처해야 한다. 그렇게 하지 않으면 눈 깜박할 사이에 '자유표현'에 의한 미술활동이 방임이 된다. 반대로 가르칠 내용을 너무 구조적으로, 일방적으로 전달한다면 교사중심의 미술교육이 된다.

균형주의 미술교육도 처음에는 유아에게 자유표현의 기회를 주는 것으로 시작해야 한다(Barnes, 1987, pp. 23-35). 미술 영역에 교사가 다양한 미술 재료를 마련해 놓고 영유아가 그리고 싶은 욕구가 생기도록 자극하는 것이 시작이다. 유아의 연령이 어릴수록, 그리기를 해 볼 기회가 적은 유아일수록, 어른이 시키는 일을 못 해낼까 봐 불안감을 느끼는 유아일수록 교실에 설치된 '미술 영역'이나 자신이 편하다고 느끼는 곳에서 자신이 좋아하는 것을 자유롭게 그릴 수 있어야 한다.

균형주의 미술교육은 어린 유아들이 처음으로 그림 그리기를 시작할 때 그럴싸한 미술 작품이 나오지 않아도, 교실이 더럽혀져도 상관하지 않는다. 유아가 종이 위에 무언가 흔적을 남기거나 만들어 보게 하다가 '유아에게 도움이 필요하다고 느끼는 순간', 그 유아에게 '가장 적절한 것'을 '가장 적절한 방법'으로 돕는다. 그러다가도 유아가 다시 자유롭게 표현할 수 있도록 최선의 노력으로 자유를 주는 것이 바로 균형주의 미술교육이다.

다음은 실제로 교실에서 일어난 일이다. 유아가 문어를 보자, 탄성을 지르며 열심히 살펴보고 냄새도 맡아 보았다. 이는 탐색과정에서 유아의 뇌에는 문어의 상像, image이 기록된 모양이다. 이를 그리고 싶어 유아가 일어나 종이와 매직펜을 들고 그리기 시작하면서 창조주의 미술활동이 자연스럽게 일어났다. 문어의 모양을 유아와 함께 보며 "문어의 색은 무슨 색일까?" "다리는 어떤 모양으로 생겼어?"처럼 문어의 색·점·선·모양·명암·공간·질감과 같은 미적 요소에 대해 인식할 수 있도록 이야기를 나눈 후, 유아가 문어를 더 자세히 그렸다. 균형주의 미술교육을 한 것이다.

만일 유아가 그리거나 만들고 싶은 것이 없다면 이는 그 아이의 마음에 감동을 일으킬 수 있는 경험이 부족하기 때문이다. 따라서 부모나 교사는 유아에게 무조건 그림을 그

리라고 요구하기 전에 경험을 다양하게 할 수 있는 기회를 주어 그리고 싶은 느낌이 마음에 차오르게 해야 한다. 그래야 창조주의 미술교육도, 균형주의 미술교육도 성공한다.

유아를 가르치게 될 대학생들이 이 사실을 확실히 알면 유아의 그림을 대하는 태도도 달라질 것이고, 어른이나 화가처럼 멋진 그림을 그리라고 요구하는 학부모들도 설득할 수 있을 것이다. 그래야 유아들이 학교는 물론 가정에서 이해를 받으며 즐거운 마음으로 아름다운 것을 찾아보고, 그 경험을 그림이나 입체 작품으로 표현할 수 있을 것이다. 연구 결과에 의하면 유아기에 자유롭게 그림을 그려 보지 못한 사람은 어른이 되어서도 그림을 그리거나 감상하지 못할 가능성이 크다 (Kellogg, 1970). 따라서 유아기에 자연과 사물에 내재되어 있는 아름다움을 탐색하고 이를 표현해 볼 수 있게 하며, 그림이나 입체 작품을 감상할 기회를 주는 것은 매우 중요하다.

구성주의적 관점에서 미술교육의 목표를 찾은 박정애(2010)는 "…… 학교 미술교육의 목표도 의미 만들기에 있다."라고 보았다. 학생들이 미술활동을 하며 적극적으로 의미를 만들고 해석함으로써 삶을 이해하고 보다 아름다운 생활을 할 수 있게 도와야 한다는 것이다. '의미 만들기의 미술'은 이런 의미에서 미술교육을 위

한 새 패러다임이다. 그러나 아직 감각운동기와 전조작기에 있는 영유아들이 미술 활동을 하며 구체적인 의미 만들기를 할 수 없다는 사실을 간과한 점이 있다. 영아, 유아들도 탐색·표현·감상하는 동안 기초적 수준의 의미는 만든다. 자신의 발달 수준만큼, 자신이 경험한 만큼 자신이 이해하는 말로 의미를 만든다.

🏁 미술교육의 개념이 어떻게 변화되어 지금에 이르렀는지 정리해 봅시다

- 1816년, 세계에서 처음으로 유아를 교육하는 학교를 설립했고, 1840년 이 학교 이름을 '유치원'이라고 명명했던 프뢰벨은 '작업'을 시키며 묘화기법으로 유아를 가르쳐 사물을 그리게 했다.
- 치젝은 정신분석학을 창시한 프로이트의 자유연상기법에서 영감을 얻어 묘화기법 훈련 미술교육을 창조주의 미술교육, 즉 자유로운 표현을 강조하는 미술교육으로 바꾸었다.
- 미국의 교육철학자 듀이는 유아의 잠재 능력을 최대화하기 위해 균형주의 미술교육을 제안하였다. 유아의 자유로운 표현을 존중하되 적절한 순간에 영유아의 발달 수준과 흥미에 알맞은 방법으로 교사가 도와주는 방법이 균형주의 미술교육이다.
- 균형주의 미술교육을 하더라도 미술활동의 주체는 유아다. 교사의 도움을 받던 유아가 스스로 하고 싶어하는 순간에 교사는 물러서서 유아가 자유롭게 표현할 수 있도록 100%의 자유를 유아에게 다시 주어야 한다.

---

3. 유아미술교육의 목적과 목표

앞에서 살펴본 미술교육에 대한 개념의 변화는 우리나라 국가 수준 교육과정에도 영향을 주었고 미술교육의 목적에도 변화를 주었다.

이를 미술교육과 관련지어 정리하면, 기초적 수준에서 미술의 요소와 미술의 **원리**를 생각하며 아름다운 것을 탐색하고 미술적으로 표현해 보며, 미술 작품을 감상해 보는 것으로 기술할 수 있다. 이 절에서는 과거 우리나라 유아교육계가 추구했던 유아미술교육의 목적을 살펴본 후, '누리과정'에 나타난 미술교육의 목적을 알아보고자 한다.

1) 유아미술교육 목적의 변화 과정

과거 우리나라 유아미술교육의 목적은 신체적·정서적·인지적·사회성 발달과 같은 전인 발달을 도모하는 것이었다. 1970년대 중반까지 우리나라 유아교육계는 전인 발달 중에도 정서적 표현을 미술교육의 중요한 목적으로 보았었는데, 이는 유아교육 분야에 지대한 영향을 미쳤던 정신분석학의 영향 때문이었다(Beatty, 1998). 엄마 아빠에게 야단맞았던 속상한 감정도 점토를 두드리게 하면 분출할 수 있고, 얼굴을 그릴 때 눈, 코는 아주 작게 그리고 입과 치아를 아주 크게 그려 치과에 가서 무섭고 아팠던 감정을 밖으로 내보낼 수 있다고 교사들은 믿었다. 색채심리학에서 색이 감정 상태를 나타낸다고 보았던 것(Luscher, 1969)처럼 유아들은 미술활동을 하며 부정적 정서를 해결하기 때문에 교육적 가치가 높다고 생각한 것이다. 이후 피아제와 비고츠키의 인지이론의 영향을 받았을 때는 전인 발달 중 인지 발달이, 사회성이 강조될 때는 인간관계나 인성 발달이 유아미술교육의 핵심 목적이 되었다.

1950년대부터 1970년대에 이르기까지 우리나라에서도 유아의 그림에 숨겨진 색채의 의미를 연구하려는 시도가 있었다(경남학생화연구회, 단기4292년 서기1959년). 경남학생화연구회 소속 조목하 선생은 이 이론을 대학 강단에서 강의도 하였고 어머니들을 대상으로 특강을 하기도 하였다. 예를 들어, 엄마에게 심하게 야단을 맞은 아이는 빨간색과 까만색을 사용하여 그림을 그림으로써 속상한 정서를 표출하고, 심하게 피곤을 느끼는 아이들은 초록색을 많이 쓰며, 열이 나기 시작하는 아이들은 분홍색을 많이 쓰는 등 선이나 그림의 구도에 유아들의 정서 상태가 나타난다는 것이었다. 정신적으로 문제가 있는 아이들은 보라색을 많이 쓴다는 이야기를 들은 어떤 어머니가 새 크레파스를 산 후 보라색은 빼고 자녀에게 크레파스 상자

를 준 웃지 못할 실화도 있었다.

유아미술교육으로 신체적 발달을 도모하려고 했던 것은 미국에서 아동연구운동을 일으켰던 스탠리 홀Stanley Hall의 영향이 크다. 스탠리 홀은 어머니들에게 영유아 발달의 중요성을 교육하였으며, 신체발달 중심의 교육과정을 개발하여 유치원에서의 하루 일과를 운영하게 하였다. 예를 들어, 바깥에서 모래놀이를 하거나 각종 운동 기구에서 노는 동안 유아들이 전인으로 발달할 수 있다고 보았다. 이는 그 당시의 학문적 경향으로 인해 유치원에서 미술활동을 하는 목적에 정서발달과 함께 신체발달이 포함되었던 이유였다. 기본 생활습관이나 사회성 발달을 강조한 패티 스미스 힐Patty Smith Hill의 '활동에 기초한 유치원 교육과정'은 유치원의 모든 교육활동에 기본 생활습관과 사회성 발달을 강조하였는데, 이로 인해 미국의 유치원과 미국 유아교육의 영향을 받은 한국도 미술교육의 목적을 정서 발달과 신체 발달에 두었었다(Hill, 1924).

이러한 유아교육의 역사적 배경을 개관해 볼 때, 영유아를 위한 미술교육은 미술교육 그 자체보다는 전인교육을 달성하려는 하나의 수단이었다. 그렇기 때문에 지금까지 유아미술교육은 교육과정 운영에서 본류가 아닌 아류였다. 1990년대 중반부터 극히 일부의 유아교육자가 자신이 가르치는 대학교에서 균형주의 미술교육을 강의하기는 했으나, 아직도 전인 발달의 측면에 기초하여 유아미술교육 목적을 설정하는 곳이 많다. 영유아를 전인으로 발달시키는 것이 올바른 유아미술교육의 방향이라고 보는 오래된 전통에 영향을 받고 있기 때문이다. 점진적으로 균형주의 미술교육이 확산되겠지만 현재 우리나라에서 출판된 유아미술교육 교과서에 나타난 유아미술 교육의 목적은 거의 다 전인교육을 달성하는 것에 중점을 두고 있다. 20세기 후반에 전인 발달을 위한 유아미술교육의 목적에 "창의성을 기르는 것"이 첨가되었으나 아직도 유아미술교육은 전인 발달을 이루는 보조 수단으로 보는 관점이 지배적이다.

'유아미술교육의 목적은 미술적 관점에서 수립해야 한다.'라는 개념을 유럽 및 미국은 1980년대부터 갖기 시작했고, 우리나라는 1990년대 중반부터 미미하게 갖기 시작했다. 이때부터 유아를 위한 미술교육의 목적이 미술적 관점으로 바뀌기 시작했고 균형주의 미술교육방법도 소개되기 시작했다. 유아들이 아름다움을 찾는 경험을 하는 동안 미술의 요소 및 미술의 원리를 기초적 수준에서 인식하고, 이를 다양한 방법으로 표현하며, 비판적 사고를 가지고 감상해 보는 방향으로 유아 미술교육의 목적이 설정되기 시작했다. 전인 발달이 이루어지는 과정에서 미술활동을 즐겁게 하는 것만으로는 미술교육을 제대로 할 수 없다는 인식이 자리 잡기 시작한 것이다.

유아에게 언어교육을 할 때 유아들이 그들의 발달 수준에 맞는 범위에서 발달에 적합한 교수–학습 방법으로 읽고 쓸 수 있는 능력의 기초를 형성해야 하는 것처럼, 미술교육도 유아들이 사물의 아름다움을 보고 찾으며, 이에 대해 느끼고 생각한 것을 그림이나 작품으로 표현할 수 있도록 도와주어야 하며, 친구 또는 화가들의 그림이나 작품을 감상할 수 있도록 도와야 한다. 아이들이 미적 소양을 갖춘 어른으로 성장할 수 있도록 돕기 위해서다. 이를 위해 유아미술교육을 심미적 관점에서 느끼고 생각하며 교육하는 부모나 교사가 반드시 옆에 있어야 한다.

2) 누리과정에 나타난 유아미술교육의 목적

1969년 우리나라 역사상 처음으로 국가 수준 유치원 교육과정이 제정되었을 때, 교육내용은 건강, 사회, 자연, 언어, 예능으로 진술되었다. 미술은 '예능'의 춤·율동·회화 중 회화(그림 그리기)에 속하였다. 그러나 교육목적만 진술되었고 구체적 교육목표나 교육내용은 없었다. 우리나라 국가 수준 유치원 교육과정에 유아미술과 관련된 교육목적 및 목표, 교육내용이 진술된 것은 1992년 개정된 유치원 교육과정의 '표현생활'이있다. 이후 두 번의 개정을 거치면서 계속 표현생활에 미술교육 내용이 포함되었고, 유아미술교육을 연구하여 시범수업을 하는 유치원도 많이 생겼다. 어린이집은 2006년 표준보육과정이 제정되면서 '예술경험' 영역에 미술관련 목적 및 내용이 포함되었다.

그동안 국가 수준 유치원 교육과정이나 표준보육과정은 창의성과 감성 기르기를 궁극적인 목적으로 설정하였는데 이는 과거 서구의 유아교육기관에서 유아미술교육의 목적을 전인 발달 및 창의성 발달로 했던 것과 흐름이 같다. 이는 초·중등학교에서 미술교육이 국어·영어·수학 등 주요 학과목의 보조 과목으로 인식되는 오류가 있다고 한 반즈(Rob Barnes, 1987)의 주장과도 일치한다.

누리과정이란 '온 세상에 빛을, 유아에게 행복을'이라는 의미가 담긴 이름으로 유치원의 '유치원 교육과정'과 어린이집의 '표준보육과정'을 통합하여 2012년부터 만 5세 유아에게 실시한 국가 수준의 공통교육과정이다. 교육과학기술부 산하의 유치원과 보건복지부 산하의 어린이집 전문가들이 서로 팽팽하게 대립함으로 인해 '유아교육' '유치원' '보육' '어린이집'이라는 용어가 들어간 교육과정 명칭보다는 제3의 용어를 교육과학기술부가 공모해 결정한 명칭이다.

국가가 제정하거나 개정하여 공포하는 교육과정은 이 나라에 태어나 교육받는 영유아들이 교육의 질적 수준을 최소한 보장받게 하려는 목적으로 만들어지기 때문에 유아교사들은 이를 숙지하여 교육활동에 반영할 책임이 있다. 또한 국가 수준 교육과정은 최소한의 교육지침이지만 지역문화에 알맞게, 단위 유아교육기관의 상황에 알맞게, 개개인 유아의 발달적 요구에 부응하여 융통성 있게 운영할 수 있다. 예컨대, 누리과정의 '예술경험' 영역에 유아미술교육은 음악·극놀이·동작과 묶여 있지만 유아의 발달 상황이나 흥미에 따라 미술활동을 음악이나 동작보다 더 많이 구체적으로 할 수도 있고 미술과 음악, 미술과 동작, 미술과 극놀이를 통합하여 활동을 구성할 수도 있다.

만 5세뿐 아니라 만 3세와 4세를 위한 누리과정이 2012년 만들어져, 동년 7월 10일 공포되었고 2013년 3월 1일부터 유치원 및 어린이집의 만 3, 4세 유아를 대상으로 시행됨으로써(교육과학기술부 고시 제2012-16호; 2013년 3월 박근혜 정부 출발 시점부터 교육과학기술부는 다시 교육부로 명칭이 바뀌었음) 만 3~5세 유아 모두에게 누리과정 혜택이 가게 되었다. 유치원에 다니는 유아나 어린이집에서 보육을 받는 유아 모두 동일한 교육과정으로 교육받게 된 것이다. 실질적인 유보통합(유치원과 보육시설의 통합)이

만 3~5세를 대상으로 이루어진 셈이다.

누리과정은 연령별로 신체운동 · 건강, 의사소통, 사회관계, 예술경험, 자연탐구 등의 5개 영역을 중심으로 구성되었으며, '만 3~5세 유아의 심신의 건강과 조화로운 발달을 도와 민주시민의 기초를 형성'하는 것을 목적으로 하고 있다. 유아미술교육은 '예술경험' 영역을 중심으로 제시되어 있으나 앞의 4개 영역 활동과 통합하여 운영할 수 있다. '예술경험' 영역은 유아가 친근한 주변 환경에서 발생하는 소리, 음악, 움직임과 춤, 모양과 색 등의 미술 요소에서 아름다움을 느끼고, 또래와 교사, 부모, 지역사회의 주민이나 작가가 표현한 예술작품을 가까이 접하면서, 이를 탐색하고 창의적으로 표현하는 것을 즐기며 감상하기 위한 영역으로서의 특성을 갖고 있다(교육과학기술부, 2013).

누리과정 해설서에 나타난 예술경험의 목적은 셋이다. 첫째, 유아가 자연과 사물을 접하면서 느낄 수 있는 아름다움을 찾아보고, 둘째, 이를 예술적으로 표현하며, 셋째, 예술을 감상하는 것이다(교육과학기술부, 2013). '아름다움을 찾고 표현하며 감상'하는 이 세 가지 목적이 서로 연관되고 통합적으로 이루어질 때 유아들에게 보다 의미 있는 미술교육이 이루어질 수 있다. 이 중 미술과 관련된 목적을 도식화하여 제시하면 다음과 같다.

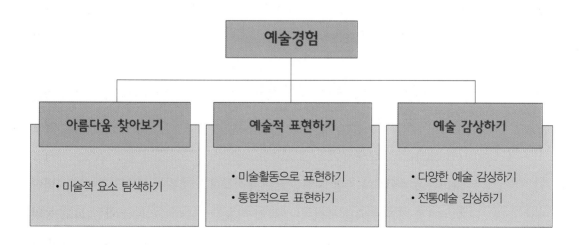

3) 미술적 관점에서 본 유아미술교육의 목적

누리과정에 기초한 미술교육의 목적을 좀 더 미술적 관점에서 보완하자면 다음의 그림과 같다. 아름다움 찾아보기를 '아름다움 탐색하기'로 바꾸고, 하위 항목이었던 '미술적 요소 탐색하기'를 '미술의 요소 탐색하기'와 '미술의 원리 탐색하기'로 세분화한다. 예술적 표현하기는 '미술적 표현하기'로 바꾸고, 하위 항목은 '미술활동으로 표현하기'와 '통합적으로 표현하기'로 그대로 둘 수 있다. 마지막으로 예술감상하기는 '미술 작품 감상하기'로 바꾸고, '자연과 사물의 아름다움 감상하기' '다양한 미술 작품 감상하기' '전통미술 감상하기'로 구체화한다면 누리교육과정을 따르면서도 미술의 요소와 미술의 원리를 교육하는 유아미술교육의 목적이 된다. 각각의 목적에 대하여 자세히 살펴보도록 하자.

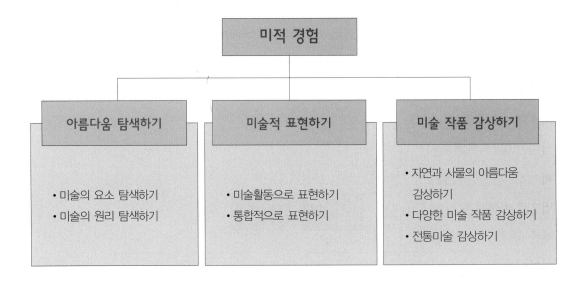

(1) 아름다움 탐색하기

유아들이 자연이나 주변 환경을 보면서 아름다운 것을 탐색하는 것이 유아미술교육의 가장 기본이 되는 목적이다. 특히 미술적으로 아름다운 것을 찾아보는 것으로서 기초적 수준의 미술의 요소와 미술의 원리를 알아보는 것이다. 아름다운 것을 아름답게 만드는 색·점·선·모양·명암·공간·질감과 같은 미술의 요소를 기초적 수준에서지만 탐색해 보고, 자연이나 미술 작품 중에서 균형·강조·비율·움직임·리듬·다양성·통일성과 같은 미술의 원리를 생각하며 아름다운 것을 찾아볼 수 있는 사람으로 성장하게 하는 것이 유아미술교육의 목적이다. 처음에 유아들은 아름다운 것을 '아름답다' '좋다'라고 느끼는 정도이고 말로 표현하지는 못한다. 그러나 교사의 도움을 받으며 미술의 요소 및 미술의 원리와 관련된 경험을 반복해서 하다 보면 아름다움을 보는 능력이 향상된다. 여행 가서 친구들과 사진을 찍을 때 우리들은 화면 가득 사람 얼굴이 나오도록 찍지만 사진작가들은 그 주변의 나무, 돌 등 아름다운 것은 물론 아름다운 구도까지 찾아내 한 폭의 그림과도 같은 사진을 찍는 것을 보아도 사람에 따라 사진에 나타나는 아름다운 모습이 다른 것을 알 수 있다. 미술의 요소나 미술의 원리와 관련된 경험을 많이 한 사람일수록 아름다운 것을 보는 눈이 생겨 주변에서 아름다운 것을 찾아내는 능력이 돋보인다.

요즈음 한국 여성들은 미의식이 발달하여 옷을 개성 있게 또 아름답게 입는다는 평을 외국인 사진작가들로부터 받지만 과거부터 그랬던 것은 아니다. 과거에는 비싼 옷으로 잘 차려입은 여성들도 외국인 디자이너들로부터 '밉다'는 혹평을 받은 적도 있다. 어른이 된다고 해서 아름다운 것을 아름답게 볼 수 있고 자신을 아름답게 가꿀 수 있는 능력이 생기는 것은 아니다. 어려서부터 적절한 시기에 적절한 방법으로 아름다운 것을 찾아보는 기회가 있어야 가능한 일이다. 교육 가능성이 풍부한 유아기에 기초적 수준에서 아름다운 것을 찾아보는 경험이 쌓이면 심미감과 미의식이 발달한다. 유아들이 생활하는 동안 접하는 자연, 사물, 사람, 미술 작품 등을 보며 미적 아름다움을 느낄 수 있는 사람으로 성장한다는 것은 삶을 풍요롭게 힐 가능성을 높인다.

가끔 뉴스에 나오는 북한 여인들을 보면 우리나라의 여성들과 아주 다른 모습이 보인다. 같은 민족적 배경을 가졌더라도 살아온 환경과 교육이 달라 삶을 영위하는 미의식이 달라진 것이다. 봄에 돋아나는 새순의 감미로운 색깔, 겨울의 나목

이 보여 주는 선의 아름다움이 눈을 통해 뇌에 전달될 때 "아!!!" 하며 감탄하는 유아들에게 "색깔이 참 다르다. 어떻게 다른 것 같아?"와 같이 미술의 요소 및 미술의 원리를 생각하며 아름다운 것을 찾아보게 하는 것은 시작일 뿐이다. 부모와 교사들이 생활 중 유아로 하여금 아름다운 것을 찾아보게 하겠다는 의지를 가지고 돕는 그 자체가 중요하다. 우리가 교육하는 영유아는 발달 특성상 미의식을 완전한 수준에서 갖게 되기는 힘들지만 "Good start is better start(잘 시작하는 것이 더 좋은 것이다)"라는 신념을 가지고 꾸준히 교육하면 그 경험이 쌓여 청년이 된 어느 날 미의식이 세련되어진 것을 자신도 알게 된다. 입은 옷의 코디 정도, 집의 꾸밈새, 선택한 장신구와 입은 옷의 조화로움 등을 보면 그 사람의 미의식 수준이 어느 정도인지 알 수 있다. 비싼 수입 옷, 구두, 핸드백으로 치장했지만 조금도 어울리지 않는 사람이 있는가 하면 시장에서 산 옷, 구두, 핸드백이지만 세련미가 넘치는 사람이 있는 것과 같다.

유아는 태생적으로 호기심이 많고 활동적이며, 주변의 아름다운 것을 열심히 탐색한다. 그러나 유아 혼자 탐색하도록 놔둔다면 기초적 수준의 미의식이 향상될 수 없다. 아름다운 것을 탐색하는 동안 기초적 수준이지만 미술의 요소와 미술의 원리에 대해 안내해 주고 이끌어 주는 어른이 있어야 한다. 그래야 유아는 자연물이나 인간이 만든 물건에서 미적 요소를 발견하고 변별할 수 있게 될 것이다.

아름다운 색 · 점 · 선 · 모양 · 명암 · 공간 · 질감 등은 세상에 널려 있으나 이를 보는 눈을 갖지 못한 사람에게는 눈에 띄지 않고 스쳐 갈 뿐이다. 머릿속에 아름다운 像을 많이 가진 화가일수록 아름답고 조화로운 작품을 생산할 수 있는 것처럼, 미적 경험을 많이 한 유아일수록 아름다운 것을 더 볼 수 있고, 자세히 표현할 수 있고, 더 비판적으로 감상할 수 있다. 영유아기에 그 결과가 나타나는 경우는 드물지만 성장해서는 확실히 다르게 나타난다. 그림을 잘 그리는 유명한 화가들도 항상 아름다운 자연물이나 사물을 많이 보려고 노력한다. 이때 갖게 된 像을 머릿속에 담고 있다가 기회가 주어졌을 때 이를 그림이나 조각으로, 자신만의 독특한 방법으로 표현한다.

브라운리(Brownlee, 1983)와 실러(Schiller, 1995)에 의하면, 아기들은 태어나 이 세상에서 살아가는 동안 자신도 모르게 많은 것을 파악하며 아름다운 것과 그렇지 못한 것들을 몸으로 느끼며 산다고 한다. 엄마와 길을 걸으며 여러 색, 여러 모양의 꽃을 볼 때, 길가의 민들레 꽃을 하나둘씩 꺾어 볼 때, 민들레 씨를 후 불어볼 때, 앵두나무에 빨간 앵두가 다닥다닥 열리는 것을 볼 때,

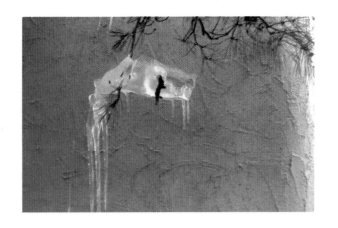

새 두 마리가 짝을 지어 날아다닐 때, 물고기가 헤엄치는 것을 볼 때, 소나무 위에 내린 눈꽃이 녹아내리는 모양이 물고기 모양이었다가 결국에는 녹아 떨어지는 것을 볼 때 자연의 신비로움과 아름다움을 느낀다.

아름다움 탐색하기의 구체적 교육목표는 미술의 요소와 미술의 원리를 아는 것이다. 이를 달성하기 위해 유아들은 기초적 수준에서 미술의 요소, 즉 색·점·선·모양·명암·공간·질감에 대해 알아야 하고 미술의 원리인 균형·비례·강조·움직임·변화와 통일성, 리듬·패턴·반복을 알아야 한다. 이때 교사의 도움이 절대적으로 필요하므로 교사는 미술의 요소와 미술의 원리를 잘 알고 있다가 유아가 이를 배울 수 있는 상황이 발생할 때마다 연결시켜 주면 쉽게 배울 수 있다. 집에 있는 색종이를 본 만 5세 정연이가 KTX를 만들어 보겠다고 했다. "그래? KTX를 타 봤니? 어떤 모양이야?"라며 미술의 요소 중 '모양'과 아이의 경험을 연결해 주었더니, 정연이는 앉아서 다음의 사진처럼 색종이 세 장을 반으로 접어 연결한 뒤 앞부분은 삼각형으로 접어 기차의 머리 부분이라고 말했다. 그다음 정연이는 바퀴를 그리기 시작했는데 미술의 원리 중 '균형'과 '반복' 패턴이 나타났다. 큐레이터인 엄마가 "바퀴는 동그란 모양인데 앞 칸에도 있고 뒤 칸에도 반복해서 있구나."라고 말하며 미술의 원리에 관심을 갖게 하였다.

만 5세 정연이의 기차 작품

어느 가을날이었다. 다영이가 만 3세였을 때 국립묘지에 데리고 갔었다. 울긋불긋 물든 단풍들을 보며 "다영아, 단풍잎 색이 빨갛고 노랑이야." 했더니 "할머니, 아닌 것 있어." 하여 나를 놀라게 한 적이 있었다. 무슨 색깔인지 말로 할 수는 없지만 단풍 색깔이 더 복잡함을 느꼈던 것이다. 유아들이 비록 말로 표현하지는 못해도 정말 많은 것을 느끼고 보며 생각한다. 미술교육은 유아에게 사물을 새롭게 보고 아름다움을 찾는 방법을 익히도록 하는 교육이다.

부모나 교사의 도움으로 영유아들이 사물을 보며 미의식이 향상되는 경험을 하게 되면 영유아들은 그동안 무심히 보아 왔던 사물을 새로운 시각으로 보게 되어 예쁜 것은 아름답다고, 미운 것은 아름답지 않다고 인식한다. 그러므로 유아기에 아름다운 것을 탐색해 보는 능력을 기를 수 있도록 미술교육의 교육목표를 구체적으로 세우고 기회를 제공하는 것이 중요하다. 미술의 요소를 중심으로 유아미술의 구체적 교육목표를 생각해 보면 다음과 같다.

〈기초적 수준에서 미술의 요소를 찾아보게 하는 구체적 목표〉

• 색
  - 색의 이름(빨강, 주황, 노랑, 연두, 초록, 청록, 파랑, 남색, 보라, 자주, 분홍, 갈색, 하양, 회색, 검정)을 알고 찾아본다.
  - 색을 탐색할 때 '선명한' '탁한' '흐린' '진한' '연한' '밝은' '어두운' 등의 표현을

활용한다.

- 비슷한 색, 조화로운 색, 대비되는 색을 찾아본다.
- 따뜻한 색과 차가운 색을 찾아본다.

• 점

- 종이의 크기와 점의 크기에 따라 느낌이 달라지는 것을 경험해 본다.
- 다양한 위치에 있는 점, 수 · 색 · 크기 · 질감이 다른 점을 찾아본다.

• 선

- 수평선 · 수직선 · 사선처럼 다양한 직선을 찾아본다. 곡선도 찾아본다.
- 긴선 · 짧은 선 · 굵은 선 · 가는 선 · 흐릿한 선 · 진한 선 등을 찾아본다.
- 그 외 지그재그 선, 꼬불꼬불한 선 등을 찾아본다.

• 모양

- 기본 모양인 동그라미, 세모, 네모, 마름모의 이름을 알고 찾아본다.
- 기하학적인 모양과 비기하학적 모양의 차이를 구분할 수 있다.
- 자연 · 사물 · 그림에서 다양한 모양을 찾아본다.
- 다양한 크기의 모양을 탐색한다.
- 2차적 형과 3차적 형태를 구분하여 탐색한다.

• 명암

- 어둡게 보이는 곳과 밝게 보이는 곳을 찾아본다.
- 빛이 비춰지는 방향과 위치를 탐색한다.
- 빛에 의해 만들어지는 그림자를 찾아본다.
- 빛과 그림자의 관계를 알아본다.

- **공간**

  - 공간과 관련된 어휘(넓은, 좁은, 위, 아래, 옆, 가까운, 먼, 안, 밖, 깊은, 얕은, 높은, 낮은)를 알고 상황에 맞게 사용해 본다.
  - 꽉 차인 공간과 비어 있는 공간을 비교하며 탐색한다.

- **질감**

  - 질감과 관련된 어휘(부드럽다, 거칠다, 딱딱하다, 말랑하다, 미끌거리다, 매끄럽다, 울퉁불퉁하다 등)를 알고 탐색한다.
  - 실제 만져보며 느끼는 질감, 시각적 질감 등 다양한 방법으로 탐색한다.

〈기초적 수준에서 미술의 원리를 알게 하는 구체적 목표〉

- **균형**

  - 안정감과 균형감이 느껴지는 것과 그렇지 않은 것을 찾아본다.
  - 대칭적 균형과 비대칭적 균형의 차이를 알아본다.

- **강조**

  - 처음 보았을 때 그림에서 제일 먼저 눈에 띄는 부분이 어디인지 찾을 수 있다.
  - 색, 명암, 방향, 주제 등 눈에 띄게 된 이유를 탐색한다.

- **움직임**

  - 움직인다고 느껴지는 것을 탐색한다.
  - 명암, 방향, 강조, 과장해서 표현하면 움직이는 것처럼 보이는 이유를 탐색한다.

- 리듬/강조/패턴
  - 같은 종류의 선, 모양, 색이 반복되어 나타난 패턴을 찾아본다.
  - 패턴이 주는 리듬감을 탐색한다.

- 변화와 통일성
  - 통일된 느낌을 주는 미적 요소를 찾아본다.
  - 주변 상황과 다르게 표현된 부분을 찾아본다.
  - 통일성과 변화를 느끼게 하는 이유를 탐색한다.

(2) 미술적 표현하기

유아미술교육의 두 번째 목적은 유아들이 보고 느끼고 생각한 것을 미술활동을 통해 표현할 수 있는 능력을 갖게 하는 것이다. 만으로 네 돌이 채 안 된 여아가 길 거리에 죽어 있는 쥐를 불쌍하다며 쪼그리고 앉아 한동안 보았다. 그리고 집으로 돌아오자 곧 스케치북과 크레파스를 꺼내더니 쥐를 그리기 시작했다. 만 4세가 그리기에는 너무나 정교한 쥐의 모습이었다. 쥐띠에 태어났고 실제로 쥐를 본 것은 이 죽은 쥐가 처음이었기 때문에 그림이 나이에 비해 정교해진 것이었다.

유아들이 오감각을 통해 받아들인 자극은 뇌에 기록되어 있다가 다양한 방법으로 표현된다. 부정적인 기억이 많이 입력된 사람은 어둡고 침울한 내용을, 긍정적인 경험이 입력된 사람은 밝고 따뜻한 내용을, 아름다운 것을 많이 본 사람은 아름다운 내용을 그림으로 표현한다.

언어 표현력이 미숙한 유아들은 말이나 글로 표현하는 일이 어려워 그림으로 느낌을 표현한다는 것이 그동안 유아교육전문가들의 주장이었지만 느낌이나 생각을 그림으로 표현하는 것은 능숙한 화가에게도 쉬운 일이 아니다(Barnes, 1987). 따라서 유아미술교육의 목적은 그저 즐겁게 그리고 싶어서 그리는 활동으로 하는 것이 먼저이고, 부정적 정서를 표현하게 하는 것은 부차적으로 얻는 효과여야 한다.

자신이 현재 느끼고 있는 정서가 슬픈 것인지 화나는 것인지조차 구분하기 어

려워 혼란을 느끼는 유아들은 정서가 불안할 때 이를 해소하기 위해 미술활동을 해야겠다고 생각하기조차 힘들다. 미술 작품을 만들어 내야 한다는 사실 자체가 유아들을 불안하게 만들 가능성이 높아지므로, 단순히 보고 느낀 것을 자기 방식으로 표현하고 싶게 해 주면 된다. 다양한 경험을 하게 하면 표현할 거리가 많아질 것이다. 산책하면서 자연물을 탐색한 후에 나무나 꽃을 자세히 표현했다든가, 조각공원에서 다양한 모습의 조각을 보고 생각하게 한 후 유치원에 돌아와서 미술활동을 하면 유아들이 쉽게 그린다는 연구도 있다(김선월, 2003).

〈기초적 수준에서 미술적으로 표현하게 하는 구체적 목표〉

• 마음에 느껴지는 감정과 생각을 솔직하게 미술로 표현한다.
• 호기심을 갖고 아름다운 것을 탐색한 후, 그림으로 그려 보는 도전 정신을 갖는다.
• 상像을 생각해 내어 그림으로 표현하려는 마음을 갖는다.
• 독창적으로 생각하면서 그리기나 만들기를 시도한다.
• 그리기나 만들기를 할 때 몰입한다.
• 다른 방법을 궁리해서 그리거나 만들어 보려고 노력한다.
• 관찰한 물체에 대해 집중하여 생각하며 그리거나 만든다.
• 작품을 소중하게 다룰 줄 안다.

(3) 미술 작품 감상하기

유아미술교육의 세 번째 목적은 유아들이 자연·사물·미술 작품을 비판적으로 보며 감상할 수 있는 능력을 갖게 하는 것이다. 예술가들은 "아름다움을 모르는, 즉 미의식이 없는 인간은 영혼이 죽은 사람이다."라고 한다. 프랑스에서 미술을 공부한 정충일 화가는 "한국의 부모들은 너무 이른 시기부터 아이를 학원에 보내 아이의 미술 표현 기법을 고착화시키고 감상 능력을 퇴화시키는 경향이 있다."라고 하였다. 따라서 유아기에는 어떤 기법이나 표현 방법을 가르칠 것이 아니라 다양한 장르의 그림이나 미술 작품을 일주일에 두 번 정도 보여 주어 감상할 수 있는 기회를 많이 주는 것이 더 좋다. 물론 이러한 다양한 작품에 대해 유아들은 나름대로의 방식으로 다양하게 반응할 것이지만 유아들은 화가가 그린 그림이나 조각가의 작품을 보면서 미술을 보는 눈을 갖게 될 것이다. 시각적 해득력visual literacy이 생기기 때문이다.

사물마다 고유하게 갖고 있는 미술의 요소나 미술의 원리에 근거해서 새롭게 보는 방법을 배움으로써 아름다움을 보는 능력은 향상된다. 실제로 일상생활을 하는 동안 한 사람이 갖고 있는 미의식은 그 사람의 생활 자체를 윤택하고 아름답게 해 준다. 앞에서 걸어가는 남자의 바지가 고동색이고, 양말은 검정색이며, 와이셔츠는 분홍색이고, 빨간색 나비넥타이이며, 윗옷은 노란색이라고 상상해 보자. 왠지 광대 같다는 생각이 들 것이다. 실제로 길에 다니는 사람들의 옷차림을 보면 보기에 기분 좋은 경우도 있지만 불편한 느낌이 드는 때도 있다. 집 안을 아름답게 꾸미는 것도 미의식과 관계가 있다. 화분 하나를 적절한 곳에 놓음으로써 집 전체가 아름답게 보이는 경우가 있는가 하면, 비싼 가구를 사다 놓아도 집이 어지러워 보이는 경우도 있다.

청소를 깨끗이 한 후 실험을 한번 해 보자. 집 안 정돈까지 잘한 후 거실이나 방에 가방을 아무렇게 던져 놓아 보자. 잘못 놓인 물건 하나가 방의 조화로움을 깨뜨린다. 옷장을 열고 먼저 입고 싶은 블라우스를 고른 후, 가지고 있는 바지나 스커트 중에서 색이 가장 어울리는 것을 찾으려 노력하며, 이것저것 입어 보자. 가지고 있는 장신구, 머리핀, 스카프 등을 이것저것 해 보자. 옷을 다 입었을 때 가장 조화롭게 보이는 것들을 기억해 두었다가 입고 외출해 보자. 반응이 좋은 콤비네이션(조합)은 자주 이용한다. 또 다른 방법으로 조화롭게 입을 수 있는 방법도 연구해 본다. 옷을 항상 새로 사지 않아도 조합을 다르게 하면 새로운 효과를 볼 수 있다.

유아들은 자신들이 본 작품에 대한 느낌과 생각을 말로 표현해 보고 토의해 보는 기회를 가져야 한다. 유아들은 그 그림에 나타난 미술의 요소나 미술의 원리를 찾아볼 뿐 아니라 미술 기법, 그 화가의 감정도 생각해 볼 수 있을 것이다. 감상활

동을 하는 동안 유아들은 미술 관련 용어를 사용해 볼 수도 있고, 미술의 요소들이 화면 위에 어떻게 구성되고 배열되어 있는지에 대해서도 이야기 나눌 수 있다. 유아들은 그 그림에서 화가가 강조하고 싶었던 부분은 무엇이며 왜 그렇게 강조하고 싶은지도 이야기해 볼 수 있다.

간단한 수준에서 미술의 역사를 알아볼 수 있는 기회를 갖는 것도 미술 감상 능력을 기르는 기회를 준다. 인간은 이 세상에 존재하는 그 순간부터 무엇인가를 흔적으로 남겼다. 유아교육기관에서 유아들에게 옛 조상들이 동굴에 왜 벽화를 그려 사냥하는 법을 그려 놓았는지, 사냥한 토끼를 잡을 때 왜 돌을 깎아 만든 칼을 사용하였는지 알아보게 하는 것도 미술사적인 측면에서 감상하는 것이다. 박물관이나 미술관에 전시되어 있는 많은 미술 작품이 바로 인간이 살아 온 역사이자 미술사다. 과거에 만들어진 작품에는 부족 또는 민족들의 생활상이 깃들어져 있고 위대한 화가의 작품에도 그 시대의 정신과 그들이 자연과 호흡하며 자연의 법칙에 순응하고 산 기록이 있다. 오늘날 우리의 삶의 질에 영향을 주고 있는 화가, 조각가, 다양한 분야의 장인들, 사진작가, 영화감독, 산업디자이너, 패션디자이너, 건축가, 그래픽디자이너, 도시계획가 등의 작품도 세월이 지난 후 미술사에 기록될 것이므로 현재인 동시에 과거가 될 것이다. 유아들이 다양한 종류의 미술 작품을 감상할 기회를 갖게 되면 그 미술 분야가 인류에 공헌한 바를 이해하게 될 것이고, 그 미술가가 그 작품을 왜 그렇게 만들었는지 생각해 볼 수도 있게 될 것이다. 다음은 미술 감상 능력을 기를 수 있는 교육목표다(Herberholz & Hanson, 1994).

〈기초적 수준에서 미술 작품을 감상하게 하는 구체적 목표〉

• 미적 대상을 자세히 살펴보고 본 것을 말할 수 있다.
• 작품 속에 나타난 미적 요소와 원리를 기초적 수준에서 찾아보고 말할 수 있다.
• 작품 속에 나타난 화가의 의도를 생각해 보고 자유롭게 말할 수 있다.
• 작품에 대한 자신의 느낌과 생각을 말할 수 있다.

앞에 진술한 교육목적 및 목표는 부모나 교사들이 유아를 안내하는 가이드라인일 뿐이지 순서에 따라 모든 목표를 일정 기간 내에 달성해야 하는 것은 아니다. 미술교육의 목적과 목표는 영유아들의 미적 지식, 소양, 태도를 길러 주기 위해 안내해 가는 방향이어서 중요하기는 하지만 정해진 시간에 정해진 양만큼 가르쳐야 하는 것도 아니고 가르칠 수도 없다. 다만 교사들은 이러한 목적과 목표의 중요성을 잘 알고 기회가 올 때마다, 영유아들이 준비가 되었을 때마다 미적 경험이 가능할 수 있도록 기회를 제공하는 데 필요하다. 영유아를 위한 목적, 목표, 교육내용, 평가 방법은 유아를 위한 그것과 다를 것이며 초등학교 학생들을 위한 그것들과도 확연히 다르다. 또 미술 분야에서 일하며 일생을 보내는 전문가를 교육할 때도 다르다.

유아를 위한 미술교육은 전문가를 기르는 것이 아니며, 초·중·고등학교 학생들처럼 미술 기법을 가르쳐야 하는 것도 아니다. 어디까지나 영유아들이 자유롭게 보고, 느끼고, 생각할 수 있도록 해서 기초적 수준의 미적 경험을 하게 하는 것이 목적이 되어야 한다. 발달 특성상 영유아들은 어른들이 기대하는 그림이나 작품을 산출해 낼 수 없고 미술 기법도 배울 단계가 아니기 때문이다. 미술전문가가 되지 않더라도 일상생활을 할 때 기초적 수준에서 아름다운 것을 아름답게 보려고 노력하는 것이 목적이 되어야 한다는 뜻이다.

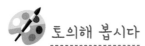 토의해 봅시다

지금까지 내가 받은 미술교육의 경험을 떠올려 봅시다. 연상되는 장면이나 단어를 말해 보세요. 좋은 기억, 또는 안 좋은 기억은 무엇인지 옆 사람과 이야기 나누어 보세요. 내가 받은 미술교육은 묘화기법 훈련, 창조주의 미술교육, 균형주의 미술교육 중 어떤 것과 관련이 있다고 생각하나요? 왜 그렇게 생각하나요? 이야기 나누어 봅시다.

Chapter 2

유아미술교육의 내용

　유아들은 감각을 통해 세상을 알아 간다. 이러한 감각을 통해 얻는 경험은 이후의 삶에 큰 영향을 미친다. 사물을 보는 시각과 태도, 미적 지각, 심미적 평가 등에 대한 기초를 형성하기 때문이다. 유아들은 주변의 모든 사물에 대해 호기심을 갖는다. 그리고 자신의 감각기관을 이용해 탐색하려 한다. 경험중심 교육철학자 듀이는 이러한 유아의 호기심을 단순하고 우발적인 충동으로 여기지 말고 좀 더 높은 수준의 호기심, 세련된 호기심으로 발전시켜 주어야 한다고 말했다(Archambault, 1974). 교사는 유아의 지각적 경험을 이끌고 안내하여 자연과 인간생활에 존재하는 미술의 요소와 미술의 원리를 인식하고 접하게 해야 한다. 이러한 경험을 통해 유아들은 관찰한 것을 더 잘 표현하게 되고 색·점·선·모양·명암·공간·질감을 이해하며, 표현할 수 있게 되고 한 걸음 더 나아가 자신만의 방법으로 응용할 수 있게 된다. 즉, 유아가 자신의 주변 환경에서 미술적인 부분들을 탐색하고 발견하고 느낌으로써 미적 감각이 키워질 수 있다. 따라서 교사는 유아들이 감각적 경험을 많이 할 수 있도록 다양한 기회를 제공해야 한다.

　미술은 유아에게 어떤 대상을 새롭게 보게 해 준다. 자연물과 미술 작품을 보

고, 감상하고, 대화를 나눔으로써 유아들의 보는 능력이 향상된다. 가령, 작품 속 등장인물의 시각에서 생각해 볼 수 있고, 크고 작은 모양, 매끄럽거나 거친 질감, 움직임, 앞과 뒤의 거리감 등을 경험할 수 있다. 또한 공간관계, 빛과 어두움, 다양한 색·점·선·모양·명암·공간·질감에 대해서 지각하게 된다. 미술의 요소와 미술의 원리에 대한 이러한 지각 경험을 통해 유아는 새로운 사물뿐만 아니라 친근한 사물에서도 간과했던 아름다움과 독특함을 발견하게 된다.

이렇듯 미술 작품을 보고, 감상하고, 의미 있는 대화를 나누기 위해 교사와 유아는 우선 미술의 용어와 의미에 대해 알고 이해할 필요가 있다. 특히 '미술의 요소'와 '미술의 원리'에 대한 용어를 알아 두어야 하는데 요소와 원리는 성인의 작품뿐만 아니라 유아들의 작품, 우리 주위의 사물, 자연물 등 모든 것에 나타나 있다. 가령, 거실 소파에 쿠션을 놓을 때 우리는 소파의 색, 쿠션의 질감과 색, 크기, 모양, 집안 분위기와의 조화 등을 생각한다. 또 자그마한 꽃병에는 꽃병과 어울릴 만한 작은 크기의 꽃을 꽂고, 커다란 해바라기는 꽂지 않는다. 이는 꽃병과의 균형, 비례를 생각하기 때문이다. 이렇듯 미술의 요소와 미술의 원리는 우리 생활 곳곳에 영향을 주고 있다. 따라서 미적 인식은 미술전문가들만이 갖추어야 할 지식이 아닌 우리가 미적으로 보다 나은 생활을 하기 위해 알아야 할 기본 지식이다.

유아의 미적 인식을 높인다거나 심미안을 향상시켜 준다는 의미는 생활하는 중에 주변에서 미술의 요소를 느끼고 알아내도록 하는 것을 말한다. 또한 미술의 요소뿐 아니라 미술의 원리(균형, 비례, 강조 ,움직임, 리듬/반복/패턴, 변화와 통일성)에 대해서도 알고, 미술의 요소와 미술의 원리를 표현 활동에도 적용할 수 있게 된다. 유아미술교육의 중심 교육내용인 미술의 요소와 미술의 원리에 대해 교사가 잘 알고 있어야 이를 이해할 수 없는 유아들에게 쉬운 말로 알려 줄 수 있다. 이 장에서는 미술의 요소와 미술의 원리를 '(1) 교사가 알아야 할 수준 높은 내용'과 '(2) 유아에게 쉽게 가르칠 수 있는 쉬운 내용'으로 나누어 설명하려 한다. 그리고 유명한 화가들의 구체적인 작품을 예로 들어서 살펴볼 것이다.

1. 미술의 요소

미술의 요소란 회화와 조각, 디자인 등 모든 예술 분야에서 사용하는 기본적인 구성요소다. 미술의 요소는 2차원과 3차원 미술 모두에 적용되고, 색·점·선·모양·명암·공간·질감 등이 포함된다.

1) 색

(1) 교사를 위한 색에 대한 지식

색color이란 빛을 흡수하고 반사하는 결과로 나타나는 현상이다. 색상환을 통해 색을 좀 더 잘 이해할 수 있는데, 색상환이란 색상에 따라 색을 둥글게 배열한 것을 말한다.

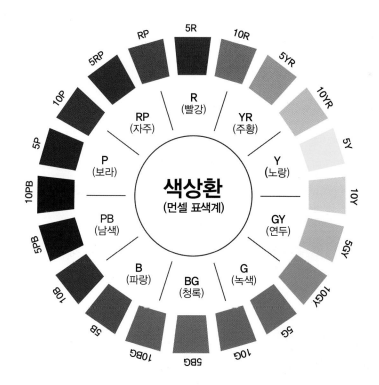

먼셀 색상환

출처: 주리애(2017).

1차색은 빨강, 노랑, 파랑이고 세 가지 색 중 두 가지를 섞으면 2차색, 즉 주황, 녹색, 보라가 된다. 2차색과 1차색을 섞으면 3차색이 된다. 색상환에서 서로 마주 보고 있는 색을 반대색인 보색이라 한다. 예를 들어, 노랑의 보색은 반대쪽에 있는 남색이고, 빨강의 보색은 청록이다. 이러한 유채색 외에 색상환에는 없지만 색으로 취급되고 사용되는 무채색이 있다. 무채색은 흰색과 검정, 그리고 이 둘을 섞어서 나오는 모든 회색을 말한다.

물리적 특성에 따라 명도와 채도라는 용어를 사용하여 색을 구분하기도 한다. 명도란 색의 밝고 어두운 정도를 말하며, 가장 어두운 검정색을 0으로 시작하여 가장 밝은 흰색인 10까지 모두 11단계로 나누어진다. 흰색을 섞으면 명도가 높아지고 검정을 섞으면 명도는 낮아진다.

채도는 색의 순수하고 선명한 정도를 가리키는 것으로 다른 색과 섞이지 않을 경우 채도는 높고, 많이 섞일수록 색이 탁해지면서 채도는 낮아진다. 또한 무채색을 섞으면 채도는 낮아지게 된다.

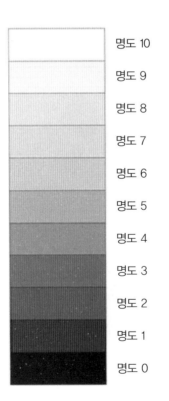

명도 10

명도 9

명도 8

명도 7

명도 6

명도 5

명도 4

명도 3

명도 2

명도 1

명도 0

명도 11단계

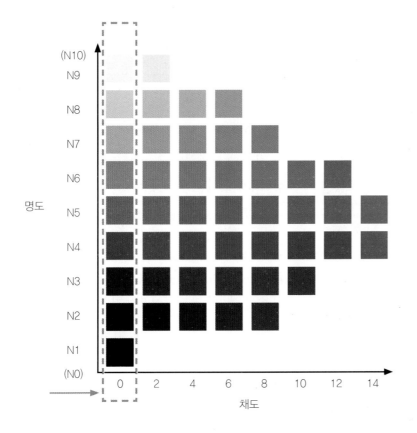

명도

(N10)
N9
N8
N7
N6
N5
N4
N3
N2
N1
(N0)

0 2 4 6 8 10 12 14

채도

색을 따뜻한 색과 차가운 색으로 나누기도 하는데, 주황·빨강·자주·노랑은 따뜻한 느낌을 주기 때문에 난색이라 하고, 파랑·청록·남색은 차가운 느낌을 주기 때문에 한색이라 한다. 연두, 녹색, 보라 등 한색과 난색이 섞여서 만들어지는 색들은 중성색이라고 한다. 이러한 색의 성질은 대체로 대상물의 고유색에서 얻어진 느낌으로 불의 빨간색, 물의 청색 등에서 경험한 색의 기억이 색상에서 온도를 느끼게 한다고 볼 수 있다.

색은 사람의 감정을 표현할 수 있을 뿐만 아니라 장식, 표현, 사실, 상징 등의 다양한 방법으로 사용될 수도 있다. 화가들의 작품을 감상하며 우리는 색이 표현하는 느낌을 즐길 수 있다.

어떤 화가는 빨강, 노랑, 파랑 등의 1차색을 주로 사용하여 작품이 강렬한 느낌을 주게 그린다.(1) 화려하고 장식적인 색을 사용하여 분위기를 밝게 만드는 그림을 그리기도 한다(2). 또한 지극히 사실적인 색만을 사용하여 실제와 똑같은 표현을 할 수도 있고(3), 실제와는 전혀 다른 색을 이용하여 상상적으로 표현할 수도 있다.

(2) 유아를 위한 색에 대한 지식

우리 주변은 다양한 색으로 가득 차 있습니다. 그림 속에 얼마나 많은 색이 있는지 찾아보세요(4).

1 프란츠 마르크, 암소들, 1912
2 구스타프 클림트, Kiss, 1907~1908
3 오시아스 베르트, 정물, 16세기경

4 클로드 모네, 몽즈롱 정원의 한 귀퉁이, 1876

따뜻한 느낌을 주는 색이 있습니다. 빨강, 노랑, 주황 등은 우리에게 따뜻함을 느끼게 합니다(5).

반대로 차가운 느낌을 주는 색도 있습니다. 파랑, 청록색 등은 우리에게 차가움을 느끼게 합니다(6, 7).

5 폴 랑송, The Two Graces, 1890

6 빈센트 반 고흐, 자화상, 1889

7 클로드 모네, 수련, 1916

실제와 똑같은 색으로 그림을 그릴 수도 있습니다. 그림이 아니라 실제로 사물을 보는 것 같아요. 여러분은 어떻게 느껴져요?(8)

8 빌럼 클라스 헤다, Still-life with Gilt Goblet, 1635

실제와는 다른 상상의 색으로 그림을 그릴 수도 있습니다. 어떤 부분이 사실과 다른 색인지 찾아볼까요?(9)

9 프란츠 마르크, 꿈, 1912

062 Chapter 2 유아미술교육의 내용

색은 다양한 감정을 느끼게 해 줍니다. 행복을 느낄 수 있게도 하고(10), 슬픔을
느낄 수 있게도 합니다(11).

10 오귀스트 르누아르,
장 르누아르와 어린 여자아이, 1895~1896

11 에드바르 뭉크, 병든 아이, 1885~1886

다양한 색으로 그림을 그려 알록달록 화려함을 느낄 수도 있습니다(12). 반대로 검정색과 흰색, 회색으로만 그림을 그릴 수도 있습니다(13).

12 클로드 모네, 지베르니의 정원, 1895

13 로베르 들로네, 에펠탑, 1911

2) 점

(1) 교사를 위한 점에 대한 지식

점(dot)은 가장 단순한 모양으로, 방향이나 면적이 없는 하나의 위치를 표시한다. 우리가 점이라고 이야기할 때는 아주 작은 크기를 생각하지만 아무리 작아도 분명 하나의 모양을 가지고 있음을 알아야 한다. 점의 크기는 상대적인 것이다. 그렇기 때문에 커다란 면에서의 점은 아주 작게 느껴지는 반면, 작은 면에서의 점은 크게 느껴져 점이라고 생각되지 않을 수도 있다. 따라서 점의 크기로 모양인지 점인지를 구분할 것이 아니라 점 자체가 모양이 될 수도 있다는 것을 이해해야 한다. 같은 모양이라도 그리는 사람이 점으로 사용했는지, 모양으로 사용했는지에 따라 점이 되기도 하고, 모양이 되기도 한다.

14 조르주 쇠라, 그랑 자트 섬의 일요일 오후, 1884~1886

이렇듯 점의 크기는 일정하지 않고, 모양 또한 둥근 것이 일반적이지만 다양한 모양이 있을 수 있다. 점의 위치, 점의 수, 점의 색, 점의 크기, 점의 질감 등에 따라 움직임·리듬감·조밀성·공간감 등 다양한 느낌을 느끼게 할 수 있다. 예를 들어, 작은 점들이 가득 모여 있으면 분주함이나 복잡함을 느끼게 되지만, 넓은 공간에 점 몇 개만 찍혀 있을 때는 여유로움·느림·공간감을 느낄 수 있다. 점이 점점 작아지거나 커지는 등 점 크기의 변화에 따라 입체감을 느낄 수도 있고, 무수히 많은 점을 찍어서 면을 표현할 경우 정지된 듯한 느낌을 받을 수도 있다(14).

(2) 유아를 위한 점에 대한 지식
점으로만 그린 그림도 있습니다(15).

커다란 점도 있고(16), 작은 점도 있습니다(17).

어두운 색으로만 그려진 점도 있고(18), 다양한 색으로 표현된 점도 있습니다(19).

15 조르주 쇠라, 에펠탑, 1889

16 강유진, 점 1, 2014

17 강유진, 점 2, 2014

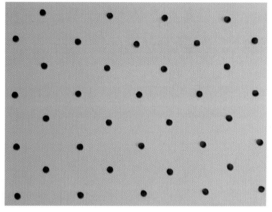

18 강유진, 점 3, 2014

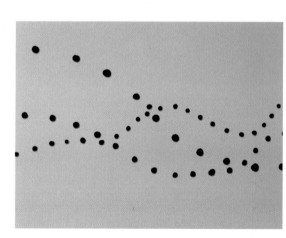

19 강유진, 점 4, 2014

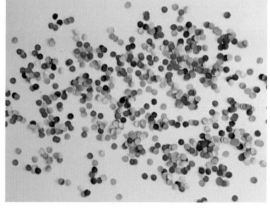

점을 많이 찍은 곳은 어떤 느낌이 드나요? 복잡하고 분주한 느낌이 들지 않나요?(20)

20 강유진, 점 5, 2014

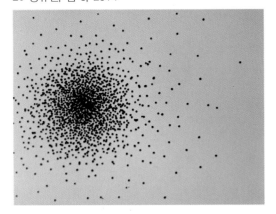

커다란 종이에 점을 몇 개만 찍을 수도 있어요. 어떤 느낌이 드나요?(21)

21 강유진, 점 6, 2014

3) 선

(1) 교사를 위한 선에 대한 지식

선(line)은 도구의 끝으로 그려지는 연속적인 자국 또는 획이다. 선은 위치와 방향이 있지만, 면적이나 부피는 없다. 선은 모양을 표현하기 위해 기본적으로 사용해야 하는 미술의 요소이기 때문에 평면활동을 할 때 반드시 필요하다.

선은 수평선, 수직선, 사선의 방향성을 가지고 있다. 이들 각각은 다른 감정과 분위기를 불러일으키는데, 수직선은 강렬함과 위엄 등을 느끼게 한다(22). 고요함, 평화로움을 느끼게 하고 싶을 때는 수평선을 많이 사용한다(23). 사선은 긴장감이나 움직임을 표현할 때 사용할 수 있다(24).

22 로베르 들로네,
에펠탑, 1926
23 클로드 모네,
개양귀비, 1873
24 렘브란트,
갈릴리 바다의 풍랑
속 예수, 1633

선은 어떻게 연결되느냐에 따라 직선과 곡선으로 나누어진다. 직선은 남성적이며 속도감·긴장감·간결함 등의 느낌을 주고, 곡선은 여성적이며 유연성·우아함·율동성·리듬감 등의 느낌을 전달해 준다.

선은 사용되는 도구에 따라, 그려지는 종이의 표면에 따라 다른 느낌을 준다. 화가들은 재료, 색, 도구 등에 따라 다양한 선을 사용하는데 자신이 그리는 대상 주위에 윤곽선을 나타내기 위해 선을 사용하기도 하고(25), 윤곽선을 흐리게 처리하여 선이 나타나지 않게 하기도 한다(26). 윤곽선을 표현할 경우 작품 속 대상이 평면적이고 사실적으로 보이지 않으며, 윤곽선을 표현하지 않을 경우 더 사실적으로 표현할 수 있다. 또한 직선(27)과 곡선, 긴 선과 짧은 선, 굵은 선과 가는 선, 흐릿한 선과 선명한 선, 연속적인 선과 끊기는 선 등 다양한 선의 특징을 작품의 의도에 맞게 선택하여 표현할 수 있다.

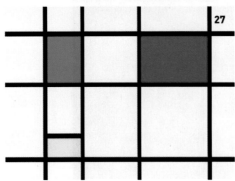

25 에곤 실레, Yellow City, 1914
26 오귀스트 르누아르, 춤추는 아가씨, 1874
27 피에트 몬드리안, 구성, 1921

(2) 유아를 위한 선에 대한 지식

선은 그림을 그릴 때 사용합니다(28).

28 빈센트 반 고흐, 드로잉, 1800년대 후반

다양한 재료로 선을 그릴 수 있습니다(29).

29 강유진, 선 1, 2014

다양한 종류의 선이 있습니다. 다음의 그림(30)을 보고 직선·곡선·지그재그 선·짧은 선·긴 선 등 어떠한 선들이 사용되었는지 찾아볼까요?

30 빈센트 반 고흐, 드로잉, 1800년대 후반

가는 선으로 그릴 수도 있고(31), 굵은 선으로 그릴 수도 있습니다(32).

31 파울 클레, Gedanken bei Schnee, 1933
32 앙리 마티스, Nude with Palms, 1936

깔끔하고 반듯한 선으로 그림을 그리는 화가도 있습니다(33). 마치 자를 대고 그린 것 같지요?

33 피에트 몬드리안,
빨강, 노랑, 파랑의 구성, 1930

내가 그리고 싶은 선을 선택해 그림을 그릴 수도 있지만, 우연히 만들어지는 선으로 그림을 그릴 수도 있습니다(34).

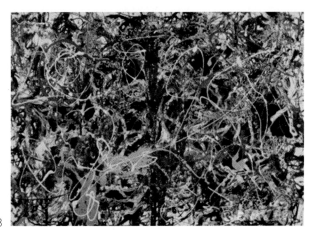

34 잭슨 폴록, 넘버 6, 1948

색이 있는 선도 있습니다(35).

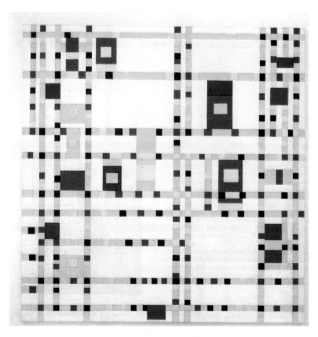

35 피에트 몬드리안, 브로드웨이 부기 우기, 1942~1943

4) 모양

(1) 교사를 위한 모양에 대한 지식

선이 한 점에서 시작하여 움직이다가 그려진 선의 한 부분과 마주칠 때 모양 (shape)이 만들어진다. 모양은 형形이라고도 한다. 다시 말하면, 하나의 사물을 따라 윤곽선을 그리면 그 윤곽선으로 표현되는 형이 바로 모양이다. 형은 2차원의 평면 으로 표현되는 모양을 말하며, 형에 원근과 깊이 등이 포함된 3차원의 입체(조각품, 건축물 등)에서 표현되는 모양은 형태라 한다. 2차원의 형을 3차원의 형태처럼 보이 게 하기 위해 명암처리를 하거나 여러 모양을 겹쳐 원근을 표현할 수도 있다.

모양은 직선형과 곡선형, 고유한 모양과 변형된 모양 등 다양한데 원하는 방법으로 사용할 수 있다. 어떤 대상의 실제 모양은 고유한 모양이라고 하고, 실제 모양을 그리는 사람이 자기 마음대로 바꾸어 그린 모양은 변형된 모양이라고 한다.

모양은 크기가 다르다. 윤곽도 선명하거나 흐릿하게 할 수 있고(36), 같은 모양을 반복하여 패턴을 만들기도 한다. 기본 모양만으로 작품을 만들 수도 있다(37). 또한 있는 그대로 그리는 화가가 있는 반면, 보이는 모양을 일부러 단순화하거나 다르게 표현하는 화가도 있다.(38)

36 클로드 모네, 일몰, 1891
37 카지미르 말레비치, 절대주의, 1917
38 모딜리아니, 잔 에뷔테른의 초상, 1918

(2) 유아를 위한 모양에 대한 지식

우리 주위에는 참 많은 모양이 있습니다. 그중 가장 기본이 되는 모양은 동그라미 · 세모 · 네모 · 마름모와 같은 도형이지요. 이런 단순한 모양으로 그림을 그리는 화가도 있습니다(39, 40).

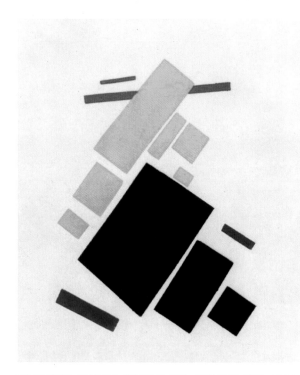

39 카지미르 말레비치, 절대주의 회화, 비행 중의 비행, 1915   **40** 카지미르 말레비치, Rectangle and Circle, 1915

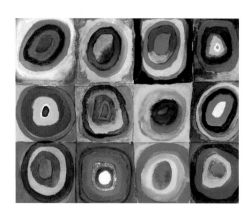

같은 모양을 반복해서 그림을 그리는 화가도 있어요(41).

41 바실리 칸딘스키, Farbstudie Quadrate, 1913

실제 사물과 똑같이 그림을 그리는 화가(42)도 있지만, 실제 사물의 모양을 자기 마음대로 바꾸어 그리는 화가(43)도 있습니다. 다음의 두 그림은 사람을 그린 것입니다. 어떻게 다른가요? 실제 사람처럼 보이는 그림은 어떤 것인가요?

42 에드가 드가, 젊은 여인의 초상, 1867

43 움베르토 보치오니, Dynamism of a Woman's Head, 1914

5) 명암

(1) 교사를 위한 명암에 대한 지식

명암value이란 밝음과 어두움을 말하며 빛이 사물에 비칠 때 생긴다. 명암은 작품의 분위기나 느낌에 큰 영향을 주기 때문에 그림을 그릴 때에는 사물의 명암을 표현해야만 한다. 그래야 우리가 사물의 부피와 무게를 느낄 수 있다. 어떤 작품은 다양한 색이 아닌 명암만을 사용하기도 하는데 판화(44)나 연필, 목탄(45), 펜화, 흑백사진 등의

작품이 그 예다.

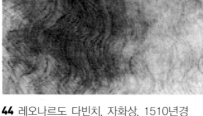

44 레오나르도 다빈치, 자화상, 1510년경

45 아리스티드 마욜, Le Dos de Therese, 1929

조각품이나 건축물 등의 3차원적인 입체물(46)에는 작가의 의도 없이 자연스럽게 명암이 생기지만 평면 작품에는 작가가 명암을 표현해야만 생긴다. 화가는 명암을 표현하여 2차원의 평면을 3차원의 입체로 보이게 한다(47). 또한 명암을 강하게 대비하여 표현함으로써 환상적인 효과를 표현해 내기도 한다(48).

46 모딜리아니, 여인의 두상, 1900년대

47 레오나르도 다빈치, 모나리자, 15세기경
48 요하네스 베르메르, 저울질하는 여인, 1662~1665

(2) 유아를 위한 명암에 대한 지식

그림 속에서 그림자를 찾아보세요(49).

49 클로드 모네, 까치, 1869

다음 그림에서 빛이 들어오는 곳은 어디일까요? 왜 그렇게 생각하지요? 빛이 들어오면 밝은 곳과 어두운 곳이 생기고, 그림자가 생긴답니다(50).

50 렘브란트, 명상 중인 철학자, 1632

한 가지 색으로 진하게, 연하게 하며 그림을 그릴 수도 있습니다(51).

51 알브레히트 뒤러, 기도하는 손, 1508

입체물에는 그림자가 생깁니다. 그림에도 밝고 어두운 부분을 그려 넣음으로써 입체로 보이게 할 수 있습니다(52).

52 구스타프 쿠르베, 정물–과일, 1871～1872

6) 공간

(1) 교사를 위한 공간에 대한 지식

조각, 건축, 공예품과 같이 높이·깊이·넓이가 있는 작품에는 3차원의 공간(space)이 존재한다. 그러나 공간이란 실제 3차원의 공간뿐만 아니라 공간이 있는 것처럼 느껴지는 심리적 공간도 있다. 아주 옛날에는 2차원의 평면에 공간을 표현하지 못했지만 지난 수세기 동안 화가들은 2차원의 평면에 공간을 표현할 수 있는 방법을 알아내서, 우리는 평면에 그려진 그림을 보며 공간을 느낄 수 있게 되었다.

공간감을 느끼게 하는 가장 쉬운 방법은 대상을 겹쳐 표현하는 것이다. 우리에게 가까이 있는 대상을 더 명료하고 선명하게 표현함으로써 뒤에 있는 대상보다 더 가깝게 보이도록 한다. 이를 '공기원근법'이라 부른다(53). 다시 말해, 공기원근법은 우리가 멀리 있는 건물을 보면 바로 옆에 있는 건물보다 흐릿하고 형태가 정

확히 보이지 않는 것처럼, 거리가 멀어질수록 뿌옇고 윤곽을 흐릿하게 보이게 하는 것을 말한다. 또 앞에 있는 대상은 크게 그리고 뒤에 있는 대상은 작게 그림으로써 모양의 크기로 공간감을 느끼게 할 수도 있다(54).

53 존 컨스터블, 스투어 계곡과 데햄 교회, 1814
54 폴 고갱, 천사와 싸우는 야곱, 1888

명암을 사용하여 대상이 마치 공간에 존재하는 것처럼 보이게 만들 수도 있다. 이는 3차원의 형태, 즉 입체감이 있는 형태로 보이게 한다(55). 또한 소실점에 의해 공간감을 느낄 수도 있다. 소실점은 멀리 뻗어 있는 철길을 봤을 때 제일 끝에서 마치 점으로 만나듯이 우리의 눈높이에서 선이 점으로 만나게 되는 것을 말한다(56).

55 에드가 드가, 무대 위에서의 무용 연습, 1874

56 마인데르트 호베마, 미델하르니스의 길, 1689

(2) 유아를 위한 공간에 대한 지식

여기는 어디일까요?(57, 58) 어떤 그림이 밖을 그린 걸까요? 왜 그렇게 생각하나요?

57 빈센트 반 고흐, 밤의 카페 테라스, 1888
58 빈센트 반 고흐, 아를의 고흐의 방, 1889

이 그림에서 무 엇을 볼 수 있나 요? 그림 속 장소 는 넓을까요, 좁을 까요?(59)

59 존 앳킨스 그림쇼,
해오라기 서식지, 1874

그림에서 가장 굵은 나무는 어떤 것인가요?(60) 가까이 있는 것은 크고 굵고, 멀리 있는 것은 작고 가늘게 보입니다.

60 빈센트 반 고흐, Undergrowth with Two Figures, 1890

앞에 있는 것들은 진하고 선명하게, 멀리 있는 것들은 흐리게 그립니다. 그림에서 선명한 나무와 흐릿한 나무를 찾아보세요(61).

61 피터 브뢰겔, 눈 속의 사냥꾼들, 1565

62 알프레드 시슬레, Chemin De La Machine, 1873

7) 질감

(1) 교사를 위한 질감에 대한 지식

질감(texture)은 어떤 대상을 만졌을 때의 실제 촉감을 말한다. 미술로 질감을 표현할 때는 '이것을 만지면 어떤 느낌일까?'와 같은 생각이 들게 하는 것을 의미한다. 질감을 표현할 때 '거친' '부드러운' '매끄러운' '울퉁불퉁한' '보들보들한' 등의 단어들을 사용할 수 있다.

질감은 작품을 그리고 제작할 때 있어 매우 중요한 미술의 요소다. 조각, 건축, 공예품과 같이 실제로 질감이 느껴지는 3차원 작품들뿐만 아니라 2차원의 평면 작품에서도 질감을 표현할 수 있다. 작품에 표현되는 질감은 작품의 분위기에 결정적인 영향을 미친다. 이는 자칫 지루하거나 단조로울 수 있는 화면을 더 보기 좋게 해 주어 즐거움을 느끼게 만든다.

질감을 표현하는 방법은 다양하다. 캔버스에 물감을 두텁게 바름으로써 질감을 나타내기도 하고(63), 그림을 실제 사물처럼 표현해서 질감을 느낄 수 있게 하기도 한다(64). 현대 작가들은 오브제나 특이한 재료를 사용하여 새로운 방법으로 표현한다.

63 빈센트 반 고흐, 해바라기, 1888

64 알브레히트 뒤러, 자화상, 1500

(2) 유아를 위한 질감에 대한 지식

이 그림을 보세요(65). 머리카락의 부드러움과 진주의 매끄러움이 느껴지나요? 또 어떤 것을 느낄 수 있나요?

실제 그림을 만지면 물감의 감촉만 느낄 수 있지만 화가들은 물감으로 그림을 그려 사물의 감촉이 느껴지도록 합니다(66, 67).

65 프랭크 코우퍼, Vanity, 1907

66 카렐 윌링크, 르네상스 복장의 소녀, 1945
67 존 제임스 오듀본, 작은 청왜가리, 1832

재미있게 표현하기 위해 일부러 거칠거칠한 느낌으로 그림을 그릴 수도 있습니다(68).

68 빈센트 반 고흐, 별이 빛나는 밤, 1889

🏴 **미술의 요소에 대한 개념을 정리해 봅시다**

- 색: 빛의 흡수, 반사로 나타나는 현상으로 색상, 명도, 채도의 속성을 가짐
- 점: 위치를 표시하는 가장 기본적인 단위
- 선: 방향성을 가지고 있는 연속적인 자국이나 획
- 모양: 사물의 윤곽선으로 표현되는 형태
- 명암: 빛을 받아 생기는 사물의 밝고 어두움
- 공간: 원근감과 사실감을 주는 깊이와 거리
- 질감: 손이나 눈으로 느껴지는 표면의 느낌

2. 미술의 원리

미술의 원리란 그림을 그리고, 건물을 짓고, 조형물을 만들기 위해 미술의 여러 요소를 조직하고 배열하는 방법이다. 균형·비율·강조·움직임·리듬/반복/패턴·변화와 통일성이 미술의 원리에 포함된다. 미술의 요소에 비해 원리는 유아가 이해하기 어렵기 때문에 주로 실제 미술활동을 하며 가볍게 경험해 보는 것으로 충분하다. 그러나 미술의 요소와 함께 미술의 원리를 잘 알고 있는 교사는 미술의 원리에 대해 궁금해하는 유아들에게 쉬운 말로 질문을 할 수도 있고 답할 수도 있어야 한다.

1) 균형

(1) 교사를 위한 균형에 대한 지식

균형(balance)은 작품을 봤을 때 느껴지는 시각적 무게감으로 어느 한쪽으로도 기울어지지 않은 평형 상태를 말한다. 균형을 잘 이루는 작품은 시각적으로 안정감을 주지만, 균형이 깨진 작품은 불안감을 준다.

균형의 종류는 형식적 대칭 균형과 비형식적 비대칭 균형 두 가지가 있다. 형식적 대칭 균형이란 작품의 중앙을 접어 반으로 나누었을 때 한쪽 면이 다른 한쪽 면과 거울처럼 정확하게 같은 것을 말한다. 이는 위엄 있고 안정성이 느껴지는 건물, 즉 성당이나 공공기관 등의 건축물에 사용되며 완전한 균형이라 부른다.

반면, 작품의 양 측면은 다르지만 색, 모양의 크기, 질감 등으로 균형미를 느낄 수 있게 만든 것을 비형식적 비대칭 균형이라 한다. 형식적 대칭 균형은 안정성은 느낄 수 있으나 변화가 없어 단조롭고 답답한 느낌을 주기 때문에 많은 예술가는 작품에서 비형식적 비대칭 균형을 사용하며 이를 위해 많은 방법을 찾아냈다. 커다란 형태 한 개와 작은 형태 여러 개를 배치한다든지(69), 긴 형태와 작은 형태 여러 개를 배치해 균형을 맞추는 것을 예로 들 수 있다(70).

69 오귀스트 르누아르, 딸기와 파인애플,
  1885
70 야콥 폽슨 반 에스, 작은 술단지가 있는
  정물, 17세기경

(2) 유아를 위한 균형에 대한 지식

가운데 선을 그어 반으로 접는다고 상상해 봅시다. 양쪽이 정확히 겹쳐지나요? 양쪽이 똑같이 겹쳐지는 것을 균형이라 합니다(71).

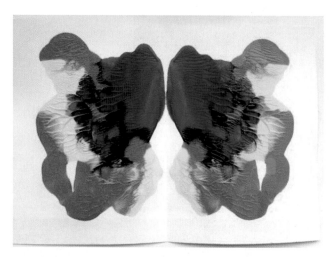

71 데칼코마니

72 폴 세잔, Still Life: Flowers in a Vase, 1885~1888

어느 쪽이 더 무거울까요?(72) 양쪽이 다른, 즉 한쪽이 더 무겁거나 가벼워 보이는 것을 불균형 대칭이라 합니다.

2) 비례

(1) 교사를 위한 비례에 대한 지식

비례(proportion)는 한 부분과 다른 부분의 상대적 크기에 대한 관계성을 말한다. 고대에는 수학적인 법칙을 적용한 완벽한 비례를 만들어 인체를 표현하였다(73). 이러한 비례를 황금분할(golden section)이라고 한다. 인체를 사실적으로 표현하기 위해서는 실제적인 비례를 사용하는데 평균 성인은 7.5등신이고 유아는 5~6등신, 아기는 3등신이다.

73 그리스 조각 밀로의 비너스

74 모딜리아니, 어두운 색 옷을 입은 잔 에뷔테 **75** 키르히너, 거리의 여인들, 1913
른의 초상, 1918

　　예술가들은 인물을 표현할 때 이처럼 실제적인 비례를 사용하기도 하지만 자신
의 의도에 따라 비례를 왜곡하거나 과장하여 작품의 분위기나 정서를 전달하기도
한다(74). 즉, 다양한 방법으로 인물의 크

기와 위치를 변화시키고 늘이며, 과장하
고 독창적인 방법으로 표현한다(75).

　　(2) 유아를 위한 비례에 대한 지식
　　실제 사람과 똑같이 그림을 그리는
화가도 있습니다(76).

76 소피 앤더슨, Picking Honeysuckle, 1860

실제 사람을 화가 마음대로 길게 늘여 그릴 수도 있습니다(77).

77 모딜리아니, 큰 모자를 쓴 잔 에뷔테른, 1918~1919

화가들은 우리가 아는 동물이나 사물을 본인 마음대로 늘이거나 줄여서 표현하기도 합니다(78). 다음 그림에서 사실과 다르게 표현한 부분을 찾아볼까요?

78 프란츠 마르크, The Red Bull, 1912

3) 강조

(1) 교사를 위한 강조에 대한 지식

79 오딜롱 르동, 정물

강조(emphasis)란 흥미의 중심 또는 초점으로 우리가 작품을 볼 때 처음으로 시선이 가는 부분을 말한다. 다시 말하면, 어떤 특정 부분만을 강하게 표현해서 그 부분이 눈에 잘 띄게 하는 것이다. 일반적으로 우리는 그림에서 강조점이 중앙에 있을 거라 생각하지만, 그것은 오히려 고정적이고 재미가 없다. 그렇기 때문에 중심에서 오른쪽이나 왼쪽으로 약간 치우쳐 강조점을 두고(79), 전체적인 균형감을 주기 위한 다른 방법들을 사용할 수 있다.

작품에서 무엇인가를 강조하는 방법은 다양하다. 우선, 작품의 주제로 강조를 할 수 있다. 가령, 작품의 주제가 보기 드문 것이거나 충격적인 방법으로 표현된다면 그 부분은 두드러지게 된다 (80, 81).

80 존 윌리엄 워터하우스, 인어, 1901　**81** 빈센트 반 고흐, 담배 피는 해골, 1885

또 다른 강조의 방법은 명암을 사용하는 것이다. 작품에서 빛을 밝게 그려 시선을 끄는 방법도 있고 밝은 곳과 어두운 곳을 강하게 대비하여 그릴 수도 있다(82). 또한 방향을 제시하여 강조를 둘 수도 있는데, 가령 높이 들어 올린 사람의 팔이나(83), 화면 속 인물들의 시선이 일정하게 같은 방향으로 향해 있다면 작품을 보는 이들 또한 작품 속 인물과 같은 방향을 쳐다보게 되어 그 부분이 강조된다(84).

82 렘브란트, 학자, 1631
83 들라크루아, 민중을 이끄는 자유의 여신, 1830
84 매리 캐사트, Child's Bath, 1893

(2) 유아를 위한 강조에 대한 지식

이 그림에서 가장 먼저 쳐다보게 되는 곳은 어디인가요? 주변이 다 어둡고 한곳만 밝다면 밝은 곳을 가장 먼저 보게 됩니다(85).

85 이반 크람스코이, 달밤, 1880

86 앙리 루소, 숲 속의 빨간 옷을 입은 여인, 1907년경

전체 색의 분위기와 전혀 다른 강한 색이 있다면, 그곳을 가장 먼저 쳐다보게 됩니다(86).

이 그림의 제목은 무엇일까요?(87) 뿌연 배경 속에서 해만 강한 주황색이지요?
해가 떠오르는 '일출'이 제목입니다. 그림에서 가장 먼저 눈에 들어오는 것이 그 그
림의 제목인 경우도 있습니다.

87 클로드 모네, 인상-일출, 1872

기괴하거나 이상한 사람 혹은 물건이 있을
때 그곳을 가장 먼저 보게 됩니다. 그림 속의
사람은 무엇을 하고 있는 것 같나요?(88) 왜 저
런 행동을 하는 걸까요?

88 에드바르 뭉크, 절규, 1893

4) 움직임

(1) 교사를 위한 움직임에 대한 지식

실제로 움직이는 미술 작품은 모빌과 영화 등으로 매우 한정적이다. 따라서 우리가 작품의 움직임(movement)에 대해 이야기할 때는 일반적으로 움직임의 환영이나 우리의 시선이 작품을 따라 어떻게 움직이는가에 대한 것이다.

예술가들은 대상이 움직이고 있는 모습을 그리거나 조각으로 만들 수 있다. 이러한 가상의 움직임은 보는 이들로 하여금 움직임을 느끼게 만든다. 강한 움직임을 표현하기 위해 사선을 사용할 수 있으며(89), 주제 자체가 움직임을 내포하는 내용은 아니라도, 작품에서 우리의 시선을 한 부분에서 다른 부분으로 움직이게 만드는 요소를 결합시킬 수 있다. 또한 곡선으로 리듬감과 함께 움직임을 표현할 수도 있으며(90), 어두움과 밝음을 반복하여 움직이는 느낌을 줄 수도 있다. 가령, 물의 표면이 흔들리는 듯한 표현을 할 때 어두움과 밝음을 반복해서 사용한다(91).

89 에드가 드가, 무대 위의 무희, 1878
90 바실리 칸딘스키, Composition 6, 1913
91 알프레드 시슬레, Bridge at Villeneuve-la-Garenne, 1872

(2) 유아를 위한 움직임에 대한 지식

강아지의 발을 보세요(92). 지금 무엇을 하고 있는 걸까요? 그림 속에서 움직이고 있는 것들을 모두 찾아보세요.

92 자코모 발라, 끈에 묶인 개의 역동성, 1912

바람이 불어서 나무가 흔들리는 것을 느낄 수 있나요?(93) 바람이 얼마나 불고 있을까요?

93 카미유 코로, Gust of Wind, 1866

사냥을 하는 그림입니다(94). 개들이 멧돼지를 쫓고 있는 게 느껴지나요? 어떤 곳이 움직이는 것처럼 생각하게 만드나요?

94 프란스 스나이데어스, 멧돼지 사냥

물의 움직임을 느낄 수 있나요?(95, 96) 두 그림의 물결은 어떻게 다른가요? 한 그림(95)은 물결이 잔잔하고 고요하고 평온한 느낌을 주지만, 다른 그림(96)은 당장이라도 높고 거친 파도가 덮칠 것 같은 불안한 느낌이 들지 않나요?

95 윈슬로 호머, 글로스터 항구, 1873

96 월터 크레인, 넵투누스의 말, 1893

5) 리듬/반복/패턴

(1) 교사를 위한 리듬/반복/패턴(rhythm/repetition/pattern)에 대한 지식

색·점·선·모양 등 미술의 요소를 반복해서 표현할 때 '시각적 리듬'이 느껴진다. 음의 장단이나 강약이 반복되는 음악을 들을 때 느낄 수 있는 리듬처럼 그림에서도 같은 색·점·선·모양 등 미술의 요소가 반복되면 다음의 그림(97)과 같이 진동감이나 운동감을 느낄 수 있다.

97 브리짓 라일리, Fall, 1965

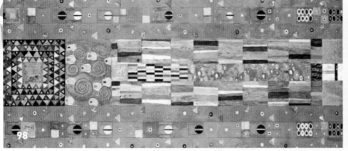

98 구스타프 클림트, 황금기사, 브뤼셀의 스토클레 저택의 장식벽화를 위한
　　초안, 1905∼1909
99 구스타프 클림트, 너도밤나무 숲, 1902

　　색·점·선·모양 등을 규칙적으로 반복하며 리듬/패턴을 만들 수 있지만 불규
칙적(98, 99)으로 표현할 수도 있다.

　　규칙성 있게 반복하여 그린 그림을 색·점·선·모양 등 미술의 요소를 다르게
하여 그리면 시각적 효과가 달라진다(100). 복잡한 패턴이 반복됨으로써 장식적인
효과를 낼 수도 있다(101).

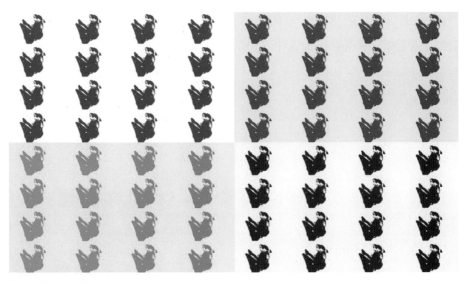

100 강유진, 무제, 2014

101 구스타프 클림트, 아델레 블로흐–바우어의 초상, 1907

(2) 유아를 위한 리듬/반복/패턴에 대한 지식

다음의 그림을 보세요(102). 똑같은 선이 반복되지요? 선이 정지해 있는 것 같나요, 움직이는 것 같나요? 같은 선이나 모양이 반복되면 움직이는 느낌을 주기도 한답니다.

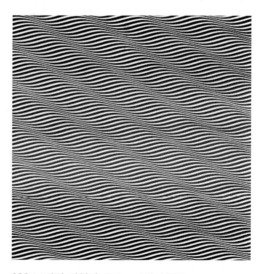

102 브리짓 라일리, Cataract 3, 1967

같은 모양을 반복해서 그릴 수도 있습니다. 왼쪽 그림(103)처럼 같은 모양과 색을 사용할 수도 있지만, 오른쪽 그림(104)처럼 모양과 색을 조금씩 다르게 그릴 수도 있습니다.

103 강유진, 무제, 2014　　　　　　　　**104** 강유진, 무제, 2014

6) 변화와 통일성

교사를 위한 변화와 통일성에 대한 지식

변화(variety)란 주변의 상황과 다르게 색·모양·구성·질감 등이 표현된 상태를 말한다. 변화는 다양성이나 대비에 의해 만들어진다. 다양성은, 예를 들어 두꺼운 선과 가는 선, 직선과 곡선을 섞어 표현한다거나, 큰 모양과 작은 모양을 적절하게 배치하여 표현한다. 대비는 밝음과 어두움이 강하게 표현되어 다르게 느껴지게 한 것을 말한다. 작품에서 변화가 없이 지나치게 동일성을 가진다면 단조롭고 지겨워지지만, 지나친 변화는 혼란스러움을 가중시킨다. 따라서 변화를 줄 때에는 반드시 통일성을 주며 표현해야 한다.

통일성(unity)이란 우리가 작품을 보았을 때 모든 부분이 전체적으로 조화를 이루고 어떠한 부분도 불필요하게 보이지 않는 등 우리에게 주는 조화롭고 완성된 느낌을 말한다. 다시 말해서 색·모양·선 등 모든 부분이 거슬리거나 튀지 않고 서로 어우러지는 상태다. 화가들은 통일성을 느끼게 하기 위해 여러 가지 방법을 사용한다. 가령 우리의 시선이 한 가지 색이나 모양에만 머물지 않고 여기저기 눈길을 돌리도록 유사한 색이나 모양을 쓰면서도 작품에 같은 색, 선, 모양, 질감을 반복 사용하여 통일감을 느끼게 한다. 색의 수나 모양의 종류를 제한하는 것, 유사 모양을 배치하는 것, 겹쳐서 표현하는 기법으로 통일성을 주기도 한다.

105 조르주 쇠라, 그랑 자트 섬의 일요일 오후, 1884～1886
106 빈센트 반 고흐, 자화상, 1889

예를 들어, 조르주 쇠라의 '그랑 자트 섬의 일요일 오후'는 많은 인물과 명암의 대비로 인해 변화를 느낄 수 있지만 사용된 색의 수가 제한되어 있고 작품 전체가 점으로 표현된 점묘법을 사용하였기 때문에 통일성이 있다(105). 고흐의 '자화상'에서는 인물과 배경의 다양한 붓터치로 인한 변화가 있지만 푸른 계열의 색과 두께감이 느껴지는 붓자국으로 인해 통일성을 느낄 수 있다(106).

🔭 미술의 원리에 대한 개념을 정리해 봅시다

- 균형: 어느 한쪽으로도 기울어지지 않은 평형 상태
- 비례: 한 부분과 다른 부분 간의 상대적인 관계
- 강조: 처음으로 시선이 가는 가장 눈에 띄는 부분
- 움직임: 시각적으로 움직이는 듯 느껴지는 것
- 리듬: 같은 색·점·선 모양을 반복함으로써 표현되는 시각적 운동감
- 패턴: 색·점·선 모양 등이 규칙적으로 반복되었을 때 나타나는 문양
- 변화: 다양성과 대비로 만들어지는 차이
- 통일성: 시각적으로 안정감을 주는 조화로움

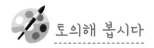 토의해 봅시다

두 명씩 짝을 지은 후, 서로를 마주 봅니다. 앞에 있는 친구의 머리부터 발끝까지

천천히 관찰하고 친구의 모습(예: 옷, 헤어스타일, 화장, 액세서리, 신발, 생김새 등)에 있는

미술의 요소와 미술의 원리를 찾아서 이야기 나누어 봅시다. 오늘 헤어스타일과

의상이 잘 어울리는지, 윗옷과 아래옷의 배치가 어떤 미술의 요소나 원리를 생각

나게 하는지 이야기 나누어 봅시다.

미술의 요소	친구의 모습		미술의 원리
색	예) 노란색 블라우스	예) 머리를 양쪽으로 나누어 묶어 대칭적 균형을 이루고 있다.	균형
점			비례
선			강조
모양			움직임
명암			리듬/반복/패턴
공간			변화
질감			통일성
멋지게 잘 배치된 부분			
약간 아쉬운 부분/좀 더 멋지게 다시 한다면 어떻게?			

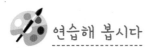 연습해 봅시다

다음에 있는 그림을 보며 그림에 담겨 있는 미술의 요소와 미술의 원리를 찾아봅
시다. 그리고 유아들에게 이 그림을 보여 준다면 유아의 미적 인식을 발달시키기
위해 어떤 질문이나 설명을 해 주면 좋을지 만들어 봅시다.

클로드 모네, 절벽 위의 산책, 1882

찾아낸 미술의 요소	
찾아낸 미술의 원리	
미적 인식을 향상시키는 질문	

Chapter 3
유아의 미적 능력 발달

 유아미술교육에 대한 개념을 바꾼 치젝Cizek은 어린이들로 하여금 자유롭게, 자신의 느낌과 생각을 그림으로 표현하게 하였다. 그의 뒤를 이어 리드Read, 로웬펠트Lowenfeld, 켈로그Kellogg는 영유아의 그림을 분석하여 발달 단계에 따른 그림의 특징을 이론으로 정립하였다. 이들 중 켈로그는 유치원 교사 출신으로 세계 여러 나라 영유아의 그림을 대거 수집한 후 이를 분석하여 발달 단계를 나누었다. 우리나라 영유아의 그림도 분석 대상이었다(Kellogg, 1970). 영유아의 그림은 어른의 그림과 다르며 그림 그리는 능력이 점진적으로 달라진다는 것을 발견한 이후로 유아미술교육에 대한 개념은 완전히 달라졌다. 영유아가 그리거나 만드는 작품은 어른의 작품과 다르므로 어른의 그림과 비교해서 미숙한 그림으로 보아서는 안 된다는 것을 알게 된 것이다. 영유아의 그림은 그들 나름대로의 독특성이 있기 때문에 발달 수준과 연관해서 이해하고 평가해야 한다고 생각하게 됐다.

 심미감 또는 미적 능력이란, 아름다운 물건·자연·사람을 보면 아름답다고 느끼고 지각하는 능력을 말한다. 미적 능력/심미감은 유전으로 갖고 태어나는 능력이 아니다. 생활하는 중에 조금씩 스스로 터득하는 능력이지만 주변에 미적 능력

이 있는 어른이 있어 아름다운 것을 볼 수 있는 기회를 많이 마련해 주고 이야기를 함께 나눈다면 더욱 세련되게 발달한다. 유아들은 매일 보고 듣고 말하고 표현해 보는 경험을 하는 동안 미적 경험과 관련된 것을 뇌에 받아들여 아름다운 것과 그렇지 못한 것을 희미하게나마 구분하는데 이런 경험이 쌓여 미적 능력으로 이어진다. 미적 능력은 나이가 들 때까지 계속 변하며 향상되기 때문에 영유아기에 아름다움을 느끼고 찾아보는 경험을 하게 해야 한다.

미적 능력을 향상시켜 주기 위해서는 앞 장에서도 이야기했듯이, 치젝의 창조주의 미술교육으로 시작해야 한다. 먼저 유아들이 자연에서 뛰어놀며 이것저것 탐색해 보고 다양한 경험을 해 보는 동안 뇌에 다양한 상像이 생겨야 한다. 이 탐색 과정에서 자기도 모르는 사이에 미술의 요소와 미술의 원리를 접하게 되기 때문이다. 대근육이 발달한 후 소근육이 발달하면 영유아는 혼자 팔을 움직이며 여기저기 표시하여 흔적을 남긴다. 그림뿐 아니라 무언가 오리고 풀로 붙여 입체작품을 만들 때, 주변에 있는 아름다운 사물이나 그림의 아름다움을 감상할 때도 미적 의식은 향상된다. 아름다운 것을 탐색할 때, 이 경험을 자기 나름대로 표현할 때, 다른 사람이 표현한 것을 감상할 때 모두 미적 능력이 발달한다는 의미다. 따라서 유아교육기관에서는 미적 탐색 능력, 표현 능력, 감상 능력이 서로 영향을 주며 향상될 수 있도록 교육활동을 마련해 주어야 한다. 이 장에서는 탐색하며 눈으로 느끼는 지각 발달에 대해 알아본 후, 유아들이 지각한 것을 어떤 그림으로 표현하는지 그 단계를 알아보며, 감상 능력 발달에 대해서도 알아보자.

1. 시지각 능력의 발달

탐색하는 동안 미적 능력이 발달한다는 것은 유아의 뇌가 아름다운 것을 보면 '아름답다'고 느끼고 찾아낼 수 있으며, 이를 그림으로 표현할 수도 있고, 그림에서 미술의 요소나 미술의 원리를 알아내 감상할 수 있게 되는 것을 의미한다. 유아들이 주변의 사물을 보며 느끼고 경험하는 것이 감각 기관을 통하여 들어온 후 뇌에 전달되면 자신이 쌓은 경험 수준에 따라 뇌로 들어온 자극을 분석하고 종합한다. 어른들은 이론으로 설명하고 배우지 않아도 뇌로 들어온 자극을 분석하고 종합할 뿐 아니라 그 자극에 대해서도 판단할 수 있다. 그러나 유아들은 뇌로 들어온 자극을 분석할 수도 없고 종합하여 판단하지 못한다. 특히 미술의 요소나 미술의 원리에 대해서는 용어가 생소해 힘들어한다. 예컨대, 우리 어른들은 꽃을 보는 즉시 "이 꽃은 진한 노랑, 이 꽃은 연분홍"이라고 말할 수 있고 "아 정말 아름답다!"라고 말할 수 있지만 "아름답다"라는 단어를 모르는 유아들도 있기 때문이다.

이 장은 유아들에게 '보는 방법을 배울 수 있는 기회를 주는 것(to give young children opportunity to learn how to see)'이 목적이다. 눈, 코, 귀, 입 등 감각기관을 통하여 들어온 자극이 유아의 뇌에 전달될 때, 아름다운 것을 보면 아름답게 느끼고, 이것을 그림, 입체물, 몸짓 등으로 표현해 보고 싶은 마음이 일어나게 돕고, 자연물이나 화가의 그림을 감상해 보는 기회를 갖게 해 주어 아이들이 보는 방법을 기초적 수준에서 배우게 하는 것이다(Arnheim, 1997).

우리가 매일 선택하는 색깔은 어떤 과정을 거쳐 눈으로 들어와 우리로 하여금 바로 그 색깔을 선택하게 하는가? 왜 나는 파란색 옷을 선택하는데 친구는 빨간색이 더 좋다고 하나? 윗옷의 색깔을 외운 후 시장에 가서 그 윗옷 색깔에 맞는 바지를 사서 집에 와서 맞추어 보면 미묘한 차이이지만 색깔이 달라서 정장 차림으로 입을 수 없는 이유는 무엇일까? 우리가 개울을 건널 때 물에 빠지지 않으려고 다리를 힘껏 뻗어 건너편 돌 위에 발을 얹어 놓고 '휴' 하고 한숨을 쉬는데 우린 어떻게 그 개울의 폭을 대강이나마 잴 수 있었을까? 내 머릿속에서 무슨 일이 일어난 걸까? 색·거리·움직임은 어떻게 알게 되는가? 처음 대학교 교실에 첫발을 들여놓았을 때 나는 왜 낯선 느낌을 받았을까? 나는 지금 왜 우리 대학교 교실을 편안하게 느낄까? 학생회관이나 학교 식당 공간에 대해 이것저것 불만이 나오는 이유는 왜일까? 이와 같이 시지각에 대해 한번 생각해 보는 것은 우리로 하여금 옷도 좀

더 세련되게 입을 수 있게 해 주고, 나중에 사랑하는 사람을 만나 결혼해서 집을 꾸밀 때에도 적은 돈으로 아름답게 꾸밀 수 있는 능력을 갖게 해 주므로 도움이 된다. 심미감이 있는 사람이 없는 사람보다 가구를 선택하거나 커튼 질감이나 색깔을 선택할 때 잘할 수 있고 옷도 멋스럽게 입기 때문이다. 그러나 가장 도움이 되는 것은 졸업하고 유치원 또는 어린이집 교사가 되었을 때 유아에게 무리한 요구를 하지 않고 그림 그리기나 만들기 등을 즐겁게 할 수 있도록 도와주는 교사가 될 수 있다는 점이다.

교사가 유아의 미적 능력 발달 단계에 대한 지식과 경험을 갖고 있다면 유아를 좀 더 잘 이해할 수 있고 미술 영역을 구성할 때나 활동을 선택할 때 유아들의 발달 수준에 맞추어 미술활동을 준비해 줄 수 있을 것이며 미의식을 갖게 하는 언어적 상호작용도 할 수 있다. 따라서 '유아미술교육'은 교사 자신의 미의식을 향상시킬 뿐만 아니라 유아들의 미적 탐색 능력·표현 능력·감상 능력도 발달시킨다.

과거 과학자들은 감각 기관을 통해 들어오는 것은 감각적 경험일 뿐이고 뇌에서 일어나는 사고와는 다르다고 생각했었다. 그러나 아른하임(Arnheim, 1997)과 같은 지각심리학자들은 감각 기관을 통해 들어오는 자극과 뇌의 사고 작용은 밀접한 관계가 있고, 뇌의 작용으로 자극을 느끼고 이 느낌을 기록한다는 것을 알게 되었다. 따라서 감각 기관을 통해 들어오는 자극과 이 자극에 대해 뇌가 느끼고 생각하는 것은 서로 깊은 관계가 있다. 감각 기관을 통해 들어오는 경험은 어떤 모양으로든 사람의 느낌과 생각을 거의 동시에 일으킨다. 이 과정이 눈 깜짝할 사이에 일어나기 때문에 감각 작용과 지각 작용을 나누어서 생각하는 것이 어렵지만, 꽃이 피는 과정을 오랜 기간에 걸쳐 찍은 후 이를 빨리 돌리거나 느리게 돌리는 것처럼 그냥 나누어서 생각해 보자.

오관을 통하여 자극이 우리 몸으로 들어오면 곧 뇌가 작동한다. 뇌에서는 새로 들어온 감각적 자극이 과거에 들어온 적이 있었는지를 알아내기 위해 재빨리 기억 **창고**를 뒤진다. 이 과정에서 뇌가 새로 들어온 이 자극이 과거에도 똑같은 모양으로 들어온 적이 있는 것을 알게 되면 "아! 나 알아. 그때 본 적 있어. 이거 솔방울

이야."라며 편안한 느낌을 갖는다. 그리고 "내가 알고 있는 것을 바꾸지 않아도 되겠어."라는 생각을 하게 된다. 이것이 바로 피아제Piaget가 이야기하는 생각의 동화 assimilation* 과정이다. 하늘 높이 떠 있는 조그만 물체가 무엇인지 모르던 어린아이가 그 물체가 가까운 곳으로 떨어지는 것을 보면 "저건 빨간색 풍선이야." 하며 편안해지는 과정과 같다.

새로 들어온 자극을 검색해 본 뇌가 이번 자극은 '아주 새로운 것'이라는 신호를 보내오면 우리는 "한 번도 본 적이 없군."이라고 생각하는 동시에 "이 감각적 자극은 나에게 어떤 의미인가?"를 다음으로 생각한다. "기분이 좋은 건가? 나쁜 건가?" "무서운 건가? 재미있는 느낌을 주는 건가?" "어떤 내용이지?" "도망가야 하나? 그냥 있어도 되나?" "예쁜데 가져도 되나? 그냥 보기만 하면 안 될까?" 하는 결정을 순간적으로 내려야 한다. 둥근 모양이어서 풍선인 줄 알고 안심하고 있었는데 둥근 공이어서 맞으니 아프다는 것을 알게 된 영아가 "응, 풍선과는 달라. 둥근 것은 같지만 표면이 딱딱하게 보이는 것은 맞으면 아파."라고 생각하게 되었다면 뇌가 조절작용accommodation*을 한 것이다. 이미 알고 있던 '빨간색'과 '둥근 모양'이라는 정보는 그냥 놔두고(동화작용, assimilation*) 새로운 정보인 '표면의 딱딱함(질감)'을 정보에 추가해서, 즉 지금까지 자신이 알고 있던 '둥근 것'에 대한 지식은 그대로 두고 '딱딱하다'는 촉감을 포함시켜 '표면이 딱딱하고 둥근 모양'이라고 생각을 바꾸어(조절작용) 대응하는 능력이 생긴 것이다. 영유아들은 감각을 통해 수동적으로 들어오는 자극을 지각하기도 하지만 능동적으로 주변을 탐색하면서 많은 것을 보고 느끼며 생각한다. 이 과정이 뇌에서 동시에 일어난다.

영유아의 시지각 능력을 연구하는 지각심리학자들은 아이들이 사물을 보고, 만지며, 놀아 보는 경험을 할 때 인지능력이 발달한다는 것을 발견하였다. 또 호기심이 많고 궁금한 것이 많은 아이들의 발달이 더 빠르다고 했다. 쏟아져 들어오는 사

---

* assimilation과 accommodation은 Piaget의 인지발달이론의 중요개념이다. assimilation은 과거에 배운 지식을 재인하는 사고과정으로 동화작용이라고 한다. accommodation은 재인 결과 새로 터득한 지식을 과거의 지식과 연결하여 의미를 만들어 기억하는 과정으로 조절과정이라고 한다.

극을 선별하여 의미를 찾기도 하고 서로 관계있는 것끼리 짝을 맞추어 내기도 하는 등 자극을 받아들여 동화와 조절을 하는 과정에서 뇌의 신경줄이 많이 연결되고 지식의 지도도 넓어진다. 지각 능력이 발달한 유아일수록 자극을 받을 때마다 분석·종합·판단하여 미비한 점은 보완하고, 잘못된 것은 고치고, 문제를 해결하고, 자극과 자극을 합하기도 하고 분리하기도 하여 맥락이 통하게 만드는 능력이 높아진다(Arnheim, 1997, p. 13).

바실리 칸딘스키Vasily Kandinsky, 레오나르도 다빈치Leonardo da Vinci, 미켈란젤로Michelangelo 등은 유명한 화가이면서 다른 분야에서도 괄목할 만한 일을 해낸 대표적 인물이다. 칸딘스키의 경우, 법과 경제를 전공한 전문 법조인이면서 점·선·모양에 대한 연구자로서 저서도 출간하였고 바이올린도 수준급이었다. 르네상스 시대의 화가·조각가·건축가·과학자였던 레오나르도 다빈치는 양수기와 수압을 발견하고 새의 나는 방법에 대한 원리를 연구해 비행기의 원리를 알아냈다. 르네상스 시대 이탈리아의 유명한 건축가·조각가·화가·시인이었던 미켈란젤로 역시 바람·비·구름의 생성원리를 연구했다. 이러한 사례는 지각 능력이 발달할수록 시냅시스synapsis의 연결이 활발해지고 굵어지며 다른 영역에서의 능력도 잘 발달함을 보여 준다.

어른이 볼 때 유아들의 시지각 능력은 수준이 낮아 보인다. 그러나 그런 어른도 영유아기에는 그만큼밖에 보지 못했었다. 비교할 일이 아니다. 돌 된 아기는 한 살 정도의 능력을 보이면 정상적 발달을 하는 것이고, 네 살 유아는 네 살의 발달 수준을 보이면 된다. 영유아들은 시지각 발달이 이루어지는 과정에 있기 때문에 심미감이 높은 어른이나 나이 많은 아이들과 우열을 비교해서는 안 되며 영유아의 수준에 어려운 것을 제공하거나 문제 해결을 하라고 요구하지 말아야 한다.

과거의 심리학자들은 갓 태어난 아기에게 지각 능력이 없다고 생각했다. 미국 심리학의 아버지라고 불렸던 윌리엄 제임스William James가 "갓 태어난 아기가 보는 사물은 모두 희미하다."라고 한 것이 그 좋은 예다. 눈의 시지각 능력이 발달하지 않았기 때문이라는 이유였다. 그러나 영국의 영아발달 학자 보우어Bower(1990, pp.

7-12)는 갓 태어난 아기도 눈으로 많은 감각을 받아들인다는 것을 발견하였다. 다만 어른들의 방식으로 자신이 감각적 경험을 하고 있음을 알릴 수 없을 뿐이다. 보우어에 의하면 생후 3일 이내의 아기는 일생 동안 배우는 것보다 많은 양의 감각적 경험을 이때 흡수한다. 단지 이 감각적 자극을 파악해서 인지한 후 말이나 그림으로 표현할 수 없을 뿐이다.

출생 후부터 오관을 통해 많은 것을 흡수할 수 있었던 아기들은 그렇지 못한 아기보다 지각 능력이 발달한다. 그래서 새로운 감각 경험이 들어올 때 이를 오감각으로 받아들여 분석하는 능력, 선별하는 능력이 경험이 적은 유아보다 뛰어날 수밖에 없다. 그러므로 다양한 경험을 다양한 방식으로 많이 한 영아들의 시지각 능력이 높아지는 것은 당연한 귀결이다. 이런 영유아의 지식 체계는 보다 풍부해져서 사물을 관찰하고 판단하는 능력이 높아지고, 이를 말·그림·입체 작품으로 표현하는 능력도 빼어나게 된다. 그래서 유아미술교육을 시작하기에 앞서 영유아에게 다양한 경험을 많이 하게 하는 것은 중요하다. 예를 들어, 다음의 그림을 보여 주었을 때를 생각해 보자. 토끼만을 보았던 어

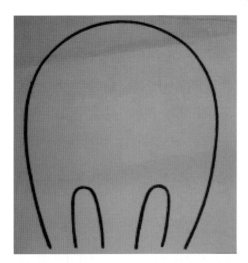

출처: Gregory (1997), pp. 10-11.

린이는 토끼라고 할 것이지만, 경험이 많은 영유아는 '엄마의 머리' '굴' '무릎을 꿇고 마루를 닦는 아줌마의 엉덩이와 발' 등 다양하게 이야기를 만들어 낸다(Gregory, 1997).

사물을 눈으로 보고 지각하는 과정에서 유아들은 머리에 상像, image을 형성한다. 사물의 모양을 나타내는 상은 생각하게 만들기 때문에 시지각과 미술은 밀접

한 관계에 있다. 시각적으로 표현되는 미술은 그 사람이 머리에 이미 갖고 있는 시각적 상을 종이 위에 그리거나 조각 등으로 표현한 것이다. 유아가 능동적으로 주변을 탐색하는 동안 시지각 과정이 일어난 동시에, 이때 들어온 시각적 정보를 선택·비교·분리하여 미술 작품으로 표현한 것이다. 영유아일지라도 사물을 보는 동안에 주요 내용을 파악하여, 모자라는 부분은 보완하고 잘못된 점은 수정하며 문제를 해결하려고 하기 때문에 시지각 과정과 사고 과정이 함께 일어난다. 그래서 '인지 능력cognition' 또는 '인지'라는 용어를 쓸 때에는 반드시 지각 과정을 함께 포함시키며 생각해야 한다는 것이 아른하임의 주장이다.

유아교사에게 시지각이 인지 능력인지 아닌지를 아는 것은 별로 중요하지 않다. 그러나 지각 과정에서 영유아가 사물을 직접 만져 보고 놀아 보는 감각적 경험이 머리로 생각만 하는 추상적 사고 과정보다 먼저 일어나야 하고 많이 이루어져야 한다는 사실을 아는 것은 중요하다. 그러므로 교사는 아이들의 시지각과 사고 과정이 많이 일어나도록 돕는 교수-학습 방법을 적용해야 한다.

아른하임은 학생들에게 "필요한 만큼 종이는 얼마든지 써도 좋다. 새로운 생각이 떠오를 때마다 새 종이를 쓰도록 한다. 전에 이미 그린 그림을 수정하고 싶을 때마다 새로운 종이를 써도 좋다. 자신이 그린 그림에 만족할 때까지 그림을 그린다."라는 요구사항을 제시했다. 11명의 학생들은 평균 9장의 종이를 썼으며 가장 많이 쓴 사람은 13장, 가장 적게 쓴 사람은 6장이었다. 실험이 진행되는 과정에서 연구 참여자들이 그림을 그리면 그릴수록 그림 내용이 보다 더 명료해졌고 확실해졌다. 개인차도 두드러지게 나타났다. 횟수가 거듭될수록 학생들은 생각을 더 하게 되어 그림에 그림자가 나타난다든가, 겹쳐지는 부분이 나타나거나 오르막길이 나타나는 등 더 정교해지고 복잡해졌다. 물론 그런 과정은 점진적으로 천천히 일어났고, 차례대로 일어나지 않았지만 처음 그림과 나중에 그린 그림을 비교해 보면 그 차이가 뚜렷했다. 그림을 그리면서 자신의 생각을 말로 표현했던 학생은 그림을 더 복잡하게 그릴 수 있었다(Arnheim, 1997, p. 132). 생각을 말로 표현하거나 그림으로 표현해 봄으로써 그림의 구체성도 더 높아졌음을 의미한다. 즉, 유아에게 사물을 관찰할 기회를 주고 이에 대해 생각해 보게 하거나 말로 표현해 보게 하는 일이 그림 표현에도 도움이 된다.

이처럼 언어는 사고과정을 돕는 수단일 뿐 아니라 그림으로 표현하는 능력도 돕는다는 아른하임의 연구결과는 우리들이 유아미술교육으로 언어능력은 물론 사고력도 향상시킬 수 있음을 알려 준다. 언어와 미술의 통합, 감각 경험과 사고 과정의 통합 등이 바로 이것이다. 영유아가 사물을 감각적으로 받아들이는 동안 사고 과정이 일어나고 이 사고 과정에 의해 정리된 개념들이 언어로 표현된다면 영유아는 경험한 것을 오랫동안 기억할 수 있고 이 기억은 다음에 생각과 느낌을 그림이나 입체물로 표현할 때 훌륭한 기초 자료가 될 것이다.

시지각과 사고, 사고와 언어, 언어와 미술은 서로 밀접한 관계이기 때문에 미술 교육에서 서로 통합할 수 있는 방안을 모색해야 한다. 유아들은 직접 경험한 것을 상으로 기억하거나 경험하는 즉시 중요 특징을 파악하고 이를 그림으로 표현한다. 자신이 보고, 느끼고, 생각한 것을 그들만의 독특한 방법으로 그린다.

만 3세 이후의 유아가 그림 표현을 두려워하거나 하지 못한다면 그 유아에게 더 많은 경험이 필요함을 알려 주는 것이다. 부모와 교사는 물론 아이를 돌보는 어른들은 영유아가 다양한 경험을 많이 하게 해 주어 주변 환경에 흥미와 관심을 갖도록 하여야 한다. 경험할 수 있는 기회를 줄 뿐만 아니라 유아들의 흥미와 관심을 유심히 관찰하고 있다가 그 상황에 적당한 말을 해 주어 아이의 생각을 자극해야 할 것이다. 특히 유아교사들은 유아가 사물을 보고 경험하는 것과 그림으로 그리는 행동, 이 두 가지 기둥 사이에는 느끼고 생각하는 과정이 존재한다는 것을 인식하고 이 느낌과 생각이 개념으로 정리될 수 있도록 질문을 자주 해야 한다. 유아가 강아지를 보며 그림을 그리고 있을 때, "몸통의 모양은 어떤 모양이야?"라고 묻는다든지 "얼굴은 어떤 모양이야?" "강아지 눈은 이떤 모양이야?"라고 물으면 유아는 스스로 생각하며 그리려고 노력할 것이다. '보는 방법'을 배울 수 있는 기회가 있어야만 아름다운 것을 찾아낼 수 있고 이를 다양한 방법으로 표현할 수 있다.

2. 색지각 능력의 발달

색을 보려면 눈이 있어야 한다는 것은 누구나 다 안다. 그런데 눈만 있으면 색을 볼 수 있는 것일까? 아니다. 눈으로 본 사물이 햇빛을 받아 색에 대한 정보를 뇌로 보내면 상像이 된다. 뇌에 입력된 상은 우리의 생각을 자극해 새로운 색인지 이미 알고 있는 색인지 생각하며 보게 한다. 빛이 있고 뇌와 눈이 정상적으로 기능하여야 우리는 볼 수 있다. 이 사실을 알아낸 사람은 17세기의 과학자 뉴턴Newton과 후크Hooke였다. 뉴턴은 빛은 광자光子, photon로 이루어졌고 흰색으로 보이지만 물체에 다다르면 꺾인다는 것을 발견하였다. 이 빛을 프리즘을 통과시켜 보니 꺾였고, 이 꺾인 각도마다 색깔이 '빨강, 주황, 노랑, 초록, 파랑, 남색, 보라(Gregory, 1997, p. 18)'로 다르게 나타났기 때문이다. 사실 프리즘을 통과한 빛을 보면 주황색은 빨강과 거의 구분하기 힘들고 남색indigo 역시 보라색과 완전히 다른 색으로 구분할 수 없다. 그런데 '7'이라는 숫자를 매직 숫자로 생각하고 있었던 뉴턴이 일곱 가지 색으로 이름 지었다. 음계의 '도레미파솔라시'처럼 '7'에 맞추려 했다는 기록도 있다.

같은 시대를 살던 후크는 빛은 파장으로 나타나고 다른 파장에 따라 색깔도 다르게 보인다고 주장하였다(Gregory, 1997, p. 21). 뉴턴과 후크는 '빛은 광자다.' '아니다. 파장이다.'라며 일생 싸웠지만 후세 과학자들이 반복해서 연구해 본 결과 빛은 광자와 파장의 성질을 다 가지고 있음을 알게 되었다. 어린 유아들을 가르치는 우리는 빛이 광자와 파장으로 이루어졌음을 물리학적으로 알아야 유아에게 미술교육을 할 수 있는 것은 아니다. 그러나 색깔을 보기 위해서는 눈으로 봐야 하고, 빛이 있어야 하며, 이 자극을 분석하고 해석하여 판단을 내리는 뇌가 있어야 한다는 것은 알아야 한다. 희게 보이는 빛이 볼록한 눈동자로 들어올 때 꺾이고, 이 꺾이는 빛이 파장을 만든다는 사실을 아는 것은 어린 유아에게도 흥미 있는 일이다.

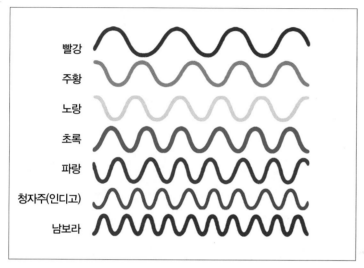

빛의 파장(wave)과 주파수(frequency)로 생긴 7가지 색
출처: NASA

물건을 고를 때 왜 한 친구는 "난 그 색 싫어!"라며 질색을 하고, 다른 친구는 그 색의 옷을 마음에 들어 하는 걸까? 눈과 빛 외에 색을 보는 데 관여하는 것이 또 있는 건 아닐까? 누군가 사물의 색을 보려면 반드시 눈으로 들어온 빛이 눈 뒤의 망막에 상을 만들어야 하고 그 상이 신경줄을 타고 뇌에 전달되어 뇌로부터 해석을 받아야만 보게 된다는 것은 앞에서 배웠다. 루돌프 아른하임Rudolf Arnheim은 이 과정을 '보는 것은 생각하는 것Visual Thinking'(Arnheim, 1997)이고 '보는 것은 배워야 하는 것'이라고 하였다. 아른하임은 그의 책에서 아름다운 것을 볼 수 있는 능력은 주변의 아름다운 것을 볼 수 있도록 기회를 주고 안내해 주는 어른이 있을 때 더 향상된다고 하였다.

지각이론에 기초해 볼 때 미술은 인간이 생존을 위해 시작한 활동이다. 집에 가족을 놔두고 사냥을 나갔다가 어떤 동물을 보고 잡으려 했지만 놓쳤을 때 집에 돌아와 그 동물의 모양을 땅이나 모래 위에 그려 보여 주다가 아예 후손들까지 보여 주려고 지워지지 않는 바위에 동물그림을 새겨 넣었다. 나중에 후손들이 짐승을 잡거나 피하라고 바위에 흠집을 내어 그려 넣은 것이 미술의 시작이다.

반구대 암각화

그리고 자기가 본 동물·식물·물건 등의 색깔을 본 대로 칠하기 위해 주변에서 발견할 수 있는 물감을 찾아 칠했던 것이다. 아주 오래전에는 이와 같이 미술은 생활과 밀접한 관계가 있었다. 그러나 현대를 사는 유아들은 미술을 생활의 일부로 생각하기 어렵게 되었다. 멋지고 귀한 미술 작품을 그리고 만들어 내는 화가나 조각가들이 많아지고 가격이 비싸서 보통 사람들은 이런 미술 작품이 자기와는 상관없는 것이라고 생각하게 되었다. 작품들이 너무 고상하게 취급받고 투자의 대상이 되어 우리 생활과 동떨어져 버리고 만 것이다. 우리는 유아를 위한 미술활동과 유아의 생활 사이에 생긴 거리감을 좁혀 주어야 한다. 생활하는 중에, 노는 동안 사물의 모양과 색 등을 보며 느끼는 것을 종이, 돌, 점토, 벽, 화판 등에 그냥 옮겨 놓는 것이 미술활동이라고 유아들이 생각하게 도와줄 수만 있다면 성공이다. 자연환경이나 사물을 본다는 것은 그것이 갖고 있는 색·점·선·모양·명암·공간·질감 등을 보는 것이다. 먼저 색을 생각해 보자.

이텐(Itten, 1989, p. 21)에 의하면 색이란 물리적 현상이다. 앞에서도 설명했지만 광자와 파장으로 전달되어 오는 색채 그 자체는 물질적으로 존재하는 것이 아니라 사람의 눈과 뇌 속에서 발생하여 색으로 지각된다. 유아교육을 전공하는 학생들이 물리학에서 다루는 이런 이야기를 이해하는 일이 쉽지는 않지만, 시지각과 관련된 내용을 알아 두면 영유아의 미술 작품을 제대로 이해하는 데도 도움이 된다.

색이 물리적 현상이란 의미는 우리가 보는 물건마다 특유의 색깔을 갖고 있는 것이 아니라는 것이다. 그 물건을 구성하고 있는 어떤 물리적 요소들이 빛을 받아 특정 광자와 파장만을 반사시키고 다른 색깔들은 모두 흡수해 버리기 때문에 그 물건이 그런 빛깔을 가진 것으로 보인다. 예를 들어, '옷이 붉은색이다.'라고 할 때 실제로 일어난 일은 그 옷 표면의 분자가 붉은색은 반사하고 그 이외의 모든 광선은 흡수하기 때문에 붉은색으로 보이는 것이다. 옷 그 자체는 색을 가지지 않으며 빛이 표면에서 반사되는 것을 눈이 자극으로 받아들여 뇌로 보내고, 뇌는 이 반사의 정도를 재빨리 분석하고 해석해서 그 옷의 색깔을 붉은 것으로 본다. 따라서 색을 감지하는 개개인의 민감성에 따라 색을 지각하는 능력은 달라진다.

뇌의 색지각 능력은 개인마다 다르고 민족·종족에 따라서도 달라 같은 색도 말이 다르다. 서양인들은 초록색을 진초록색dark green 또는 연초록light green이라고 둘로 나누어서 말하지만 한국 사람들은 진한 초록색, 초록색, 연초록, 연두색, 녹두색, 노리끼리한 연두색 등 초록색을 표현하는 어휘가 많다. 우리나라는 사계절이어서 봄부터 가을까지 나뭇잎이 아주 연한 연두색부터 진한 초록색으로 변화하는 과정에서 다양한 초록색이 나타나기 때문이다. 초록색을 다양한 어휘로 표현하는 우리와 달리, 에스키모인들은 흰색을 표현하는 단어가 많다. 그들이 사는 환경에서는 눈이 많이 오고 얼음이 얼고 햇빛이 비치면서 어우러지는 흰색이 다양하기 때문이다.

유아가 어디에 사는지, 누구와 사는지, 어떤 경험을 했는지에 따라 유아의 뇌에 각각 다른 색깔이 입력된다. 회색빛의 도시 아파트 단지에서 사는 만 5세 유아와 사계절이 뚜렷이 나타나고 다양한 색깔의 꽃들이 피는 것을 보고 자란 농촌 유아들의 뇌에 입력된 색깔이 다른 것이 그 예다. 양평 외할머니 댁에 놀러 와서 차를 타고 봄이 되어 연두색이 만연한 길을 가고 있었다. 정연이는 조심스럽게 "할머니, 지금 여름이에요?"라고 물었다. "초록색이어서?" "지금 저 연한 연두색은 봄을 알려 주는 거야. 여름에는 나뭇잎이 진한 초록색이 된단다." 영유아들에게 자연친화적인 경험을 하게 해야 하는 이유다. 사계절이 뚜렷한 한국에 사는 유아들은 썰렁한 겨울, 꽃 피는 다양한 색깔의 봄, 더운 여름, 낙엽의 가을 색깔들을 경험하지만 열대 또는 북극 가까이에 사는 유아들은 우리나라 유아들과는 색깔에 대한 경험이 다를 것이다. 이 경험들이 뇌에 담겨 있다가 유아들이 눈으로 어떤 사물을 보면 그 사물의 모양, 색깔 등이 뇌로 전달되고 그 전달된 상像과 경험이 만나 어떤 생각의 틀, 개념을 만든다. 그래서 아른하임이나 그레고리와 같은 학자들은 "눈과 뇌는 함께 일하며 보고 느끼고 생각하게 만든다."라고 했다. 이 과정에서 발생하는 느낌이나 생각을 종이나 돌 등에 표현할 때 우리는 미술활동이 일어나고 있다고 한다.

뉴턴과 후크는 빛과 색의 관계를 연구한 반면, 영Young은 신체 구조와 색의 지각을 연결지어 연구했는데, 인간의 눈은 오직 빨강, 바이올렛파랑, 초록(처음에는 빨강, 노랑, 초록이라고 하였음)의 삼원색만을 지각할 수 있음을 발견하였다(Gregory, 1997, p. 120). 영의 발견에 의하면 인간의 뇌는 이 세 가지 색깔만 지각하는 수용체를 가지고 있다. 그렇다면 인간은 어떻게 이 세상에 존재하는 그 많은 색깔을 지각할 수 있는 것일까? 영은 뇌의 작용임을 발견했다. 물건의 표면에서 반사되는 색깔의 정도를 뇌가 해석해서 까만색이 많이 섞인 빨강, 노란색이 조금 더 섞인 주황색 계열의 빨강 등으로 해석해 내는 것이다. 이 외에도 빨강과 초록이 섞이면 노랑이 되고, 파랑과 빨강이 섞이면 자주색이 되는 것을 우리 눈의 수용체가 받아들인 후 이를 뇌로 보내 그 감각적 자극을 분석하게 해서 알아낸다. 색깔의 이름은 사람들이 대략 이러이러한 감각적 경험은 빨간색이라고 하자든지 초록색이라고 하자는 약속을 한 것이다. 색깔에 번호를 붙여 그 번호의 색깔을 만들 때에는 어떤 것을 어느 정도 섞을지를 약속한다. 그래도 꼭 같은 색이 되지는 않는다. 자동차 사고로 문에 흠집이 나서 같은 색깔을 주문한 자동차 정비공장은 그 자동차에 기록된 고유번호의 색으로 칠하지만, 햇빛이 비칠 때 미묘하게 차이가 나는 것을 예로 들 수 있다.

색은 다양하다. 유아미술교육의 교육내용 부분에서 배우겠지만, 빨강, 바이올렛파랑, 초록의 3원색을 비롯하여 주황, 보라 등의 2차색이 있으며, 보라색과 주황을 섞어 3차색을 만들기도 한다. 이 밖에도 수많은 색이 있지만 눈의 막대세포와 원뿔세포는 이 삼원색만을 인지하여 수많은 다른 색깔을 다르게 인지한다. 색깔을 보는 막대세포와 원뿔세포로 구성된 수용체는 3개인데, 만일 각각의 색깔을 인지하는 수용체가 있어야 한다면 최소한 200개의 수용체는 있어야 한다고 색깔 연구학자들은 말하고 있다.

사람들이 '색'이라고 말할 때 그 색은 물체로 존재하는 것이 아니라 색조를 의미한다. 다시 말하면, '빨강'이라고 말할 때는 빨강을 보이게 하는 감각적 자극과 빛의 파장이 눈으로 들어오는 것이고, '바이올렛파랑'이라고 할 때는 '파랑'을 보이게 하는 감각적 자극과 빛의 파장이 눈으로 들어오는 것이다. 따라서 '색'이란 눈으로 들어오는 빛의 감각적 자극과 빛의 파장이 상호작용하면서 우리 눈으로 각각 다르게 들어오는 감각이며 이 감각적 자극을 뇌가 해석한 결과다.

눈 뒤 망막에 있는 막대세포rod와 원뿔세포cone는 색을 감지하게 하는 감각 접수 기관이다. 막대세포는 빛의 움직임을 감지하고, 원뿔세포는 파장의 길이를 감지하는 기능을 가지고 있다. 그러나 막대세포와 원뿔세포의 작용만으로 색을 보게 되는 것은 아니다. 막대세포와 원뿔세포를 통해 빛의 자극이 뇌에 전달되면, 뇌에서는 과거의 경험, 현재의 경험, 건강상태, 추리, 예상의 지각 과정을 거치며 경험을 분석 및 종합하여 색을 인식하게 한다. 영유아들은 자연스럽게 막대세포를 통해 빛의 움직임을 지각하고 원뿔세포를 통해 빛의 파장을 받아들여 색을 보게 되지만 어른들이 약속한 색깔의 이름을 알지 못하기 때문에 어른들보다 색지각 과정

이 매우 힘들다. 어른들은 색을 지각하기만 하면 되지만 영유아들은 색깔과 관련된 어휘까지 배워야 하기 때문에 한 단계가 더 있는 것과 같다. 영유아들의 이런 어려운 과정을 교사나 부모들이 이해하기만 해도 영유아에게 지나친 요구를 하지 않을 수 있다. 아직 색을 분별하여 말할 수 없는 영유아에게 그림 그리기를 가르치거나 색칠하기를 시키는 것이 무리인 이유가 바로 여기에 있다.

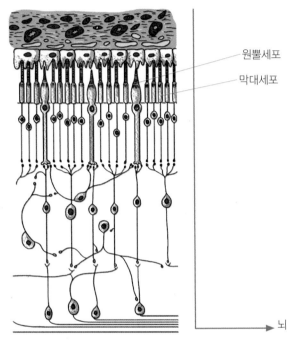

빛이 원뿔세포와 막대세포를 지나 시신경을 거쳐 뇌에 색으로 전달되는 과정

색에 대한 지각 활동은 아주 어려서부터 시작할 수 있다. 아기가 주위에 있는 물건의 색을 관찰하는 동안, 또는 그림책을 읽어 줄 때 이야기만 읽어 주는 것이 아니라, 그림의 색깔에 대해 관심을 가지게 하면서 색에 대한 지각 능력을 높여 준다. 색에 대한 지각 능력은 미술교육을 통해서 향상되지만, 자연 환경 · 도시 환경 · 박물관 · 미술관 · 친지 방문 등 다양한 경험을 쌓을 때 보다 더 풍부해진다. 우리나라 사람들이 선호하는 색과 중국 사람들이 아름답다고 생각하는 색이 다른 것이라든지, 우리나라 디자이너들이 다루는 옷감과 이탈리아 디자이너들이 다루는

옷감이 달라 옷의 색감이 다른 것은 이들이 경험한 색채 감각이 다르기 때문이다.

『색채의 예술』이라는 책을 저술한 요하네스 이텐Johannes Itten은 서문에서 "색채 효과의 가장 심오하고 진수가 되는 비결은, 시각적으로는 충분히 포착할 수 없는 것이며, 심안心眼에 의해서만 이해되는 것이다."라고 했다.

이텐은 영유아기에 색에 대한 고착개념을 심어 주지 말라고 했다. 너무 이른 나이에 색에 대한 고정 개념을 주입받은 유아는 색을 다양하게 쓰며 그리지 못하고, 주입받은 색으로만 칠한다. 하늘에 구름이 끼었을 때, 안개가 끼었을 때, 태풍 전야의 검은 구름이 끼었을 때 각각 다른 색깔임에도 불구하고 그 하늘은 보지 않은 채 그림 종이에 하늘의 색깔은 파랑색이라고 배운 대로 파랗게 칠한 것이 그 예라 할 수 있다.

이텐이 수년간 연구한 결과, 색채감은 주관적 색채감과 객관적 색채감이 있음을 발견했다. 주관적 색채감이란 자연이나 주변 환경에서 볼 수 있는 색을 개개인이 경험하고 느낀 대로 칠하는 것으로 다른 사람들은 아름답지 않다고 생각할 수 있는 색채감이다. 객관적 색채감은 화가, 색채 전문가들이 오랜 경험을 종합하여 가장 아름답고 조화로운 색이라고 분류하는 색을 선택해서 그리는 능력을 말한다. 즉, 아름답다고 많은 사람이 동의하는 색으로 그림을 그리는 능력이다. 반 고흐나 고갱의 그림을 지금도 아름답다고 생각하는 이유는 과거와 현재의 많은 사람이 공통적으로 아름답게 느끼는 어떤 특징이 있고, 객관적 색채감각으로 그림을 그려서다. 그러나 이텐은 객관적 색채감만으로 걸작을 창작해 낼 수는 없다고 보았다. 그는 "나는 위대한 색채가들에 대해 엄밀히 연구한 결과 그들 모두가 색채학에 정통했었다는 것을 확신하게 되었다."라고 하였다(Itten, 1989, p. 10) 그러나 색채이론에 정통하다고 해서 걸작을 창작해 낼 수는 없다고도 하였다. 색채이론을 아는 것이 아름다운 그림을 그리는 데 큰 도움이 되지만 이론만을 안다고 해서 걸작을 그릴 수는 없다는 뜻이다. 실제 아름다운 것을 주관적으로 경험하는 것도 중요하고 객관적 색채이론을 공부하는 것도 중요하다는 뜻이다. 아직 그림을 제대로 그리지 못하는 유아에게는 객관적 색채를 강조할 것이 아니라 자신이 본 것을 기초로 직관

력을 활용하면서 주관적으로 색을 가지고 놀아보는 것이 우선이다(Itten, 1989, p. 10). 그래서 이텐은 유아교육자가 아님에도 불구하고 영유아기에는 색을 자기 나름대로 해석하게 하여 색과 관련된 기억이 뇌에 다양하게 많이 쌓이도록 해야 한다고 하였다. 유아가 점점 성장하며 어른이 되는 과정에서 주관적 색지각 능력이 객관적 색지각 능력으로 바뀌고, 이 두 종류를 창의적으로 조합하는 능력도 생긴다.

주관적 색지각 능력은 영유아기에 얼마나 많이 아름다운 자연환경을 접하고 경험했는지, 뇌에 색깔과 관련된 기억이 얼마나 많이 쌓였는지에 따라 달라진다. 유럽 화가들이 그린 들판의 색깔을 보면 우리나라의 전원을 그린 색깔과 차이가 있다. 과거 교과서나 화집에서 고흐나 고갱이 그린 카페 그림을 볼 땐 그림의 분위기가 멋있게 느껴지면서도 '외국이니까'라는 느낌이 있었지만 실제 유럽을 여행하면서 그 거리를 다녀 본 후 다시 그 그림들을 보면 친근하고 아름답게 느껴지는 것이 좋은 예다. 최근 우리나라에 서구식 카페가 많아져 색을 보는 우리들의 감각도 서구식으로 변하고 있다.

이텐은 1928년 미술대학 색채 수업에서, 자신이 아름답다고 생각하는 색을 모눈종이에 그린 후 학생들에게 "이 색들은 조화를 이루는 것이니 학생들도 이것처럼 색을 조화롭게 칠해 보자."라고 하였다. 이 과제를 시작한 학생들은 술렁거리며 교수가 한 배색이 아름답게 느껴지지 않는다며 불평하였다. 이텐 교수는 "그렇다면 어떤 방법을 적용해도 좋으니 각자 멋있고 조화롭다고 생각되는 색깔로 배색해 보자."라고 하였다. 학생들은 교수의 배색이 틀렸음을 증명하기 위해 열심히 작업했으며 그 결과는 놀라웠다. 학생들이 그린 색채 배색은 학생 수만큼 달랐다. 이때, 이텐 교수는 학생들에게 주관적 색조가 있으며 이 주관적 색조감이 있어야 후에 객관적 색조를 사용해 작품을 만들더라도 다른 사람과는 다른 창의적인, 자신의 개성이 살아 있는 그림을 그릴 수 있게 됨을 발견하였다(Itten, 1989, p. 29).

사람에 따라 각기 다른 주관적 색조

이텐은 사람들이 색채를 선택할 때, 또 색면의 크기나 방향을 정할 때도 제각기 다르다는 것을 발견하였다. 예를 들어, 어떤 학생은 색면을 수직적으로 배열하는가하면, 어떤 학생은 수평방향 또는 대각방향으로 배열하였다. 어떤 학생은 색면이 서로 뚜렷하게 구분되어 보이도록 배열하는가 하면, 어떤 학생은 색을 번지게 해 우연히 생긴 배색인 것처럼 배열하기도 하였다. 전자의 학생은 명쾌한 성격인 반면, 후자의 학생은 서정적이고 감상적인 성격이다. 이텐은 화가 또는 미술대학 학생뿐 아니라 모든 사람이 어린 시절 주관적 색조를 발견할 필요가 있다고 강조하였다. 미술교육을 할 때 영유아들이 자신이 좋아하는 색깔, 즉 주관적 색조를 발견하는 것이 성장한 후 미술가가 되었을 때 독특한 그림을 그릴 수 있게 함을 알았기 때문이었다.

유아에게 미술을 교육해야 하는 유아교사는 영유아들이 다양한 색깔을 가지고 놀며 이리저리 실험해 보도록 기회를 주어야 한다. 미술 전공 대학생도 자신의 주관적인 색조를 발견할 수 있는 기회를 가져야 나중에 창의적인 작품을 만들 수 있는데 영유아에게 색을 가르칠 수는 없는 노릇이다. 이텐이 권고했듯이 아주 어린 시절부터 영유아가 스스로 색·점·선·모양·명암·공간·질감을 발견할 수 있는 기회와 주관적 색깔을 계속 탐색할 수 있는 기회를 주어야 한다. 정원사가 식물의 성장을 위해 최선의 조건을 마련하듯이 교사도 유아들의 심신 발달과 성장에 알맞

은 조건을 제공해 주어, 유아가 내면의 힘과 명령에 따라 스스로 자신을 가르칠 수 있도록, 자기 내면의 느낌이나 생각을 자유롭게 표현할 수 있는 기회를 마련해 주어야 한다.

미술의 요소, 미술의 원리, 객관적 색조 등에 대한 지식을 가르치는 것은 영유아들이 주관적 탐색을 흠뻑 한 후에 해도 늦지 않다. 개인적인 느낌·경험·주관적인 색깔을 발견한 후에 미적 요소와 미적 원리에 대한 객관적 지식·객관적 색조를 배우는 것이 정도正道다. 미술의 요소와 미술의 원리에 대한 객관적 지식이 생기고 객관적 색감이 생기면 다른 사람들이 공감할 수 있는 색·패턴·질감 등을 파악해 낼 수 있다. 그러면 전자제품을 만드는 사람이나 패션업을 하는 사람도 트렌드trend를 읽어 상품을 디자인하고 만들어 잘 팔 수 있다. 2000년대 초반, 중국에 진출한 미국과 프랑스의 대형마트는 실패하고 철수했는데 우리나라의 L 기업 대형마트는 성공했던 이유는, 개점 담당자가 건물을 짓기 전에 일 년 동안 직원들을 데리고 중국 주요 지역들을 배낭을 메고 여행하면서 중국인들이 선호하는 트렌드를 읽어 내서 반영했기 때문이었다. 매장에 붉은색을 많이 사용해 인테리어를 한 것을 예로 들 수 있다. 중국인들의 주관적 색깔은 붉은 색깔이었던 것이다.

이텐은 객관적 색채감각을 갖는 것이 중요하지만 어린 시절에는 주관적 색채감각이 충분히 개발되는 것이 더 중요하다고 거듭 강조하였다. 객관적 색채에 정통하면서도 자신의 주관적인 색채감각을 활용할 수 있는 화가만이 자기 마음에도 흡족하고 세상의 많은 사람이 좋아하는 창의적이고 아름다운 작품을 그릴 수 있다는 것이다. 우리 유아교육자들이 할 수 있는 일은 유아들 자신이 느끼는 대로 자신이 써 보고 싶은 색깔로 자유롭게 그려 보도록 재료·장소·기회를 제공하는 것이다.

3. 미술 표현 능력의 발달

미술 표현 능력이란 사람이 생활하는 동안 느끼고 생각한 것, 상상한 것을 그림, 물감그림, 오리기, 붙이기, 입체물로 만들어 내는 능력을 말한다. 유아들은 느끼고 생각하고 상상하는 것을 미술활동으로 표현한다. 유아들이 그리거나 만드는 작품들은 얼굴 모양이 다른 것처럼 각각 다르다. 그러나 어른들은 유아들에게 그리거나 만드는 방법을 가르쳐 주고 싶은 유혹에 빠질 때가 많다. 특히 우리나라 학부모처럼 학교 성적이 높아야 일류 대학에 갈 수 있다는 생각에 사로잡히면 어릴 때 미술 기법을 가르쳐 미술 성적이라도 올리고 싶어 한다. 학교 다닐 때 미술 점수가 낮았던 학부모일수록 더더욱 그렇다.

프랑스에서 그림 공부를 한 화가에게 "유아에게 언제부터 그림 그리기를 가르치는 것이 좋겠습니까?"라고 질문했더니 "유아에게는 그림 그리기를 가르칠 것이

아니라 사물을 나름대로 탐색한 후 스스로 표현하고픈 마음이 나게 하는 것이 중요합니다. 적어도 초등학교에 다닐 때까지는 스스로 탐색하고 스스로 모양이나 표현 방법을 실험해 보게 하다가 중학교 입학한 후부터 묘화기법을 가르치는 것이 좋습니다."라고 답하였다. 너무 어린 연령부터 그림 표현 기법을 가르치면 가르친 사람의 화법에 얽매여 자기만의 창의적인 표현이 어려워지기 때문이라는 것이 일찍 그림 그리기 기법을 가르치지 말아야 하는 이유였다.

동그란 원을 세 개 붙여 그려서 병아리를 그린다든지, 성탄목을 지그재그로 그리게 한다든지, 헬로키티의 상표와 같이 고양이를 그리게 하는 경우도 많다. 어른들은 애가 타서 하는 일인데 이로 인해 유아들은 창의적인 그림 그리기 실험을 멈춘다. 미리 가르치지 않아도 신나게 그리던 아이들이 초등학교에 들어가 미술 성적을 받기 시작하면 위축되어 창의적인 그림 그리기를 멈추고, "난 그림 못 그려요."라는 말을 하기 시작한다. 성장하는 동안에 쉽게 전형적인 그림을 그리는 어른들을 보면서 복잡한 그림은 못 그리겠다는 생각을 하게 되었기 때문일 수도 있고, 성장하는 동안 다른 친구의 그림과 자기 그림을 비교하며 자신감을 잃었기 때문일 수도 있다. 그림을 못 그리겠다는 말을 하기 시작할 때는 대개 사람 얼굴이나 행동, 동물의 모양을 잘 그린 그림과 똑같이 그려야 한다는 생각을 하기 시작할 때부터다.

유아들도 느끼고 생각한다. 이런 유아들의 생각과 표현을 존중해 주면서, 나름대로 표현해 볼 수 있는 기회와 재료를 준다면, 또 유아들에게 잘 그리라는 심리적 부담감을 주지 않는다면, 유아들은 계속 창의적인 그림을 그릴 수 있다. 창의적인 그림을 그리는 화가가 되게 하기 위해 스스로 많이 해 보면서 "아! 어떻게 해야 코를 높게 그릴 수 있지?" 등 표현 기법에 관심을 갖게 될 때, 도와주면 쉽게 배운다. 영유아기에 어른들이 해야 할 일은 이들의 그림 능력 발달이 어떤 과정을 거쳐 발달하는지에 대해 인식하고 아이들이 필요한 것을 준비해 주기만 하는 것이다. 자유로운 분위기를 만들어 주는데도 그림 그리기에 흥미가 없다면 어떤가? 그 어린 이는 다른 것에 흥미가 있을 것이므로 그 길을 가게 하면 된다.

자유로운 표현을 중요히 생각하고 '창조주의 자유표현' 미술교육을 세계 최초로 실시했던 치젝은, 아이들이 무언가 표면에 흔적을 남기며 표현하기 시작하면 일련의 발달 단계가 나타나는 것을 알게 되었지만 이론으로 정리하지는 못했었다. 그림 발달 단계 이론을 정립하기 시작한 사람은 로웬펠트Lowenfeld였다. 로웬펠트가 1947년 저술한 『Creative and Mental Growth』에 그림 발달 단계가 소개되었는데 그의 생전에 1952년, 1957년 두 번에 걸쳐 개정되었다. 사망 후 1964년, 1970년, 1972년 3회에 걸쳐 로웬펠트가 저술한 대로 출판되었지만, 1982년부터 로웬펠트의 제자 브리튼W. Lambert Brittain이 수정하여 로웬펠트의 이름으로 출판하였다. 브리튼에 의하면 로웬펠트가 제시한 유아미술교육 이론은 현대에도 참신한 이론이어서 많은 영향을 주고 있다고 하였다lowenfeld & brittain, 1982. 로웬펠트는 표현 능력의 발달 단계를 낙서기scribbling stage(만 2~4세), 전도식기preschematic stage(만 4~7세), 도식기schematic stage(만 7~9세), 사실기로 넘어가는 과도기the stage of dawning realism(만 9~13세), 의사실기pseudo naturalistic stage(13세 이후) 모두 5단계로 나누었다. 우리나라 학자들은 로웬펠트의 이론이 개성되어 출판될 때마다 계속 그의 그림 발달 단계 이론을 아동미술 교과서에 소개하였다. 그러나 그림 발달 단계 명칭이 한글로 번역되는 과정에서 각각 다르게 소개된 책이 많아 학생들에게 혼돈을 주고 있다.

로웬펠트가 미술 표현 능력의 발달을 영아기부터 청소년기까지 모두 포괄하여 제시하였다면, 유아기를 보다 집중적으로 연구하여 그림 발달 단계 이론을 정립한 사람은 켈로그Rhoda Kellogg다. 그녀는 미국 샌프란시스코의 골든게이트 유치원Golden Gate Kindergarten 교사로서 만 6세 미만의 영유아 그림을 연구하였다. 켈로그는 골든게이트 유치원 유아들이 그린 그림을 수집한 것은 물론 전 세계로부터 유아들이 그린 그림을 대거 수집하여 분석한 후 발달 단계를 정리하였다. 켈로그는 부산에서 유치원에 다니는 유아들의 그림도 수집하여 함께 분석하였다.

로웬펠트와 켈로그 외에도 국내외 여러 학자가 로웬펠트와 켈로그의 그림 표현 능력 발달 단계를 이론화하여 제시하였는데, 유아기 전후 시기까지만 표로 간단히 살펴보면 〈표 3-1〉과 같다.

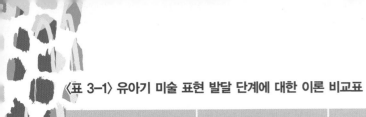

〈표 3-1〉 유아기 미술 표현 발달 단계에 대한 이론 비교표

로웬펠트(Lowenfeld)	리드(Read)	김 정	켈로그(Kellogg)
낙서기(2~4세): 생각이나 의도를 표현하기보다는 근육감각의 쾌감을 즐기며 끄적거리는 그림 ▶무질서한 끄적거리기 ▶통제된 끄적거리기 ▶명명된 끄적거리기	낙서기(2~4세): 의미없는 끄적거림에서 의미있는 끄적거림으로 발전해 가는 시기 ▶맹목적 낙서 ▶유목적 낙서 ▶모방적 낙서 ▶국부적 낙서	신생아기(1~3세): 휘적거리는 행동으로 생물학적 또는 동물학적 수준의 표현	패턴 시기(pattern stage, 2세 이전) ▶기본적인 난화기 ▶구도 패턴
전도식기(4~7세): 의도적인 표현의 시작	선묘사기(4세): 사람을 주로 그리며, 원으로 머리, 점으로 눈, 선으로 팔을 표현	난화기(3~5세): 낙서에 가깝다가 4세에 이르러 그림이 등장. 동그라미를 자주 그리며 얼굴 표현을 즐김	도형 시기(shape stage, 만 2~3세에 시작): 모양을 발견하는 시기 ▶창의적 도형 형태 ▶도형
도식기(7~9세): 계속적인 반복으로 도식적인 그림을 그림	묘사적 상징기(5~6세): 느끼는 대로 형태를 표현하고 좋아하는 것을 반복해서 그림	전도식기(5~7세): 의식적인 표현으로 그림을 그리며, 선묘를 즐겨 그림	디자인 시기(design stage, 만 3, 4세에 시작) ▶콤바인 ▶에그리게이트 ▶만다라 ▶태양형 ▶방사형
	사실적 묘사기(7~8세): 주관적인 지식에 의해 기억하는 것을 그리며 세부묘사가 가능	도식기(7~9세): 객관적인 묘사를 하기 위해 노력하며 동시적 표현이 나타남	그림 시기(pictorial stage, 만 4세에 시작): 동물, 인물, 사물을 그리는 시기

〈표 3-1〉에서 알 수 있듯이 그림 표현 능력의 발달은 단계와 단계 사이에 명확한 구분이 없다. 개인차가 있어 모든 영유아가 같은 단계를 동시에 거치지 않기 때문이다. 어떤 유아는 한 단계를 지나는데 일 년 이상 걸리는가 하면 어떤 유아는

단계를 건너뛰기도 한다. 이처럼 개개인 유아에 따라 각각의 그림 표현 단계를 거치는 기간duration이 다르지만, 대부분의 유아는 대략 같은 유형의 그림을 그리는 시기를 지난다. 교사들이 그림 발달 단계 이론을 알면 유아에게 지나친 요구를 하지 않게 될 것이다.

〈표 3-1〉에 소개된 대표적인 그림 표현 단계 이론들을 비교해 보면, 로웬펠트, 리드, 김정의 경우, 각 단계에 대한 명칭은 관점에 따라 다소 다르게 표현되었으나 단계별 특징은 유사함을 알 수 있다. 켈로그는 유치원 교사답게 유아기의 독특한 표현 양식을 보다 구체적으로 제시하였다. 그러나 '난화기, 낙서기, 끄적거리기'와 같이 이 명칭들은 영유아의 그림을 아직 그림다운 그림이라고 보지 않는 측면이 있다. 행위자인 유아는 자신이 낙서를 한다고 생각하고 그리지 않았다. 나름대로 진지하고 신중하게 표현했는데 어른들의 눈에는 아직 그림이 아닌 낙서와 같아 이런 명칭을 붙인 것이다. 그러나 영유아의 첫 그림은 어른들이 생각없이 끄적거리는 낙서가 아니다. 그림 그 자체다. 영아도 생각을 하며 그린다. 팔 움직임이 어른과 달라 마음대로 표현되지 않을 뿐이다. 영아들은 자신의 팔을 움직여 흔적이 남으면 신기해한다. 이를 어른이 낙서라고 생각하고 지우거나 없애면 운다. 만 2세 유진이가 빨간색 크레파스를 들고 온돌방에 놓인 하얀색 라디오와 주변 장판에 여기저기 흔적을 남겼다. 그 당시 유진이를 돌봐 주던 이모가 "이렇게 낙서하면 안 돼." 하며 걸레로 닦자, 유진이는 손가락으로 라디오를 가리키며 "아니야. 아니야." 소리 지르며 심하게 울었다. 유진이에게 그건 낙서가 아니라 그림이었던 것이다. 유아의 미술 표현 발달 단계를 이해했더라면 적어도 엄마가 돌아올 때까지 라디오 위의 흔적은 두었을 것이다. 유아의 관점에서 발달 단계를 다시 명명할 필요가 있다. 다음은 켈로그의 이론을 바탕으로 유아의 미술 표현 발달단계를 6단계로 나누어 본 것이다.

〈표 3-2〉 유아 미술 표현 발달의 6단계

1단계	움직이며 흔적 만드는 단계
2단계	기본 모양 발견하는 단계
3단계	기본 모양 다양한 방법으로 실험하는 단계
4단계	떠오르는 생각대로 사물 그리는 단계
5단계	계획한 후 사물 그리는 단계
6단계	창의적인 미술 작품 만드는 단계

1) 1단계: 움직이며 흔적 만드는 단계

이 시기는 로웬펠트의 난화기 또는 켈로그의 패턴 시기에 해당된다. 만 2세 전후의 영아는 뭔가를 잡아 그것을 가지고 흔들거나 던지거나 입으로 가져가는 것을 즐긴다. 그림을 그릴 수 있는 무엇인가가 손에 잡히면 어깨를 위, 아래 또는 오른쪽, 왼쪽으로 마구 흔들며 이러한 근육운동에 의해 나타나는 흔적을 즐긴다. 근육의 움직임에 의해 흔적이 남는 것을 보고 신기하고 재미있어 하며 손을 이리저리 움직이므로 미술적 표현이 나타난다. 이 시기의 그림에는 유아의 의도나 방향성이 없고 일정한 패턴도 보이지 않는데, 이 시기를 또다시 두 단계로 나눈다면 '무작정 흔적 내기'와 '반복해서 흔적 내기'로 구분할 수 있다.

'무작정 흔적 내기basic scribblings'를 하는 유아는 기본이 되는 선으로 흔적을 남긴다. 단선 또는 복선 중 유아들이 어느 것을 먼저 그리는지는 알 수 없으나 분명한 것은 만 2세 전후의 영아들이 단선과 복선 둘 다 그린다는 것이다. 이 기본 선들이 미술 작품으로 발전된다. 성인 미술가는 명암을 나타내기 위해 복선을 사용하고, 유아는 화면과 자기가 그린 면을 메우기 위해 복선을 사용한다. 성인 미술가나 유아 모두 모양의 윤곽선을 그리기 위해서는 단선을 사용한다. 크레파스로 종이를 두들기는 동작으로 점을 많이 찍는 유아도 있다. 점은 눌러 두들기는 동작의 힘과 각도에 따라 마침표, 쉼표의 형태, 즉 매우 짧은 선의 형태를 갖게 된다. 이때 유아의 자발적인 동작으로 만들어진 모든 흔적은 그림이지만 명확한 패턴이나 형식을 찾기는 어렵다. 영유아들은 보통 흔적 위에 또 다른 흔적을 남긴다. 근육의 피로 때문인지는 몰라도 손의 방향을 자주 바꾸기도 한다. 흔적 남기기를 시작하는 아이들은 종이 위에만 그리는 것이 아니라 자신의 팔이 닿는 곳이면 어디든지 그리려 한다. 17개월 송현이는 엄마 팔에 안기자 엄마 팔뚝에 흔적을 남겼다.

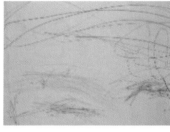
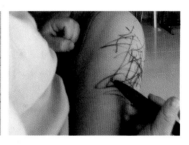

| 26개월 남아 | 24개월 여아 | 17개월 여아 |

〈움직이며 흔적 만들기〉

켈로그는 만 2세 전후의 영아에게서 나타나는 '움직이며 흔적 만들기'의 다양한 유형을 20가지로 정리하여 제시하였다. 이러한 흔적들은 교육을 받지 않은 아주 어린 영아들도 움직이며 흔적 만들기를 할 수 있음을 보여 준다.

한 땀 그림	수직선 그림	수평선 그림
대각선 그림	곡선 그림	반복 수직선 그림
반복 수평선 그림	반복 대각선 그림	반복 곡선 그림
불규칙 선 그림	긴 불규칙 선 그림	지그재그 그림
한 바늘 고리 그림	용수철 모양 그림	달팽이 선 그림
반복 원 그림	두 개의 원 그림	원을 반복해서 길게 그린 그림
끝이 어긋난 원 그림	끝을 맞물린 원 그림	

유아들이 만든 흔적의 20가지 유형
출처: Kellogg (1970).

　　종이에 손과 팔을 움직이며 흔적을 남기던 영아는 반복해서 움직이는 과정에서 의도성을 보이기 시작한다. 이런 시도가 반복되면서 뚜렷한 구도 패턴이 나타난다. 그냥 팔을 움직여서 흔적을 남기는 영아들은 그림 종이의 크기나 모양을 가늘해 보지 않고 움직임만 즐기는 반면, 반복해서 흔적을 남기는 영유아는 자기가 손을 움직일 때 그려지는 그림을 보며, 어떤 의도를 가지고 그림을 그린다. 명확한 윤곽을 그릴 능력이 없는 만 2세경의 영아도 자기가 그릴 그림의 위치를 마음에 맞게 하려고 눈과 손을 협응하며 반응한다.

반복하여 그린 원 그림(30개월 여아)　　　대각선 그림(28개월 여아)　　　반복 수평선 그림(32개월 남아)

2) 2단계: 기본 모양 발견하는 단계

만 2세 전후의 영아는 다양한 패턴을 발견하고 자기 생각대로 그림을 그려 보려 한다. 그림 그리기를 반복하는 동안 아이들은 자기가 그린 그림에서 모양을 발견하고, 이 모양을 반복하여 그린다.

켈로그는 유아들의 그림을 분석한 후 대략 17가지의 패턴이 나타나는 것을 발견하였다. 유아가 17가지 패턴을 모두 그리는 것은 아니지만 패턴은 그다음 단계에 나타나는 발달 단계를 이끄는 중요한 연결고리가 된다. 유아가 스스로 발견한 패턴을 의도적으로 사용하며 나름대로 작품을 만든다.

만 2세 정도의 영아들은 종이의 테두리와 공간의 크기를 인식하며 그림을 그리기 때문에 명확한 구도 패턴이 나타난다. 만 3세까지는 선을 십자로 긋기, 원·삼각형·형태의 윤곽 그리기를 할 수 있다. 그리기를 반복하다가 창의적 모양 emergent diagram shape도 그릴 수 있게 된다.

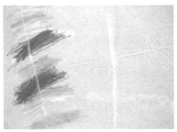

원을 그린 선으로 집중된 그림   중복 교차선 및 T-교차선(38개월 여아)
(28개월 남아)

유아는 기본 도형을 발견하고 연습하면서 점차 사각형, 타원형, 삼각형, 십자형, 대각선 십자형, 기형과 같은 다양한 도형을 단일선으로 그리게 된다. 이 시기 유아들이 그린 그림을 보면 도형만 뚜렷하게 구분해서 그리지 않는다. 다른 흔적들과 같이 그려져 있으며 다른 도형과 결합되어 나타나는 경우가 많다. 도형을 합친 '겹친 모양'이 나타나기도 한다. 단일선으로 그리는 도형의 발견은 선을 의도적으로 사용하는 능력이 대폭 향상되었음을 의미한다.

유아가 그린 일반적 모양 그림

3) 3단계: 기본 모양 다양한 방법으로 실험하는 단계

삼각형, 네모, 긴 네모, 동그라미 등 단일선으로 그린 기본 모양을 발견한 후 유아들은 이 모양들을 겹치거나 합쳐 다양한 그림을 그린다. 이 시기의 유아는 생각하며 도형들을 결합하여 다양한 그림을 그리기 시작한다. 겹쳐지는 모양의 수는 무한하여 셀 수 없을 정도이며 분석하기도 어렵다. 어떤 것은 비슷하기도 하지만 전혀 공통점이 없는 모양도 많다. 그중에도 유아들이 좋아하는 모양은 십자가처럼 두 선이 겹쳐진 모양, 사각형, 삼각형, 동그라미다. 켈로그는 모양이 합쳐져서 나오는 그림의 형태를 콤바인combine이나 에그리게이트aggregate라고 이름 붙였는데, 이런 그림의 출현은 선을 의도적으로 사용하고 기억력을 활용하는 능력이 보다 향상되었음을 보여 준다.

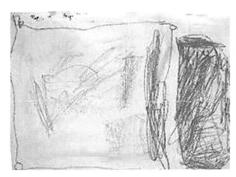

사각형의 네 모퉁이를 맞추지 못해 원으로 처리
(38개월 여아)

원이 서로 겹쳐진 모양(36개월 여아)

만 2~3세 사이에 자유롭게 흔적 남기기를 많이 해 본 영아는 4세가 되면서 다양하고 복잡한 모양을 많이 그릴 수 있게 된다. 다음의 그림들은 만 3세 반 영아가 발견한 동그라미, 선, 점을 조합해서 그린 것이다. 동그라미·선·네모·점으로 "이"라는 글자를 만들어 본 그림, 얼굴, 세 개의 동그라미 속에 표시를 남긴 그림,

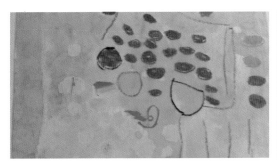

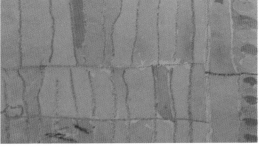

다양한 모양과 색으로 패턴을 만든 그림

다양한 모양과 색으로 패턴을 만든 그림 등 다양한 모양과 색으로 패턴을 만든 그림을 그렸다. 그래서 영아기에 처음 시작하는 흔적 남기기 활동은 중요하다(Kellogg, 1970). 이 단계에서 유아의 그림은 개인차가 나타나 부모나 담임교사는 유아의 이름이 쓰여 있지 않아도 자기 반 유아의 그림을 알아낼 수 있다.

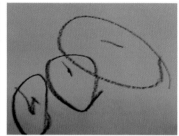

만 3세 여아들의 기본 모양으로 그린 그림

만다라mandala는 '원'에 대한 산스크리트어Sanskrit로 동양 종교에서 주로 동심원으로 된 기하학적 형태를 말한다. 유아들이 만드는 만다라는 흔히 원이나 정사각형을 그리스 십자가나 대각선 십자로 4등분하여 만든 복합 모양이거나 만다라 모양이다.

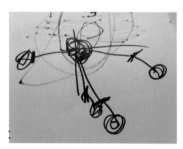

만 4세 남아의 만다라와 방사선 그림   만 3세 여아의 해님 그림   만 4세 남아의 방사선 그림

만다라는 유아의 그림이 초기 그림에서 사물을 그리는 단계로 넘어가는 연결고리를 만들어 주는 그림으로, 유아의 그림 그리기 발달에서 아주 중요하다. 만

다라를 그리기 시작한 유아는 해님을 그리게 되고, 해님을 그리게 된 유아는 사람 모양을 그리기 시작한다. 따라서 만다라는 유아 미술 표현 능력이 한 단계 향상되었다는 것을 의미하고, 유아 미술이 성인 미술 세계로 입문하게 되는 중요한 사건이다. 이 단계에서 유아들이 많이 그리는 모양은 만다라, 십자가, 해님, 방사형인데 이 모양이 나타나면 곧 유아가 사람이나 동물·식물·사물·사람을 그릴 수 있게 되는 것을 의미한다고 켈로그는 말했다. 만다라 모양은 산스크리트어로 '신비한 동그라미'라는 뜻이다. 유아들의 그림을 어른들은 유치하게 보는 경향이 있다. 벽지나 방바닥에 크레파스 흔적을 보며 "왜 이리 말썽을 부려? 네가 치워."라며 핀잔을 주는 경우도 많다. Kellogg는 △, ○, □ 등 모양을 찾아낸 후에 그리는 아이들의 '만다라'는 대단한 사건이라고 하며 축하해 줄 일이라고 했다. 다음은 만 4세 유아들이 그린 만다라다. 안에 삼각형, 동그라미가 있고, 동그라미 안에 +가 그려졌는데 이것이 만다라다. 얼핏 보면 정돈이 안 된 느낌을 주나 1단계의 움직이며 흔적 만들기, 2단계의 기본 모양 발견하기(원, 삼각형, 사가형)와 함께 3단계의 기본 모양 다양한 방법으로 실험하기가 공존해서 나타나 있다.

만 4세 남아의 만다라 그림

만 4세 남아의 해님 그림

만 4세 여아의 방사선을 활용한 그림

해님 모양은 간단한 구조여서 쉽게 그릴 수 있다고 생각하지만 유아들이 2단계에서 기본 모양을 발견한 뒤에도 오랜 기간이 지난 후, 자신이 발견한 모양들을 이 방법 저 방법으로 조합해 본 후에야 비로소 그리게 되는 모양이다. 특히 기본 모양으로 곡선과 직선을 그릴 수 있게 된 후에 나타난다. 만 4세 남아가 그린 해님 옆

에 그려진 작은 사람이 곧 큰 사람으로 그려지게 될 것임을 알 수 있다. 만다라와 해님 모양 이외에 방사선 모양도 중요하다. 방사선 모양은 한 점 또는 작은 면에서 여러 개의 선이 밖으로 퍼져 나가는 모양을 말하는데, 사람의 팔과 다리를 그리는 데 필요하다.

4) 4단계: 떠오르는 생각대로 사물 그리는 단계

1단계에서 3단계를 거치는 동안 영유아들은 무언가를 그려 보려고 열심히 노력하고 그 과정에서 어떤 모양을 발견한다. 이 과정에서 유아들은 조금씩 자신감을 갖게 되고 특히 마음에 드는 모양도 정한다. 그러나 이 단계의 유아는 그릴 사물을 미리 정한다거나 어떻게 그릴 것인지를 계획하지 못한다. 1~3단계처럼 무조건 그림 종이 위에 기본 모양들을 조합하다 보면 생각이 떠오르고 그걸 실행에 옮긴다. 해님 모양을 그리다가 선 하나를 길게 뻗어 팔로 만들기도 하고 다리로 그리기도 한다. 초기 회화 단계라고 볼 수 있다. 이 단계에 유아는 사람 그리기를 좋아하며 얼굴을 중심으로 그리다가 점차 팔다리, 몸통 등을 표현할 수 있게 된다. 그러나 사물을 그리더라도 주변 상황과 어울리게 그린다거나 미리 계획해서 그리지는 못한다. 하나의 대상을 주관적 느낌에 따라 그리는 과정에서 수정·보완하는 과정을 거친다. 다음의 만 4세 여아가 그린 문어 그림이 좋은 예다.

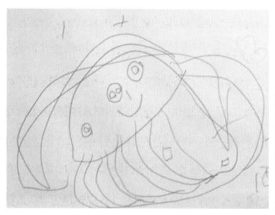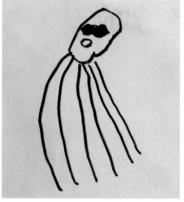

문어 그림(만 4세 여아)

이 그림에서도 볼 수 있듯이 이 유아는 과거에 발견했던 기본 모양, 동그라미, 선을 사용해서 그림을 그리다가 상황에 알맞게 선을 길게 빈 공간으로 내리면서 문어를 그렸다. 영유아가 처음 팔을 움직여 여기저기 자유롭게 흔적을 남겨 보는 경험이 중요한 이유가 여기에 있다. 다음의 그림은 해님이 발전되어 사람 그림을 그린 것으로 행복한 모습의 얼굴표현이 인상적이다.

해님 모습이 발전된 사람 그림(만 4세 남아)

켈로그는 유아들이 그린 그림을 많이 관찰한 결과(Kellogg, 1970, introduction) 유아들이 균형을 중요하게 생각한다는 것을 알게 되었다.[*] 유아가 사람의 얼굴에 코가 있어야 한다는 사실을 인지하면서도 코를 그리지 않는 이유는 "코를 그리면 그림이 미워져서."다. 4세 유아가 사람을 그리면서 동그라미 밑에 다리를 길게 그린 후 팔을 그리면 균형이 깨진다고 생각해 그리지 않은 것도 같은 예다. 팔을 그릴 수 있는데도 그리는 과정 중에 균형을 맞추기 위해 그리지 않는 것, 즉 그림 그리는 과정 중에 계속 생각하고 변경하며 자신만의 기준에 맞춰 표현하는 특징이 나타난다. 이 시기 유아들이 그리는 사람 그림에 머리카락이나 모자가 그려지는 것은 균형을 맞추려는 의도다.

---

[*] 세계 각지의 유아들로부터 Kellogg가 모은 그림은 약 50만 장이다.

팔 없는 인간형(만 4세 여아)   날개형 팔을 가진 인간형(만 4세 여아)

　　날개처럼 팔을 그리는 이유 역시 그림에 균형을 주기 위한 목적이 있다. 균형이 아니더라도 좀 더 멋지게 보이게 하고 싶기 때문일 수도 있다. 이 단계에 들어선 유아는 이제 생각하며 사물을 그린다.

　　유아의 그림에 미술의 요소는 나타나나 미술의 원리는 너무 어려워서 나타나지 않는다고 말하는 사람들도 있으나, 3단계의 그림에서 살펴보았듯이 리듬/패턴/반복과 같은 미술적 원리가 나타난다. 유아가 사물과 사람을 그리기 시작하면 리듬/패턴/반복 외에도 다양한 미술적 원리가 그림 속에 보인다. '날개형 팔을 가진 인간형' 그림에서도 좌우 대칭을 주어 '균형'을 시도했고, 다음의 '외할머니와 스키를 탔어요' 그림에서도 스키를 사선으로 그리고 할머니와 자신을 비스듬하게 그려 스키를 타고 내려가는 '움직임'의 미술적 원리가 나타나고 있다.

외할머니와 스키를 탔어요(만 3세 남아)

사람을 그리기 시작하면서 유아는 다양한 모양을 조합하여 사물을 그릴 수 있게 되지만 이전에 그린 모양을 다 잊거나 버리지는 않는다. 필요할 때마다 1단계부터 4단계까지 찾아낸 기본 모양과 그림들을 반복적으로 그리기 때문에 유아의 미술 표현 능력을 속단하여 이 아이는 3단계의 능력을 갖고 있다든지, 4단계에 있다든지 판단할 수 없다.

이 시기 유아는 자신이 느끼는 대로 형태를 표현하며, 좋아하는 것을 반복해서 그리는 경향이 있다. 선으로 묘사하는 것을 즐기며, 아직은 색을 칠하기를 어려워한다. 태양형 사람, 얼굴에서 두 발이 내려오는 두족인을 많이 그린다.

훌라후프하는 사람(만 3세 여아)

5) 5단계: 계획한 후 사물 그리는 단계

'4단계: 떠오르는 생각대로 사물 그리는 단계'와 '5단계: 계획한 후 사물 그리는 단계'에는 큰 차이가 있다. 전자는 무엇을 그릴지 구체적으로 계획하지 않고, 그리는 동안 생각이 떠오를 때마다 계속 바꾸어 가며 그리는 것이다. 반면, 5단계는 그림을 그리기 전에 공간배치, 구도, 크기 등을 미리 계획하여 그리기 시작하는 것이다. 다음의 만 5세 여아의 '원피스' 그림은 원피스를 먼저 그리고 가슴과 치마 부분에 '별'을 그려 넣었다. 원피스를 계획하느라 목선을 반원으로 그렸으며 동일한 모양으로 원피스를 장식하였다. 이 단계의 그림에서는 사물을 단독으로 그리기보다는 주변 배경과 함께 그리는 경향이 나타나며, 사람 이외의 다양한 사물들을 그린다. '눈 내리는 날 썰매놀이' 그림은 즐거웠던 기억을 떠올리며 산, 집과 같은 공간을 구분해서 그려 놓고, 썰매를 타고 내려오는 동작을 인물의 곡선으로 생동감 있게 그리고, 썰매 타는 모습을 지켜보는 엄마까지 섬세하게 표현하여 주변배경과 상황을 기억해 내어 전체적으로 표현하는 것을 볼 수 있다.

원피스(만 5세 여아)

눈 내리는 날 썰매놀이(만 4세 남아)

만 4세 유아는 동물을 그릴 때 수평형으로 그려 얼굴은 사람, 몸은 동물로 그린다. 처음 그리는 동물의 얼굴은 사람의 모양을 닮아 의인화되어 있다. 동물의 얼굴을 동물답게 그리는 것은 사람 얼굴의 동물을 한참 그리고 난 후에 그릴 수 있다.

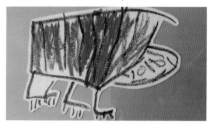
호랑이(만 4세 남아)

호수의 잉어(만 4세 남아)

6) 6단계: 창의적인 미술 작품 만드는 단계

로웬펠트의 도식기, 리드의 사실적 묘사기, 켈로그의 그림 시기에 해당하는 시기로 이전에 비해 보다 분명한 도식의 형태를 나타내며 사실에 가깝게 표현하려고 노력하는 시기다. 다음의 호랑이 그림을 보면 5단계의 호랑이와는 달리 동물의 얼굴을 정교하게 그렸고, 얼굴과 몸의 비율도 다 큰 호랑이로 그렸다.

호랑이(만 5세 남아)

콩순이(만 5세 여아)

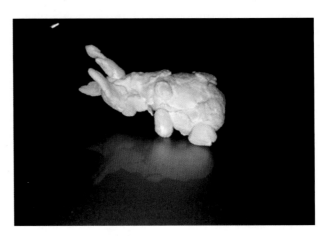

트리케라톱스(만 4세 남아)

이 시기 유아의 작품에서는 유아의 공간개념이 발달함에 따라 기저선을 활용한 표현, 전개도식 표현, 투시적 표현이 나타나기도 하며, 기억의 여러 장면이 한 작품에 나타나는 동시적 표현이 나타난다.

기저선이란 땅이나 바닥의 아래쪽을 의미하는 선으로, 유아는 자신의 공간개념을 기저선을 활용해 표현한다. 기저선을 그리고 그 아래에는 땅 또는 바다 속을 그리고, 그 위에는 집이나, 사람, 여러 사물을 그린다. 만 5세 이후의 유아가 주제를 표현할 때 주로 사용하는데 공간을 먼저 구분한 다음 주제에 관련된 세부적 내용을 그려 나간다.

다음의 '봄날' 동시 감상 후 그린 그림을 보면 하늘색으로 가로선을 긋고 색칠하여 시냇물을 표현하고 물 가운데 물고기를 그려 넣었다. 하늘을 구분하기 위해 파란색으로 선을 긋고 색을 칠한 후 구름을 그려 넣음으로써 공간을 구별해서 그리는 이 시기 그림의 특징을 볼 수 있다.

'봄날' 동시 감상 후 그린 그림(만 5세 남아)

유아는 성인의 눈높이에서 보이는 것을 표현하지 못한다. 때문에 3차원의 세계를 2차원으로 그린다. 예를 들어, 식탁을 그릴 때 식탁의 모양을 네모로 그리고 양 옆에 식탁다리가 바깥으로 뻗어진 전개도처럼 표현한다. 전개도처럼 표현하는 것은 유아가 보는 대로 그리는 것이 아니라 아는 것을 그린다는 뜻이다. 식탁의 다리가 4개인 것은 아는데 식탁을 입체로 보이게 그릴 수 없어 아는 것을 그린 것이다. 평면에 3차원 그림을 그리는 것은 초등학교에 입학한 후 나타난다.

전개도식 표현이 나타난 그림
(만 5세 남아)   투시적 표현이 나타난 그림(만 4세 여아)

투시적 표현이란 엑스레이 표현이라고도 하는데, 예를 들어 건물을 그릴 경우 외형을 그린 후 그 건물 안에 있는 사람이나 계단, 사물 등을 마치 엑스레이처럼 그리는 것이다. 유아가 투시적으로 그림을 그리는 이유는 전개도식 표현과 마찬가지로 보는 것을 그리는 것이 아니라 '알고 있는 것'을 그리기 때문이다.

유아는 자기중심성이 강해서 자신에게 의미 있게 일어난 일을 중심으로 그림을 그린다. 사물과 사물의 관계를 객관적으로 파악하는 대신 주관적으로 공간을 구성한다. 따라서 한 장면에 시공간적으로 각기 다른 장면을 배치하여 그린다. 주로 자신의 사고 과정에 따라 그림을 그린다. 예를 들어, 소풍을 다녀 온 후 정지된 한 장면을 그리는 것이 아니라 소풍갈 때 탔던 버스, 도착해서 함께 점심 먹는 장면, 친구들과 물총놀이 하는 장면 등을 떠오르는 대로 모두 나열해서 그리는 것을 말한다.

다음의 '눈으로 놀아요' 그림은 눈놀이 하는 과정을 동시적 표현으로 한 장면에 그린 것인데, 눈을 굴리는 모습, 눈이 점점 커지는 모습, 커진 눈덩이 위에 올라가서 논 모습, 반대편에서 눈을 굴린 모습 등을 한 장면에 모두 표현하고 있다.

눈으로 놀아요(만 5세 남아)

이 외에도 유아들은 자신이 본 것 중에서 가장 인상적으로 느낀 것이나 자신에게 가장 의미 있는 것을 사실보다 과장해서 표현하는 경향이 있다. 자신의 주관적 판단에 의해 중요하거나 의미 있는 대상은 크게 중앙에 그리거나 강렬한 색채로 과장해서 표현한다.

다음의 그림은 이야기를 듣고 상상해서 그린 그림인데, 평소에 운동에 관심이 많고 멋진 근육을 갖고 싶었던 남아가 고릴라의 몸에 많은 왕王자를 그려 넣고 검

정색과 대조가 되는 빨간색으로 강렬하게 표현하여 '강조'의 미술적 원리를 그림 속에서 보여 주고 있다.

빈 나뭇가지에 어떤 일이 일어났을까?
(만 5세 남아)

🔶 유아의 미술 표현 능력 발달에 대해 정리해 봅시다

미술 표현 능력이란 생활하는 동안 느끼고 생각한 것, 상상한 것을 그리기, 오리기, 붙이기, 만들기로 표현하는 능력이다.

유아의 표현 능력은 6단계로 발달된다. 표현의 주제가 되는 유아의 관점을 반영한 단계는 다음과 같다.

- 1단계: '움직이며 흔적 만드는 단계'로 근육의 움직임에 의해 흔적이 남는 것을 보고 신기해하고 재미있어 하며 손을 이리저리 움직여 흔적을 만든다.
- 2단계: '기본 모양 발견하는 단계'로 흔적을 반복적으로 만들다가 자신의 그림에서 기본 모양을 발견하고 그리는 시기다.
- 3단계: '기본 모양 다양한 방법으로 실험하는 단계'로 기본 모양을 겹치거나 합쳐서 다양한 그림을 그리는 시기다. 이때 켈로그가 말한 에그리게이트, 만다라, 태양형, 방사형 등의 그림이 나타난다.
- 4단계: '떠오르는 생각대로 사물 그리는 단계'로 사람 그리기를 좋아하며, 미리 계획해서 그리지 못하고 생각이 떠오르는 대로 계속 바꾸어 가며 그림을 그리는 시기다.
- 5단계: '계획한 후 사물 그리는 단계'로 그림을 그리기 전에 공간배치, 구도, 크기 등을 미리 계획해서 그리는 시기다.
- 6단계: '창의적인 미술 작품 만드는 단계'로 분명한 도식의 형태를 나타내며 사실에 가깝게 표현하려고 노력한다.

4. 미술 감상 능력의 발달

미술 감상은 크게 두 분야로 나뉘는데 '미술 비평' 분야와 '미술사' 분야다. 미술 비평은 크레용 그림·수채화·유화·자수·조각 등 현재 자신이 보고 있는 미술 작품에 포함되어 있는 미술의 요소와 미술의 원리들을 알아보고 서술하기-분석하기-해석하기-판단하기의 과정을 거쳐 그 미술 작품의 아름다움에 대해 자신의 느낌이나 생각을 말할 수 있는 능력을 말한다. 미술사란 과거의 미술가들이 창작해 놓은 미술 작품에 대해 서술하기-분석하기-해석하기-판단하기의 과정을 거치면서 그 미술 작품의 시대적 배경이나 심미적 가치, 후대 미술 작품에 미친 영향 등에 대해 느낌이나 생각을 객관적인 가치에 근거해서 말하거나 쓰는 능력이다.

미술 작품에 포함되어 있는 미술의 요소와 미술의 원리를 객관적으로 파악하며 감상하는 능력은 영유아기를 한참 지난 후에 획득되는 능력이므로 영유아의 미술 감상 능력 발달에 대한 이론을 체계화하기는 어렵다. 그러나 영유아가 앞으로 미술 감상을 잘할 수 있도록 기초 수준에서 그림을 감상할 기회를 자주 가질 수는 있다. 영아발달 학자 보우어가 말했듯이 만 2세 미만의 영아들은 주변 어른들의 얼굴, 물건의 모양을 지각하는 것도 힘들다. 생후 처음으로 보는 것이 너무 많아 미술의 요소나 미술의 원리를 생각하며 아름다운 것을 탐색하거나 감상하기는 정말 어려운 일이기 때문이다. 감상 능력이란 시지각 능력이 발달되어야만 그 진가를 발휘할 수 있기 때문에 아름다움을 탐색해 보는 다양한 기회, 다양한 방식으로 표현해서 작품을 생산해 보는 과정을 많이 갖게 하면 도움이 된다. 따라서 교사는 아름다움을 탐색하는 능력, 표현 능력, 감상 능력 이 세 가지 영역이 통합되는 교육활동을 마련해 주어, 기초적 수준에서 유아들이 흥미를 느끼게 도우면 된다.

만 3세에 유치원에 입학하게 되면 유아들은 세상에 존재하는 것들은 모두 그림이나 입체물로 표현될 수 있다는 것을 안다. 유아들은 자기가 좋아하는 것과 싫어하는 것을 기준으로 사물을 선택하는데 그림도 마찬가지다. 객관적인 미적 기준에 맞추어 좋다고 판단하는 것이 아니라 "그냥 내가 좋으니까"가 감상의 기준이고 판단의 기준이다. 미술의 요소와 미술의 원리에 기초해서 작품을 감상하지는 못한다.

가드너Gardner 역시 유아기는 미술 감상의 준비 단계이므로 높은 수준의 미술 감상은 불가능하다고 보았다. 단지 자신이 그린 그림을 되돌아보며 생각해 보는 기회, 친구가 그린 그림을 감상해 보는 기회, 미술관이나 박물관을 견학하며 기초 수준의 감상 기회를 많이 갖게 되면 긍정적인 감상 태도가 길러진다고 보았다. 주변에 미술의 요소와 미술의 원리에 대해 잘 알고 있는 어른이 미술 감상과 관련지어 이야기해 주고, 질문하고, 감상 활동을 마련해 준다면 금상첨화일 것이다. 최근 유아교육기관에서 표현 활동 이외에 미술 감상 활동을 해야 한다는 분위기가 형성된 것도 이러한 필요성 때문이다.

다음은 펠드만(Feldman, 1993)의 서술하기·분석하기·해석하기·판단하기 4단계인데 이 4단계를 감상 전략이라고 부르는 학자도 있다.

1) 말로 표현하는 단계(서술하기)

'서술하기'란 우리가 지금 보고 있는 미술 작품을 주의 깊게 보면서 이 미술 작품에 대해 아는 것, 알아본 것, 미술 작품을 보며 느끼는 것을 말로 하거나 글로 쓰는 것이다. 우리는 지금 보고 있는 미술 작품이 그림인지 조각인지 말할 수 있고 그림이라면 크레용으로 그렸는지 아니면 물감으로 그렸는지도 말할 수 있다. 화가가 경치를 그렸는지, 사람 얼굴을 그린 것인지, 과일을 그린 것인지에 대해서도 말하거나 쓸 수 있다. 붓으로 쑤-욱 그렸다든지 점을 찍듯이 그렸다든지, 판으로 찍어 낸 그림이라든지 등등 그림 기법에 대해서 이야기할 수도 있다. 과거에 그려진 그림에 대해 서술할 때는 이 그림이 언제 어디서 누구에 의해 그려졌는지를 이야기하거나 글로 쓰고, 어느 미술관에 소장되어 있는지에 대해서 서술하기도 한다. 미술의 요소에 대해 서술할 수도 있을 것이다.

마르크 샤갈Marc Chagall(1887~1985)이 그린 'The Green Violinist'에 대해 서술할

수 있는 것들을 생각해 보자. 1923년과 1924년 사이에 그렸지만 지금은 미국 뉴욕시 구겐하임 미술관에 전시되어 있으며 그림이 아주 크다.

마르크 샤갈, The Green Violinist, 1923〜1924
© Marc Chagall / ADAGP, Paris − SACK, Seoul, 2015 Chagall ®

그림의 바이올리니스트는 그림 액자의 전체를 차지하고 있을 정도로 크게 그려졌다. 바이올리니스트는 공중에 붕 떠 있는 것 같고, 머리는 한쪽으로 기울어져 있다. 그 사람의 머리 뒤로 집들이 작게 보이고 구름도 있다. 바이올리니스트의 발밑에도 작은 집들이 그려져 있고 사다리도 있으며 바이올리니스트 머리를 감싸고 개가 그려져 있다. 제일 눈에 띄는 색깔은 보라색, 초록색, 주황색이다. 뒤에 보이는 작은 그림들은 모두 연한 중성색이다. 보라색 코트는 삼각형 모양으로 그려져 있는데 진한 보라색과 연한 보라색으로 그렸다. 이 사람의 얼굴과 손은 초록색이고 바이올린은 주황색이다. 바이올리니스트의 바지에는 작은 정방형 모양이 많이 그려져 있다. 집의 창문 모양도 정방형이다. 붓으로 점을 찍었다. 모든 색깔이 조화롭게 어울린다.

2) 분석해 보는 단계(분석하기)

서술하기는 그림이나 미술 작품을 보며 자신이 느끼고 생각한 미술의 요소, 미술의 원리, 일반적인 내용들에 대해 주관적 느낌이나 생각을 말하거나 쓰는 것인 반면, '분석하기'는 미술의 요소와 미술의 원리가 어떻게 서로 연관을 맺으며 그림에 적용되었는지를 깊이 생각하며 이야기하거나 글로 쓰는 것이다. 화가가 화폭 위에 색, 점, 선, 모양, 명암, 공간, 질감과 같은 미술의 요소를 배열하면서 균형, 비례, 강조 ,움직임, 변화와 통일성, 리듬/반복/패턴과 같은 미술의 원리 중 어떤 원리를 어떻게 적용했는지에 초점을 맞추어 미술 작품을 좀 더 전문적으로 말하거나 쓰는 것을 말한다. 심미적으로 분석해 보는 단계다.

샤갈의 그림을 분석해 보자. 'The Green Violinist'란 그림을 보면 이 그림의 가장 중심이 되는 부분은 누가 뭐라 해도 얼굴과 한쪽 손이 초록색인 바이올리니스트 자신이다. 이 부분이 바로 샤갈이 강조한 곳이다. 그림을 보고 있는 우리의 눈은 그림 중앙에 크게 그려져 있는 바이올리니스트에게로 쏠린다. 눈길이 계속 가는 이유는 얼굴이 살색이 아니라 밝은 초록색으로 강조돼서 주변의 연한 중성의 색깔과 대비되기 때문이다. 바이올린 위의 검은색 선線도 우리의 눈길이 바이올리니스트의 얼굴로 가도록 이끌고 있다.

3) 해석해 보는 단계(해석하기)

해석하기란 미술의 요소와 미술의 원리를 생각하며 작품에 대한 해석을 내리는 단계다. 미술 작품을 감상하다 보면 자연히 느낌이 오고 생각도 하게 된다. 아빠의

직장을 따라 제주도로 가서 얼마간 살았던 만 5세 남자 아이가 서울대공원에 있는 현대미술관을 엄마와 함께 방문하게 되었다. 현대미술관 현관 안쪽 큰 벽면에 온통 푸른색으로 그린 300호짜리 그림이 있었는데 갑자기 아이가 탄성을 지르며 "와! 바다다." 했다. '바다'라는 느낌을 갖지 못했던 엄마가 다가가 그림의 제목을 보니 정말 '바다'였다. 미술의 요소나 미술의 원리에 대해 아는 것이 없고 어떻게 그리는지에 대해 서술하거나 분석할 수 없는 유아도 느끼고 생각해서 해석을 한 것이다.

유아교사들의 역할이란 유아가 작품을 보면서 서술하기부터 하든 분석하기부터 하든 아니면 해석하기부터 하든지 간에 유아들이 기초적 수준에서 미술의 요소와 미술의 원리를 연결 지으며 생각해 보고 느낄 수 있도록 도와주는 것이다. 이를 위해 교사들이 미술에 대해 폭넓은 경험을 쌓고, 미술의 요소와 미술의 원리에 대한 지식을 갖춘다면 유아들이 보이는 호기심을 미적 인식(심미감)으로 연결시킬 수 있을 것이고 이를 그림으로 표현하게 도울 수 있다. 유아의 이러한 표현 능력은 감상 능력과도 연결되어 곧 다른 사람들의 그림이나 조각 등 작품을 감상할 수 있는 능력으로 발전한다. 따라서 교사는 개개인 유아들이 그림이나 조각을 보며 반응하는 내용을 중요하게 여겨야 한다.

개개인 유아의 반응은 많은 요인에 의해 영향을 받을 수 있는데 대부분은 작품을 보며 느끼는 감정, 기분을 표현한다. 이때 "기분이 좋다." 또는 "나쁘다."라고 뭉뚱그려 표현하기보다 "초록색 얼굴 색깔이 이상한 기분을 느끼게 해요."라든가 "초록색 얼굴을 자꾸 보게 만들어요. 우리들 얼굴하고 달라서 이상해요." 정도로 미술의 요소인 색깔과 기분을 연결지어 해석하게 해 본다. 화가의 작품뿐 아니라 친구들의 그림을 보면서 유아들이 기초적 수준에서 미술의 요소나 미술의 원리와 연관 지어 보는 것이 그것이다.

과거에 그려진 그림들을 해석할 때도 마찬가지다. 다른 사람의 작품을 감상할 때와 과거에 그려진 그림을 역사적인 측면에서 감상할 때의 다른 점은 그 화가가 살았던 시대는 어떠했고 어떤 영향을 받았는지, 그 시대의 가치관은 어땠는지, 어떤 옷을 입었는지, 왜 이 작가는 그리는 방법이 지금과 다른지 등을 생각해 보는 것이다. 유아들에게는 과거를 생각해 보는 일이 쉽지 않을 터이지만 현재의 상황과 비교해서 그림의 표현이 어떻게 다른지 정도는 해석할 수 있을 것이다. 우리 교사들이 미술사에 대한 지식을 많이 갖고 있다면 유아들과 언어적 상호작용을 할 때 큰 도움이 될 것이다.

4) 판단해 보는 단계(판단하기)

미술 감상의 네 번째 단계는 판단하기다. 처음 작품을 대했을 때 보이는 것, 느껴지는 것, 생각나는 것을 말이나 글로 쓰고(서술하기), 미술의 요소와 미술의 원리가 어떻게 엮여서 작품으로 나타나는지를 분석해 본 후 자신의 느낌과 생각을 곁들이며 작품을 해석했다면, 판단하기는 작품을 미술적 관점에서 가치가 있는지 없는지에 대해 판단하는 단계다. 사과를 바라보기만 하는 것이 아니라 실제로 먹어본 후 "이 사과는 맛있는 사과다." "이 사과는 분명히 호박이 아니다."라고 말하는 것과 같다. 서술하기, 분석하기, 해석하기의 단계를 거친 후 미술 작품을 판단하는 것은 "나는 이 작품이 초록색으로 바이올리니스트의 얼굴을 확실히 그렸고, 바이올리니스트의 몸을 그림의 가장 가운데 크게 중요하게 보이게 해서 좋다."라고 말하거나 쓴 것과 같다. "나는 이 그림이 보기 좋기 때문에(또는 싫기 때문에) 좋아한다."라고 말하는 것과는 차이가 있다는 뜻이다. 판단하기에서는 내가 좋아하는 것 또는 싫어하는 것에 의해 판단하지 않고 미술적 관점에서 판단을 내리는 것이다.

유아들은 이 판단하기 단계를 전문적으로 해낼 수는 없다. 유아교사 아니 유아교육과 교수들도 미술에 관한 전문 지식을 가지고 판단하기 어렵다. 다만 판단하기 단계에서 교사는 되도록 미술적 관점과 지식을 활용해 유아들이 이해할 수 있는 단어로 작품에 대해 이야기를 하는 것이 바람직함을 알고 행동할 필요는 있다. 유아들은 교사의 도움으로 미술 작품을 감상하는 기초적 태도를 갖게 될 것이고 성장해 가면서 그들의 삶이 좀 더 미적으로 향상될 것이기 때문이다. 좁은 자취방안에 빨간색 쓰레기통, 파란색 쓰레받기, 누런색 필통, 알록달록한 커튼 등 색깔이

각각 다른 물건들을 놓아 정신없이 늘어놓기보다는 방 안의 물건 색깔들이 두 가지 이내가 되도록 노력한다면 싼 물건이라도 조화로워 마음이 편해지는 것과 같은 이치다. 전문적으로 작품을 판단하고자 할 때는 대개 다음과 같은 미술의 네 가지 화풍을 인용하며 한다.

- **구상주의**representationalism/realism: 이런 화풍으로 그리는 화가들은 그림을 그릴 때 대상물을 보이는 그대로 그린다. 이 세상에서 우리들이 보는 물건의 모습과 같을 때 우리는 "그림이 실물과 똑같이 그려졌다."라고 말한다. 유아들은 사물을 있는 그대로 그리고 싶어도 그리기 힘든 시기에 있다.
- **표현주의**expressionism/emotionalism: 이런 그림을 그리는 화가들은 사물의 모양을 그대로 그리기보다는 그 사물을 보며 느끼는 감정과 생각을 생생하고 강력하게 전달하며 그림을 그린다. 표현주의 화가가 그린 그림은 실물과 다르다. 사물의 어느 한 부분을 과장되게 표현하거나, 모양도 사물과 다르게 표현한다. 색깔도 실제 물건의 색과 다른 색으로 칠한다. 유아들이 치과에 다녀온 후 사람의 얼굴에서 입과 치아를 아주 크게 그리는 이치와 같다.
- **추상주의**abstraction/formalism: 추상주의 화가들은 사람이나 사물의 모양과 색깔을 실물과 완전히 다르게 그린다. 칸딘스키 같은 화가들이 그린 추상화는 무엇을 그렸는지 도무지 알기 힘들다. 그럼에도 불구하고 이런 추상화가들도 미술의 요소와 미술의 원리를 적용하며 표현한다.
- **초현실주의**surrealism/fantasy and dreams: 이런 화풍으로 그리는 화가들은 우리들에게 상상의 세계나 무의식 세계를 보여 주려고 노력한다. 그림의 기초는 현실적인 물체를 그리는 것으로 시작하지만 최종으로 볼 수 있는 그림은 실제 존재하지 않는 상황이다. 실제 존재하지 않는 것들의 조합 또는 연관성을 가진 것들이 그림으로 나타난다.

영유아기에 완전한 수준의 표현 능력이나 감상 능력을 가질 수 있는 것은 아닐지라도 그 기초는 다질 수 있다. 화가와 함께 살고 있는 유아들의 그림이 그렇지 않은 유아들이 그린 그림과 다른 이유도 이들이 미적 인식, 미술의 요소, 미술의 원리들을 생활 중에 많이 경험할 수 있어서일 것이다. 부모나 주변의 어른이 화가나 조각가가 아니더라도 미술관이나 박물관을 많이 가 본 유아들은 표현하고 감상하는 능력이 발달한다. 우리나라는 자연자원이 없을 뿐 아니라 세계적으로 치열한 경쟁을 하고 있는 지구촌에서 살고 있다. 과거에는 농업으로, 1970년대에는 신발 공장과 방직공장으로, 1980년대는 중화학 공업으로, 2000년대에는 전자 공업과 자동차 공업으로 살아왔다면, 미래의 대한민국은 4차산업과 문화 콘텐츠로 살아야 할 나라라는 것이 미래학자들의 제안이다. 이를 위해 어려서부터 미술에 대한 감각을 기르도록 하는 것은 대한민국의 생존 전략 중 하나가 될 것이다.

🎨 유아의 미술 감상 능력 발달을 정리해 봅시다

• 유아기는 미술 감상의 준비 단계로 높은 수준의 감상은 어려우나, 작품을 보고 '말로 표현하는 단계' '분석해 보는 단계' '해석해 보는 단계' '판단해 보는 단계'로 안내할 수 있다.

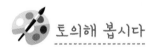 토의해 봅시다

나는 그림을 잘 그리나요? 못 그리나요? 잘 못 그린다고 생각하는 사람은 워낙 그림에 소질이 없어서 못 그린다고 생각하나요, 아니면 좋은 미술교육이나 미술적 환경에서 자라지 못해서 그렇다고 생각하나요? 개개인의 그림 능력에 대해 타고난다고 생각하는지, 교육으로 길러진다고 생각하는지 이야기를 나눈 후, 두 팀으로 나누어 각각의 주장으로 논쟁해 봅시다.

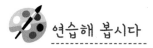 연습해 봅시다

1. 다음의 24개 칸에 가장 아름다운 색은 무엇인지, 어떻게 배치하면 가장 조화
   로워 보이는지 여러분도 색을 골라 칠해 봅시다. 다 한 후에는 내가 색칠한 작
   품에서 느껴지는 형용사(예: 세련된, 아기자기한, 우아한 등)를 아래에 적어 봅시다. 옆
   친구의 작품을 함께 보면서 자신의 표현과 어떤 부분이 같은지 또는 다른지
   이야기 나누어 봅시다.

내 작품과 관련된 형용사 :

2. 다음에 있는 유아들의 자유화를 보고 어떤 단계에 해당되는 그림인지 발달 단계에 해당하는 번호를 쓰고, 유아 그림의 특징을 기록해 봅시다.

① 움직이며 흔적 만드는 단계, ② 기본 모양 발견하는 단계, ③ 기본 모양 다양한 방법으로 실험하는 단계, ④ 떠오르는 생각대로 사물 그리는 단계, ⑤ 계획한 후 사물 그리는 단계, ⑥ 창의적인 미술 작품 만드는 단계

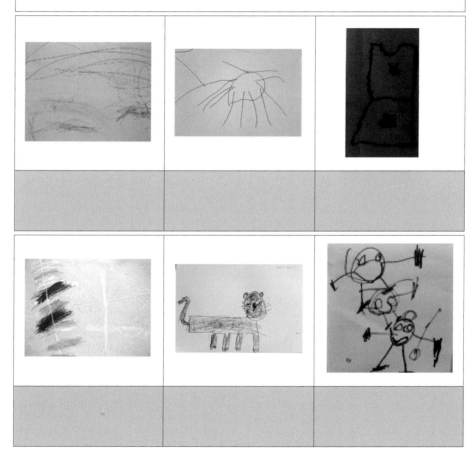

Chapter 4

유아미술교육의 원리와 교수-학습 방법

미국인 선교사 브라운리Brownlee(富來雲, 부래운)는 이화여자전문학교가 1914년 설립한 정동유치원(현재 이화여고 근처 정동교회 뒤편에 있는 젠센기념관 자리)에 유치원사범과를 설립(1915)하여 우리나라 최초의 유치원 교사양성기관을 운영하면서 프뢰벨의 은물과 작업을 가르쳤다. 은물이 나무토막으로 하는 놀이였다면, 작업은 11종의 미술교육 활동이었다. 프뢰벨의 작업은 묘화기법으로 가르치는 활동이 많았고 교사중심의 교수-학습 방법을 썼다. 그 당시 프뢰벨의 작업은 파격적인 활동이었으나 20세기 초반 치젝이 창조주의 미술교육 개념을 소개하고, 프로이트가 자유연상으로 무의식 세계에 있는 부정적 정서를 표현하게 하라고 권고한 것, 존 듀이가 아동중심 교수-학습 방법을 강조하기 시작하자 프뢰벨의 작업은 새로운 교육철학에 맞게 개량되어 남거나 교실에서 사라졌다. 물론 색종이 접기 등 교사가 중심이 되어 기법을 가르치는 곳이 아직 있지만, 지금은 자유표현에 의한 그리기와 만들기가 대세다.

1990년대 후반 피아제와 비고츠키 같은 인지이론 학자들의 영향으로 유아교육은 인지적 구성주의의 영향을 다시 받게 되었고, 유아미술교육 역시 '자유로운 표현

과 창의성 발달'만 중요한 것이 아니라 '교사의 도움과 안내'도 아주 중요하다는 것을 깨닫기 시작했다. '자유'와 '교사의 도움과 안내' 이 두 개념 사이에 균형을 도모해야 한다는 이론이 대두된 것이다. 이제는 묘화기법 훈련, 창조주의 미술 교수-학습 방법, 균형주의 미술 교수-학습 방법 중 택 1을 해야 하는 것이 아니라 미술교육 대상의 연령·발달 상황·필요·욕구를 파악하고, 교실 상황에 따라 적절한 교수-학습 방법을 선택하여 적용해야만 유아미술교육의 효과를 얻을 수 있다고 보고 있다.

한 학급 모든 영유아에게 한 가지 교수-학습 방법만 쓴다면 가장 피해를 보게 될 대상은 영유아다. 교사는 영유아의 경험 정도·미술 능력의 발달 수준·흥미의 유형·활동 특성에 따라 각각 다른 교수-학습 방법을 적용해 개개인 영유아가 미술활동을 보다 즐거운 마음으로 할 수 있고 잠재력도 계발될 수 있도록 도울 필요가 있기 때문이다. 유아들이 놀잇감을 사거나 유치원에 입고 갈 옷을 고를 때 나름대로의 미적 기준으로 판단하고 선택하는 것을 보면 유아교육기관에서 기초적 수준의 미술의 요소나 미술의 원리에 대해 배우게 하는 것이 좋음을 알 수 있다. 아름다움을 탐색하는 능력, 즉 미적 인식 능력이 향상될 수 있고, 느낌·경험·생각을 표현할 수 있으며, 자연의 아름다움과 미술 작품을 감상하는 능력이 어느 정도 향상되기 때문일 것이다.

유아미술교육을 담당할 교사들은 미적 경험(누리과정에서는 예술경험의 하위영역) 영역의 교육내용 중, 자신의 학급 영유아에게 가장 필요한 내용을 선택한 후, 묘화기법 훈련하기, 창조주의 교수-학습 방법, 균형주의 교수-학습 방법 중 어떤 교수-학습 방법을 선택해야 할지 결정해야 한다. 예를 들어, 어리고 경험이 적어 그림 그리기가 무엇인지 잘 모르는 만 3세 미만의 영아, 무엇을 그려 보고 싶다는 욕구가 별로 보이지 않는 유아들에게는 스스로 주변의 자연이나 사물을 자유롭게 탐색하는 것에 중점을 두는 창조주의 교수-학습 방법을 적용해야 한다. 주변에 꽃·나무·숲·돌·시냇물·고드름·눈·자동차 등 탐색한 것이 많아 종이에 흔적을 남기고 싶은 유아들이 교사에게 도움을 청하지 않고 자유롭게 표현하고 싶어 하면 창조주의 교수-학습 방법을 적용하여야 즐겁게 미술활동을 한다. 장래 미술을 전공하고 싶은 중학생이 그림을 그릴 때 표현을 더 세련되게 하고 싶다고 할 때는 누군가로부터 묘화기법을 배우게 해야 한다. 천부적으로 미술 능력이 뛰어난 유아가 있다면 묘화기법으로 그림 그리기를 가르칠 수도 있지만 대부분의 유아는 묘화기법을 배울 수 있는 단계에 있지 않으므로 이 기법이 필요 없다. 따라서 아름다운 것을 탐색·표현·감상하는 미술교육은 교육대상의 상황에 따라 창조주의 교수–학습 방법, 묘화기법 훈련 교수–학습 방법, 균형주의 교수–학습 방법 중 적절한 방법을 선택해서 적용해야 한다. 교육대상이 영아인가, 유아인가? 이 교육대상에게 어떤 미술교육내용이 필요할까? 세 가지 미술 교수–학습 방법 중 가장 적절한 방법은 무엇일까? 교사의 선택과 결정, 이것이 바로 '교사의 전문성'이며 '교육의 예술'이다.

또 어느 한 가지 방법만을 적용하는 것이 아니라 두 가지 이상의 교수–학습 방법을 통합해서 동시에 적용할 수도 있다. 어떤 경우에는 탐색에 중점을 둔 미술교육을 할 때 창조주의 교수–학습 방법이나 균형주의 교수–학습 방법을 함께 사용하고, 감상에 중점을 둔 유아미술활동을 한 후 균형주의 교수–학습 방법으로 유아들의 동기를 유발한 후, 창조주의 교수–학습 방법으로 자유롭게 표현하게 하는 경우도 있을 수 있다.

'이것 아니면 저것'을 주장하며 최고의 교수–학습 방법 한 가지만 택하는 흑백논리가 아니라, 영유아의 필요에 따라 교수–학습 방법도 달라져야 하고 통합도 해야 한다는 의미다.

1. 유아미술교육의 기본 원리

영유아들에게 미술활동을 소개하기 전 교사가 반드시 기억해야 할 기본 원리는 유아중심의 원리, 유아미술교육 방향 설정의 원리, 사회적 합의와 공유의 원리, 활

동의 원리다.

1) 유아중심의 원리

유아중심의 원리란, 교사들이 영유아에게 미술은 어떤 의미로 다가오며, 어떠한 의미가 되도록 해야 하는지, 궁극적으로 아름답고 풍요로운 삶을 살 수 있게 하기 위해 유아미술교육의 목적은 무엇이어야 하며, 어떤 미술교육내용을 어떠한 방법으로 교육해야 할 것인지를 생각하는 원리다. 영유아기의 미술은 유아에게 내 마음대로의 세상, 내 자신만의 독특한 세상을 만들어 내도록 자유로움을 허락해 주는 것이어야 한다. 따라서 유아중심의 원리란 교사가 미술활동을 계획할 때 미술활동의 주체를 영유아로 보고, 이들을 최우선으로 고려하는 것이다. 미술교육계획안을 작성하기 전에 '내 학급의 영유아들은 어떤 경험을 했나? 미술 능력의 발달 수준은? 흥미와 관심을 느끼는 것은? 내 학급의 영아와 유아들에게 꼭 주어야 할 미적 경험은? 영아와 유아들이 미술활동에 대해 두려움을 느끼는 이유는? 어떤 교수-학습 방법으로 해야 하나?' 등에 대한 것을 영유아의 입장에서 파악하려고 노력하는 원리다. 그런데 미술활동을 계획할 때 많은 교사는 영유아를 생각하기에 앞서 생활주제·활동 유형·결과물에 초점을 두는 경우가 많다. 학급의 유아 수만큼 유아들의 발달 수준이 다르고 표현 욕구가 달라 개별 영유아의 요구에 맞추기 어렵고 학부모들의 기대에 맞추어 무언가 보여 주어야 한다는 압박감이 있어서 의식적·무의식적으로 영유아를 교육의 시작과 중심과 끝에 두는 것을 회피하기 때문이다. 그 결과 유아의 흥미와 발달 수준에 맞지 않고 유아의 개성과 창의성이 표현되지 않는 교사중심의 유아미술교육, 결과물 중심의 유아미술교육이 되고 만다. 이 경우, 유아교육기관에서 미술활동을 하는 동안 유아들이 바쁘게 움직이고 결과물이 나온다 해도 교사가 보여 준 샘플과 비슷한 작품들이 대부분이다. 유아중심의 원리를 적용한 교육은 아니라는 말이다.

예술, 특히 미술의 기본 전제는 '자유로운 창의적 표현'이다. 누구를 따라 하지 않아도 되고, 내가 느끼고 생각하는 것을 내 마음대로 표현한다는 그런 학급 분위기는 유아들의 눈동자를 빛나게 만들 것이며 무언가를 하고 싶게 할 것이다. '내가 긋고 싶은 방향으로 선을 그리고, 내가 칠하고 싶은 색을 칠하고, 내가 만들고 싶은 대로 만들어 내는 형태'들은 유아 자신의 존재감과 자신감을 높일 것이다. 이런 경험이 쌓이면서 유아는 자신을 신뢰하게 된다. 그래서 교사는 자신이 돌보고 있는 학급 유아들의 개인적 상황에 대해 항상 관심을 갖고 관찰해야 한다. '지금 유아의 이야기를 들어 주어야 할 때인가? 유아의 경험을 이끌어 내야 할 시점인가? 질문을 던져서 유아가 그 대상을 더 자세히 보게 도와주어야 할 때인가? 자유를 주어 몰입하도록 혼자 놔두어야 할 때인가?'를 잘 판단해야 한다. 영·유아의 입장에서 무엇이 유아에게 가장 필요하고 도움이 될지를 파악하기 위해서다. 미국의 교육철학자 존 듀이는 "교육의 시작·중심·끝에 유아를 두려고 노력하는 교사의 마음가짐이 유아중심의 원리이고 아동교육철학의 핵심이다."(Archambault, 1974, pp. 339-358)라고 한 바 있다.

교사가 미술활동을 하기 전에 영유아의 현재 상황에 대해 관심을 갖고 관찰하게 되면 먼저 탐색하게 해야 할지, 그리기를 먼저 하게 해야 할지, 상자를 주어 입체물을 만들어 보게 해야 할지, 화가나 다른 유아의 그림을 감상하는 일부터 시작해야 할지를 결정하게 될 것이고 표현도 100% 자유를 주어 마음대로 그리게 해야 할지, 아니면 안내하고 도움을 준 후에 유아 스스로 그리게 할지 등을 결정할 수 있다. 교사가 유아를 위해 특별한 무엇을 해 주어야 한다는 강박관념을 내려놓고 유아 스스로 자신의 느낌과 생각에 대해 이야기할 수 있도록 이끌어 내는 마음가짐만 가져도 유아중심의 원리는 쉽게 달성된다. 예술활동의 주인은 영유아이며 기본 정신은 '자유표현'과 '창의성'이다.

2) 유아미술교육 방향 설정의 원리

유아미술교육의 방향을 정한다는 것은, 교사가 유아 개개인에 대해 파악한 후, 학급의 영유아들이 갖고 있는 공통점과 차이점을 파악하여 교육목표·교육내용·

교수-학습 방법을 결정하여 실시하고 이 미술 프로그램이 자신의 학급 영유아들에게 효과가 있었는지에 대해 알아보고 미술 프로그램 자체도 평가하는 원리다. 유아중심의 원리가 영유아의 입장에서, 무엇이 가장 필요하고 도움이 될지를 파악하는 것이라면 방향 설정의 원리는 왜, 무엇을, 어떻게 교육할 것인지, 이러한 교육은 유아 개개인에게 어떤 효과가 있을지, 자신이 제공한 미술교육 프로그램은 효과가 있었는지를 평가하는 원리다. 습관적으로 미술 영역에 새로운 자료를 마련해 주거나 옆 반 교사 또는 다른 곳에서 가르치는 친구가 좋다고 하는 미술활동을 그대로 실시한다면 성공할 때도 있지만 무엇을 했는지 교사도 모르고 유아는 더더욱 모르는 경우가 많다. 이는 유아미술교육의 방향을 교사가 유아 한 명 한 명을 고려하여 설정하지 않았기 때문이다.

교육의 효과를 극대화하여 영유아에게 도움이 되게 하려면, 첫째, 내가 가르치게 될 영유아의 발달 수준·경험·흥미의 정도를 파악한다. 둘째, 유아미술교육의 목표를 정한다. 미술교육의 목표는 제1장에서 소개한 유아미술교육의 목적과 목표를 살펴보고 내 학급 영유아에게 알맞은 것으로 재구성한다. 셋째, 유아미술교육의 내용은 제2장의 내용을 살펴보면서 유아들이 경험하고 몸에 익혔으면 하는 내용을 세 가지 하위 영역, 즉 아름다움 탐색하기·미술적 표현하기·미술 작품 감상하기에서 선택한다. 넷째, 우리 학급 영유아의 발달 정도와 흥미에 알맞은 교수-학습 방법을 묘화기법 훈련·창조주의 미술 교수-학습 방법(자유표현 미술 교수-학습 방법)·균형주의 미술 교수-학습 방법 중에서 택한다. 다섯째, 미술활동을 한 후에 이 모든 것이 영유아에게 효과가 있었는지, 있었다면 어떤 점이 유익했는지 아니면 어떤 점이 개선되어야 하는지 등 프로그램을 평가한다.

교사가 이런 과정을 거치면서 미술교육을 해도 하루아침에 영유아의 미적 인식 수준, 표현 능력, 감상 능력이 향상되는 것은 아니다. 이런 미적 능력은 일생 동안 아름다운 것을 보고, 느끼고, 생각하고, 표현하고, 감상하며 노력하는 동안 조금씩, 정말 조금씩 생긴다. 때문에 유치원이나 어린이집에서의 영유아미술교육은 그 시작에 불과하다. 유아교사들은 이러한 유아의 발달 특징을 인식하고 너무 서두르지 말고 여유로운 마음으로 인내하며 기다려 주고 함께 즐기면 된다. 미술을 전공하지 않았다고 위축될 필요도 없고, 뭔가 그럴싸한 작품을 집으로 보내야 한다는 압박감을 받을 필요는 더더욱 없다. 영유아들에게 표현의 자유를 가능한 한 많이 주겠다는 마음을 가지고 도와주면 된다. 유아미술교육은 교사가 유아에게 어떤 지시를 내리거나 방법을 알려 주어 멋진 작품을 만들어 내는 교육이 아니라, 즐기며 행복을 느끼는 교육이 되어야 한다는 사실을 학부모들에게 알려 주어 협력자가 되게 하면 된다. 따라서 유아교육자인 우리는 유아가 경험한 것에 대해 들어 주고, 느낌과 생각을 자기 방식대로 표현할 수 있도록 두려움이 없는 분위기를 마련해 주어야 한다. 영유아들이 아름다운 것을 탐색하고 표현하고 감상하는 틈틈이 인정·칭찬·격려해야 할 부분이 있으면 해 주어야 한다. 이런 교사와 생활하는 동안 영유아들은 자기 내면의 것을 조심스럽게 밖으로 표현해 낼 것이며 즐거움과 행복을 느낄 것이다. 그 결과, 어른의 지시대로 만든 판박이 그림이나 작품을 보게 되는 대신 순수하고 창의성이 넘치는 영유아의 작품을 보게 될 것이다.

유아교육기관에서 미술교육을 해도 영유아들의 미술 능력이 크게 향상되지 않아도 미술의 요소와 미술의 원리를 소개해야 한다. 영유아들이 이 내용을 이해하지 못하고 아주 기초적인 수준의 느낌과 생각만 하게 될 것이지만 유아미술교육의 방향은 심미감·미술 표현 능력·미술 감상 능력이 성장하는 방향으로 해야 한다. 그렇지 않으면 어른이 되어서도 미적 감각이 없거나 적은 사람으로 성장할 것이다. 용문을 가기 위해 경의중앙선을 타겠다고 결정한 후 '용' 자만 보고 얼른 탄다면 '용문' 방향이 아닌 '용산'으로 가는 것처럼, 미술교육이라는 이름만 있고 미술과 관련된 내용은 없다면 앞으로도 미적 능력이 자랄 수 없기 때문이다. 미술교육이 영유아의 발달에 중요하다는 것을 교사가 인식하고 그들의 수준에 알맞은 미술 경험을 제공할 때 영유아의 미술 능력은 발달할 것이다. 교실에 미술 영역을 만들어 놓고 색칠하기 책이나 선생님 따라 종이접기만 하게 한다면 유아에게 도움이 되기는커녕 해가 된다.

지금까지 우리나라의 유아미술교육은 이론과 실제가 연결되고, 핵심과목으로

다루어지기보다는 보조과목으로 다루어져 왔다(지성애, 김성현, 2014). 앞으로 유아중심의 관점에서 미적 경험에 중점을 두고 유아미술교육의 방향을 설정하는 것은 21세기 유아교사들의 중요한 책무다. 21세기는 창의성 있는 인재가 많은 나라일수록 미래가 밝기 때문에 유아미술교육을 제대로 하는 것은 중요하다.

3) 사회적 합의와 공유의 원리

미술교육의 목표를 설정하고, 교육내용 및 교수-학습 방법을 선택한 후, 교사는 교육대상인 영유아 당사자들과 합의과정을 거쳐서 무엇을, 왜, 어떻게 해야 할지에 대해 이야기를 나누어 그 방향을 함께 공유해야 한다. 교사는 유아의 요구와 필요를 이해하여 받아들이고, 영유아는 교사가 설정한 방향이 무엇인지 이해할 뿐 아니라 자신이 할 수 있는 일이 무엇인지를 알고 열심히 하기로 함께 마음을 모으는 일련의 과정이 사회적 합의 및 공유의 원리다.

교사가 영유아들을 관찰한 결과를 기초로 영유아가 하고 싶어 하는 활동, 과거에 가르쳐 본 경험에 기초해 영유아가 좋아했던 미술활동들을 지금 가르치고 있는 영유아의 입장에서 검토한 후 미술교육의 방향을 정한다. 그다음 이에 대해 영유아와 이야기를 나누고 질문을 주고받으며 이번 활동에서 내가 하고 싶은 것, 해야 할 일에 대한 것을 영유아가 인지하고 그 역할을 하게 하는 원리다. 영유아들이 열심히 하고 싶은 마음이 계속되도록 하기 위해 교사는 미술활동을 계획하고, 환경을 구성하며, 다양한 미술재료를 준비한다. 유아들이 하고 싶고 교사가 이 마음을 알아 미술활동에 더 적극적으로 반영할 때 공유의 원리는 실현될 수 있다.

만 2세 미만 영아가 내가 가르쳐야 할 교육대상이라고 생각해 보자. 만 2세 미만의 영아들에게는 "자유롭게 네 마음대로 그리면 돼."라는 말도 부담이 된다. 이런 영아들을 위한 최선의 미술교육은 주변 환경을 탐색하며 다양한 경험을 편안한 마음으로 해 보게 하는 것이다. 탐색중심의 교수-학습 방법을 선택한 후 주변의 공원 산책활동을 계획했다면 영아와 이에 대해 이야기를 나눈다. 이때 영아가 이해할 수 있는 수준의 말로 이야기를 나누어 영아의 협력을 얻어 내야 한다. 말을 잘 못하는 영아들도 어른들이 하는 말을 느낌으로 이해하면 협력이 가능하다. 권가영, 류경희, 강상(2014)의 연구에 의하면, 만 1세 영아 10명에게 매일 산책의 기회를 주었더니 그런 기회를 갖지 못했던 영아들보다 "살아 있는 동식물을 발견하고, 감각적으로 느끼고, 신기함과 아름다움을 발견……"하였다고 한다. 연령이 어리기 때문에 미술활동을 못하는 것이 아니라 그들의 경험 수준 · 이해 수준 · 활동 수준에 알맞은 교육목표와 교육내용, 교수-학습 방법을 적용해 주는 친절한 선생님이나 어른을 만나지 못했기 때문일 가능성이 높다. 영유아가 행복한 교육은 교사로부터 시작된다. 소근육이 발달하고 어휘력이 많아진 만 3세 이후의 유아들은 자신이 원하는 것을 말로 표현할 수도 있고, 크레파스 · 붓 · 물감 · 가위 · 풀 등을 다룰 수 있으며, 자유롭게 표현할 수도 있어 미술활동에 대해 사회적으로 합의하고 공유하는 과정이 어렵지 않다.

생활주제를 선정할 때에도 유아의 이야기를 들어 보지 않고 교사가 택한 주제를 일방적으로 가르치려고 하면 유아들은 하기 싫어하거나 꾀를 부린다. 유아미술교육의 방향을 교사가 계획하는 것은 당연한 일이지만 유아들과 의견을 나누면서 합의하는 과정을 거치면 유아들이 원하는 것이 무엇인지 알아 고칠 것은 고치고 첨부할 것은 찾아 포함시킬 수 있다. 교사가 만든 계획안에 대해 유아들과 합의하는 과정에서 교사의 계획안과 유아들의 흥미가 공통점을 찾는다면 그것만큼 바람직한 일은 없다. 반드시 교사만 계획하는 것은 아니다. 유아들이 유치원에 도착한 후 한두 명이 시작한 전철타기 놀이를 관찰한 교사가 유아들을 모아 함께 전철타기놀이를 어떻게 하면 좋을지 의논한 결과, 그 주에 계획했던 여름 위생이란 생활주제가 교통기관으로 바뀌어 전철 이외에도 버스, 자동차, 배 등에 대한 주제까지 다루게 되었다. 티켓 만들기, 정거장 표시 만들기, 전철 타는 사람들 그리기, 버스 등 다양한 교통기관 그려 보기 등 미술활동이 활발하게 일어난 것은 물론이다. 유아의 흥미를 관찰한 교사가 융통성을 발휘해 유아와 의논한 후 유아의 흥미를 공유하는 사회적 합의 과정을 거침으로써 새로운 생활주제와 미술활동을 다루게 된

것이다. 이때 교사가 전철타기 놀이를 하며 미적 경험을 갖게 하려는 목적을 갖고 유아들이 미술의 요소나 미술의 원리와 관련된 내용을 기초적 수준에서 하게 할 수 있다. 유치원을 졸업할 때까지 그 가시적인 성과를 볼 수 없지만, 커서 아름다움을 찾고 표현하고 감상할 수 있는 어른으로 성장할 수 있게 된다.

교사의 교육적 의도가 좋고 아름다움을 탐색하고, 이 경험을 그림 등으로 표현하려는 유아의 동기가 높아도 교사와 유아가 서로 그 계획을 공유하고 이해하며 나누지 않는다면 교육적 효과를 거둘 수 없다. 그래서 서로 마음을 나누는 대화를 통해 합의를 하고 자신이 해야 할 일을 정확히 이해하며 이를 행동으로 옮기는 사회적 합의 과정이 있어야 한다.

4) 활동의 원리

활동의 원리란 교사가 교육목표를 설정한 후, 이 목표를 성취할 수 있는 교육내용과 교수-학습 방법을 선택하여 영유아들이 활동할 수 있도록 해 준 뒤, 그 과정과 결과를 평가해 보는 일련의 과정을 말한다. 영유아에게 활동을 제시할 때 활동시간, 공간, 집단의 크기, 활동 자료, 환경 구성, 자료 준비 등 많은 요인이 개입된다.

교사가 미술교육의 방향을 정하고, 유아와의 사회적 합의 과정을 거쳐 자신의 계획을 가감, 수정한 후에는 이제 이를 활동에 옮기면 된다. 주변을 탐색하고 관찰해야 하는지, 관찰을 보다 세밀하게 해야 하는지, 이미 뇌에 기록되어 있는 상像을 떠올리는 것으로 되는지, 아니면 더 세심히 관찰할 부분이 있는지, 사물을 그림으로 표현하게 할지 아니면 입체물로 표현하게 할지, 아니면 다른 친구나 화가들의 미술 작품을 먼저 감상하게 해서 다양한 표현 방식을 알아보게 할 것인지 생각해 보고 그 결정을 실행에 옮기는 원리다.

우리나라 유아교육계는 활동을 창안하고 교육하는 데는 경험이 많이 쌓였다. 이제는 시중에 유아미술활동 자료집이 많아 활동의 원리를 수행하는 것은 어렵지 않게 되었다. 1900년대 초반 우리나라에 유치원이 도입되었을 때는 교사양성 대학도 없었고, 유아들에게 무엇이든 상관없이 쉽게 가르치는 것이 급했기 때문에 동화구연·그림 그리기·율동·게임 등 활동 종류는 많이 개발된 상태였다. 그 후 다양한 미술활동이 책으로 출판되었고 교육부도 주기적으로 지도자료를 출판 보급하고 있다. 그래서 우리나라 유아교사들이 활동을 선택하는 것은 쉽다. 이제 우리는 유아미술교육의 새로운 판을 짜야 할 시점에 있다. 미술활동을 우선 해 보게 하는 것이 아니라 누구를 위해, 무엇을, 왜, 어떻게 할 것인가에 대해 먼저 생각해 본 후 효과적으로 해야 한다. 그 효과가 유치원, 부모, 교사에게 있는 것이 아니라, 영유아에게 이득을 주는 것이어야 한다.

🔭 유아미술교육의 기본 원리를 정리해 봅시다

- 유아중심의 원리란, 교육의 시작·중심·끝에 유아를 두려고 노력하는 마음가짐이다. 특히 활동을 시작하기 전에 유아의 현재 발달 수준과 욕구를 먼저 관찰하고 고려하려는 태도를 말한다.
- 방향 설정의 원리란 각 유아에 대한 관찰을 바탕으로 왜, 무엇을, 어떻게 교육할 것인지 교육의 목표와 내용을 선정하는 것이다.
- 사회적 합의와 공유의 원리란 교사가 교육계획은 수립하였으나 이를 실행하기 전 유아와 계획을 공유하고 나눔으로써 유아가 자신이 할 일을 이해하고 행동에 옮기도록 돕는 원리다.
- 활동의 원리란 유아와 사회적 합의를 거쳐 가감 수정한 방향을 활동으로 옮겨 시행해 보는 원리다.

2. 유아미술 교수-학습 방법

미술 교수-학습 방법은 앞에서도 살펴보았듯이 묘화기법 훈련 교수-학습 방법, 창조주의(자유표현) 교수-학습 방법, 균형주의 교수-학습 방법 크게 세 가지로 나눌 수 있다. 이 세 가지 교수-학습 방법은 교육대상과 교육상황에 따라 적용되는 시기가 다르다. 경험이 많은 화가들 중에는 초등학교를 졸업할 때까지 묘화기법 훈련 교수-학습 방법을 적용하면 안 된다고 주장하는 사람이 많다. 너무 이른 나이에 그림 표현 기술을 배우면 자신만의 독특한 표현 능력을 발달시켜 자신 있게 그릴 수 없다는 것이 그 이유다. 처음 가르쳐 준 어른의 기법을 모방하려는 습관을 갖게 되기 때문이라는 우려도 했다. 미술 표현 능력이 아직 기초 단계에 있는 영유아에게는 창조주의(자유표현) 교수-학습 방법이나 균형주의 교수-학습 방법을 적용해야 할 것이다. 그러나 제2장의 미술 능력 발달 단계를 모두 거친 후, 대략 초등학교를 마친 후가 되겠지만, 그림을 좀 더 잘 그리고 싶은 학생은 전문가로부터 묘화기법 훈련을 받기 시작해도 된다. 영유아기와 초등학교 기간을 지나면서 표현이 잘 되지 않았던 부분에 대해 궁금한 것을 전문가로부터 배우면 자신이 시도했던 표현 방법에 이를 가미함으로써 더욱 창의적인 표현 방법으로 그리거나 만들 수 있게 될 것이다.

발달 특성상 대부분의 영유아는 묘화기법 훈련을 받을 수 있는 준비가 되어 있지 않다. 이 책에서는 묘화기법 훈련 미술 교수-학습 방법에 대한 것은 제외하고, 창조주의 미술 교수-학습 방법과 균형주의 미술 교수-학습 방법에 대한 것을 살펴볼 것이다. 이를 아름다움 탐색하기 · 미술적 표현하기 · 미술 작품 감상하기의 미술교육 내용과 연관 지어 설명하고자 한다.

1) 아름다움 탐색에 중점을 둔 교수-학습 방법

아름다움 탐색하기에 중점을 둔 미술교육은 영아 · 유아 · 화가 등 모든 사람에게 필요한 교육내용이다. 아름다움 탐색하기는 연령이 어릴수록, 자연이나 사물에 대한 경험이 적을수록 필요하다. 창조주의 미술 교수-학습 방법을 적용해, 즉 영유아 스스로 주변의 아름다움을 자기 방식대로 충분히 보고, 느끼고, 생각하게 하다가 교사의 도움이 필요하다고 판단될 때 균형주의 미술 교수-학습 방법을 적용할 수 있다.

(1) 아름다움 탐색하기와 창조주의 교수-학습 방법

교사는 영유아가 자유롭게 뛰어놀며 스스로 느끼고 생각해 보게 하고, 주변에 있는 자연물이나 사물을 호기심을 갖고 살펴보게 해야 한다. 누리과정에 있는 '아름다움 탐색하기'라는 미술교육내용을 영유아들이 자기 보조에 맞추어 스스로 해 보게 하는 것은, 창조주의 교수-학습 방법을 적용한 것이다. 주변의 자연이나 사물을 탐색해 봄으로써 영유아들은 미미하지만 미적 인식을 느낄 것이고, 자유롭게 무언가 흔적을 남기고 싶은 마음이 일어나게 될 것이다.

화가들도 어떤 대상을 그리고 싶을 때는 그 대상이 있는 곳을 방문한다. 봄에 제일 먼저 피는 산수유·할미꽃·제비꽃·민들레를 보기 위해 화가들이 스케치북을 들고 들로 산으로 다니는 것을 보면 어른 화가들도 자연의 모습을 탐색하기 위해 저렇게 다니는데 영유아들을 교실에만 앉혀 두고 그림을 그리라고 해서는 안 된다는 생각을 할 때가 많다. 오래된 아름드리 산수유가 많은 양평군 개군면을 함께 방문한 화가가 산수유 밑에 앉아 하염없이 노란꽃을 들여다보고 또 보는 장면을 본 적이 있다. 이 화가는 노란색으로 산 전체를 덮은 산수유 풍경을 보기도 하고, 어떤 때는 한 그루씩 보았으며, 어떤 때는 한 송이만을 보며 산수유의 아름다움을 이리저리 탐색하였다. 꽃 색깔은? 산수유의 모양은? 무리 지어 피어 있는 산수유가 아름다운 이유는? 나무 둘레가 클수록 꽃이 더 화려하고 예쁘게 보이는 이유는? 산수유 탐색은 계속 이어졌다. 산수유를 많이 볼 수 있는 마을에 태어나서 자란 화가였더라면 이 탐색의 과정은 없었거나 아주 짧았을 것이다. 과거의 탐색 경험이 뇌에 입력되어 있기 때문에 산수유를 그리고 싶을 때는 다시 가서 탐색하지

않아도 쉽게, 머릿속의 창고에서 상像을 가져와 자유롭게 그릴 수 있을 것이기 때문이다. 연령이 어린 영유아들은 그림을 그릴 수 있기 훨씬 이전부터 탐색을 중심으로 하는 미적 경험을 하여 뇌에 상을 형성해야 하므로 자연·사물·사람·건물 등 '보는 경험'을 많이 하게 해야 한다.

(2) 아름다움 탐색하기와 균형주의 교수-학습 방법

영유아들이 자유롭게 탐색하며 아름다운 것을 찾다가 무엇을 보아야 할지 모르고 당황하거나 제대로 하지 못해 자신감을 잃는 모습이 보이면 균형주의 교수-학습 방법을 사용하여 영유아의 호기심을 자극하거나 탐색하려는 마음이 계속 일어나게 해야 한다. 이때 우리가 유의해야 할 점은 영유아의 필요·흥미 정도·이해 정도를 파악하는 것이다. 어느 순간에 교사가 개입해야 하는지, 어느 순간에 다시 자유롭게 스스로 주변을 탐색하도록 해야 하는지를 결정해야 한다. 유아미술 교육과정에 나타난 교육내용 중 아름다움 탐색하기는 창조주의 미술 교수-학습 방법이 가장 많이 적용되는 유아미술 교육내용이다. 그러나 영유아의 필요에 의해 균형주의 교수-학습 방법을 적용해야 할 때는 다음과 같이 안내하고 도와주면 된다.

① 대상에 눈길이 가도록 안내하기

영아가 아장아장 혼자 걷기 시작하면 궁금하고 재미있어 보이는 것이 눈에 많이 띈다. 이런 영아들을 위해서는 무엇보다도 사물에 호기심을 갖게 하는 것이 먼저다. "와아! 민들레가 피었어."라며 어른이 주변 환경에 감탄하고 함께 즐기는 것만으로도 영아의 눈길을 돌릴 수 있다. 영유아가 무엇을 탐색해야 할지 잘 모르고 우왕좌왕하는 모습을 보이면 교사는 자연스럽게 다가가 말을 걸 수 있다. "○○아, 이게 뭔지 우리 함께 보자." 하며 물건의 생김새나 기능을 이모저모 함께 살펴본다면 유아의 호기심은 더 깊어지고 넓어진다. "어! 이게 정말 뭐지?" 그때 엄마나 선생님이 "만져 봐, 거칠지?" "부드럽지?" 한다면 유아는 새로운 물건을 볼 때마다 눈길을 주게 될 것이다. 봄에 할미꽃이나 민들레가 핀 곳을 계속 관찰하게 하며 싹이

올라와 꽃이 피고 질 때까지를 계속 보며 느끼게 해도 좋다. 일주일에 2~3일을 정해 같은 시간대에 민들레를 관찰하면 아름다운 모습도 달라지고 모양도 달라진 것을 자연스럽게 관찰하며 탐색할 수 있기 때문이다.

② 대상의 입장에서 느끼고 생각해 보도록 안내하기

영유아를 위한 미술교육은 그들이 자기가 아닌 다른 사람이나 사물의 입장에서 생각해 볼 수 있는 기회를 주는 것에서 시작해야 한다. 예를 들어, 유아에게 "네가 꽃이라면?"이라는 질문을 해서 자신을 꽃처럼 생각해 보게 하는 것이다.

- "벌 한 마리가 앉아 네게서 꿀을 빨아 먹는다고 생각해 보자. 어떤 느낌이야?"
- "벌이 저쪽 분홍꽃에 앉아 너에게로 다시 왔다고 생각해 보자. 어떤 마음이 들어?"
- "후두두둑 비가 내리고 있어. 어떤 느낌이야?"
- "폭풍으로 꽃이 뒤흔들린다면…… 이렇게(몸을 뒤흔들어 보인다)? 느낌이 어때?
- "넌 지금 꽃이라고 상상해 보자. 그런데 햇빛이 내리쬐고 있어. 느낌이 어때?"
- "바람이 심하게 불어. 네가 옆에 있는 꽃과 부딪치고 있어. 어떤 느낌이야?"
- "밤이 되었어. 점점 추워지기 시작했어. 넌 어때?"
- "넌 추워서 꽃잎을 오므리고 있다가 아침햇살을 받고 서서히 피어나기 시작했어. 느낌이 어때?"
- "어떤 어린아이가 오더니 네 꽃을 꺾었어. 마음이 어때?"
- "그 아이가 너를 꽃병에 꽂았는데 물을 담아 주는 것을 잊었어. 물이 한 방울도 없는 거야. 어떤 느낌이야?"

앞의 질문들을 듣는 동안 유아들은 꽃이 되었다는 상상을 하며 꽃의 입장에서 느끼고 생각해 볼 것이다. 내가 꽃이라면 문제에 어떻게 대응할 수 있는지도 생각해 볼 수 있을 것이다. 이를 바탕으로 영유아들은 꽃에 대해 그림을 그려야 할 때

좀 더 쉽게 느끼고 도전하게 될 것이다.

③ 대상을 자세히 보도록 안내하기

유아들은 일단 동물·식물·사물에 관심을 갖기 시작하면, 좀 더 자세히 보고 싶어 한다. 아이가 계속 쳐다보고 있거나 그것에 대해 질문을 하기 시작하면 사물에 대해 집중하기 시작했다는 증거다. 이때 "우리 좀 더 자세히 볼까?" "잘 보자."라는 말을 하면서 함께 동물·식물·사물의 특징을 구체적으로 살펴본다. "강아지 꼬리가 위로 동글게 말리네."라든가 "강아지의 얼굴과 배의 모양을 잘 보자." 하여 모양의 다름에 집중하도록 한다든지 자세히 보도록 안내하는 것이다. 그러면 유아들의 관찰 능력이 구체화된다.

만 4세 여아가 유치원에서 기르고 있는 강아지를 그리고 싶다고 하였다. 선생님은 이 여아에게 종이와 크레용을 주었지만 자신이 없는지 "그려 줘요." 했다. 강아지를 그려 주는 대신에 교사는 강아지를 품에 안고 "우리 먼저 강아지하고 놀자." 하며 함께 놀았다. 아이가 강아지를 품에 안게 하여 안정감과 자신감이 생기도록 한 후 아이에게 "이 동그란 눈 좀 봐라." "삼각형으로 생긴 곳은 어디야?" "강아지 몸 중에서 제일 크고 둥근 곳은 어디야?" "다리 두 개는 여기 있는데 다른 두 개는 어디로 갔니? 아, 네 팔 속에 감추어져 있구나." 등 아이가 강아지의 모양을 이곳저곳 자세히 살펴볼 수 있도록 하였다. 질문할 때도 공부를 가르치는 식으로 정색하고 한 것이 아니라 조용히 아이의 눈길을 따라가며 아이의 흥미가 머물러 있는 곳에 대하여 질문을 던졌다. 아이는 선생님에게 "강아지 그려 줘요."라고 다시 한 번 말했고 교사는 "난 네가 그린 강아지를 보고 싶단다, 난 네가 꼭 그릴 수 있다고 생각해." 하며 아이의 그림을 가치 있게 생각한다는 것과 해낼 수 있다는 확신을 주려고 노력했다.

재백이와 민서는 만 4세인 쌍둥이다. 유아미술교육 전공자인 엄마는 항상 유아기 자녀들이 사물을 열심히 잘 보도록 기회를 주고 그림을 그릴 재료나 기회도 많이 주는 편이다. 하루는 목욕을 시키려고 욕조에 물을 받고 있는데 두 아이가 옷을 벗고 집 안을 뛰어다니더니 재백이가 갑자기 누나와 자신의 몸이 다르게 생긴 부분을 깨달았다. 누나의 엉덩이를 자세히 보더니 거울을 가져와 자기 엉덩이를 비춰보며 관찰하고는 다음의 그림을 그렸다. 관찰력이 뻬어났고 표현도 구체적이었다. 옆의 아빠 그림은 만 4세 남아가 그린 그림이다.

엉덩이 그림   아빠 그림

2) 미술 표현에 중점을 둔 교수-학습 방법

우리나라에는 그동안 두 가지의 극단적인 유아미술 교수-학습 방법이 존재해 왔다. 교사중심의 계획과 활동으로 획일적인 표현활동을 하게 한 것이 전자이고, 유아에게 전적인 자유표현의 기회를 준다며 방임 내지는 방치한 것이 후자다. 12월이 되면 똑같은 크기의 빨간색 고깔모자에 흰 솜으로 만든 방울이 달려 있고, 똑같은 크기와 모양의 까만색 동그라미로 만든 눈, 흰 솜이 붙은 모자를 쓴 산타할아버지가 색종이를 꼬아 접은 다리에 검정 장화를 신고 있는 모빌을 유치원이나 어린이집에서 쉽게 볼 수 있다. 교사 지시에 의한 산타모빌은 교사중심의 미술 교수-학습 방법에 의한 작업이었다. 아이들은 제조자였지 제작자는 아니다. 마련해 준 재료로 교사가 하라는 대로 만들면 되는 이 산타할아버지 장식품에는 유아의 상상과 개성이 표현될 여지가 없다. 똑같은 모양의 산타가 유아들 수만큼 대롱대롱 매달려 있을 뿐이다. 산타할아버지의 크기·색·옷의 벨트·단추·장화 등 모

든 재료를 교사들이 선택했고 작업도 교사가 만든 작품을 모델로 보여 주며 만들게 했기 때문에 유아의 표현 욕구와 개성이 나타나지 못했다. 교사가 만든 작품을 본 영유아들은 '선생님의 작품이 정답이다.'라는 생각을 하게 되어 그대로 따라 하는 영유아도 있고 자신감을 잃어 적극적으로 자기 느낌이나 생각을 표현하기 어려워하는 영유아도 있었을 것이다.

　교사가 중심이 되어 미술활동을 시키는 것과는 반대로 유아들을 방임하는 경우도 많다. 유아미술은 100% 자유를 주어 마음대로 그리게 해야 제대로 하는 것이라고 생각하는 교사는 유아들에게 스스로 할 것을 계속 주지시키면서 개입하지 않는다. 아동중심 교육철학이란 유아에게 전적인 자유를 주어 표현하게 하는 것이라고 생각하기 때문이다. 적절한 시기에 적절한 방법으로 도와주는 것은 교사 중심이라는 생각도 하기 때문이다. 미국 유학 시 놀이 중심의 유아교육을 한다고 자처하는 유치원을 방문했었는데 미술 영역이 완전히 쓰레기장이었다. 유아들은 교사가 마련해 놓은 재료를 꺼내 여기저기 흩어 놓았지만 막상 미술 작품을 그리거나 만들지 않았다. 혹시 흥미를 느껴 "선생님, 이거 어떻게 하는 거예요?"라고 질문하면 그 유치원의 선생님들은 하나같이 "네가 느끼고 생각한 것을 마음대로 하는 거야."라는 말로 답했다. 그 말을 들은 유아는 돌아서서 그 자료를 만지작거리다가 다른 놀이를 찾아 나섰다. 이런 식으로 전적인 자유를 유아에게 주고 개입하지 않는 경우는 유아를 도리어 혼돈으로 몰아넣거나 자신감을 더더욱 잃게 할 가능성이 높다. 우리나라 유아교육기관 중 자연 친화적 교육이나 놀이중심 교육을 표방하면서, 유아의 필요에 적절한 도움을 주지 못하는 곳이 꽤 많다.

　유아들과 미술활동을 할 때 "선생님! 난 못 그려요!" "선생님! 그려 주세요!"라는 유아가 있다면 표현하고 싶은 것을 할 수 없으니 도와 달라는 신호를 보내는 것이다. 그런데 교육실습 중 이와 같은 유아를 만나는 교육실습생들은 당황하여 대처를 못한다. 어느 실습생에게 "이럴 때 어떻게 반응했느냐?"라고 물었더니, "넌 그릴 수 있어! 그려 봐! 너 스스로 그려야 하는 거야!"라고 했다고 하였다. 이 교육실습생은 자유표현을 중요하게 여기는 교수로부터 교육을 받았을 가능성이 높고 그 교수는 치젝의 창조주의 미술 교수-학습 방법에 뿌리를 두고 있는 교수-학습 방법을 따른 것이다. 반면, 유아의 손을 잡고 그림을 그려 준 교육실습생도 있었는데 이 실습생은 교사중심의 묘화기법 훈련 미술 교수-학습 방법을 쓴 것이다. 아예 유아가 그리고 싶어 하는 것을 교생이 그려 주었다면 유아의 창조적 표현의 기회를 박탈한 것이고 모르는 척 유아가 알아서 하게 했다면 100% 방임한 것이다.

(1) 미술적 표현하기와 창조주의 교수-학습 방법

유아미술교육에서 교사가 우선 생각해야 할 핵심은 영유아를 미술교육의 주체로 삼는 것이다. 영유아가 자유롭게, 그리고 싶은 것을 마음대로 그리고 만들어 보게 하는 것이 미술교육에서 가장 중요하다는 의미다. 그림 그리기, 입체물 만들어 보기 등 미술로 표현하기는 유아가 주체가 되어 수행되어야 한다. 유아에게 도움이 필요할 때 교사가 개입하여 안내와 도움을 주지만, 관찰 결과 유아 스스로 그리거나 만들고 싶어 하는 순간이 감지될 때에는 그 즉시 한발 물러서서 유아 자신이 자유롭게 표현할 수 있도록 기회를 돌려주어야 한다. 이런 교사는 영유아의 상황에 따라 창조주의 교수-학습 방법과 균형주의 교수-학습 방법을 적절히 적용할 줄 아는 교사다. 영유아들과 상호작용을 하다 보면 이들은 분명히 스스로 하고 싶은 표시를 보낸다. "선생님, 이거 못해요."라고 소리치며 도움을 청하다가도 그 유아가 그리고 싶어 하는 동물·식물·물건을 실제로 보여 주며 이야기를 나누면, 실물이 없어 사진이라도 보여 주면, 유아는 자신이 그리거나 만들 수 있다는 자신감을 갖게 되어 슬며시 선생님 팔을 밀어내거나 돌아앉으며 혼자 해 보려 신호를 보낸다. 어떤 때는 그런 순간이 빨리 오고 어떤 때는 몇 날 또는 몇 개월이 걸리기도 한다. 영유아의 경험 정도·자신감·자아탄력성에 따라 그 기간은 달라진다.

따라서 유아미술교육을 할 때 어느 한 가지 유형의 미술 교수-학습 방법을 택해야 하는 것이 아니다. 유아가 자유롭게 창의적으로 그리고 만들며 표현하게 하다가 도움을 필요로 하는 순간이 오면 개입하여 안내하고 돕는 균형주의 교수-학습 방법을 적용하고, 다시 유아가 스스로 할 수 있게 되면 자유롭게 표현할 기회를

주어 유아 개개인의 독특성이 창의적으로 표현되게 해야 하기 때문이다. 그런 의미에서 치젝이 주창한 창조주의 미술교육은 유아미술교육에 가장 중요한 전환점을 마련했다고 볼 수 있다. 치젝 이후로 유아교육계는 '유아미술교육의 정점은 유아 개개인의 개별성과 창의성이 표현되는 것이어야만 한다는 것에 적극 동의'하고 있기 때문이다. 창조주의 미술 교수-학습 방법을 적용하여 유아가 100% 자유를 갖고 그리기나 만들기를 할 때 유아의 창의성이 표현되는 사례를 우리나라 유아교육기관의 교실에서 많이 볼 수 있게 된 것은 대단히 다행스러운 일이다. 이런 분위기가 확산되는 데는 1990년대 후반 우리나라에 소개된 이탈리아의 레지오 에밀리아 프로그램이 크게 공헌했다.

자유롭게 그림을 그리는 유아들을 유심히 관찰해 보면, 색·점·선·모양·명암, 공간·질감과 같은 미술의 요소를 거침없이 활용하는 것을 볼 수 있다. 좀 더잘 그리게 된 유아들은 미술의 원리도 적용하기 시작한다. 이론에 대해서 모르고 관심도 없지만 거의 본능적으로 미술의 요소나 미술의 원리를 활용하여 자신의 경험을 그려 내고 이야기를 담곤 한다. 게다가 유아들은 흥이 나면 누가 '이렇게 해라, 저렇게 해라' 하지 않아도 스스로 그림을 그리고 무언가 만든다.

자발적으로 그림 표현을 막 시작하는 영유아들이 스스로 탐색하고 표현할 때까지 기다려 주고, 다양한 미술재료를 준비해 주며, 적절한 자극에 노출시키면, 유아의 미술 표현 욕구가 생길 것으로 반즈는 보고 있다(Barnes, 1987). 이러한 아이들의 필요를 파악하여 재료를 마련해 주거나 질문을 해서 안내를 해 준다면 교사는 균형주의 교수-학습 방법을 적용한 것이다. 영유아가 미술활동을 끝낸 후 그 작품의 긍정적인 면을 찾아 인정해 주는 민감한 교사가 있다면 유아들은 자기 내면의 창의력을 쉽게 밖으로 표현해 낸다(Barnes, 1987, pp. 23-35).

교사가 마련해 준 교실 환경에서 영유아들이 자신의 창의성을 남김없이 발휘할 수 있는 교육이, 바로 아동중심 교육철학을 주창하는 철학자들이 학급에서 보고 싶어 했던 교육일 것이다. 영유아의 창의성이 미술교육을 통해 자유롭게 표현될 수 있도록 하기 위해 교사는 다음과 같은 점에 유의해야 한다.

🔭 영유아의 창의적 표현을 돕는 tip

- **첫째, 유아가 그려 달라고 할 때에도 절대로 그려 주거나 만들어 주지 않는다. 대신 안내해 주어 '나도 할 수 있다.'라는 마음을 갖도록 돕는다.**

미술가들이 사용하는 미술 재료로 작품을 만들 때 영유아들이 관찰자로 구경하는 것은 영유아들을 자극해서 자기도 무언가 해 봐야겠다는 생각을 갖게 하지만 유아용 미술 재료로 영유아 앞에서 어른이 무언가를 만들면 영유아들은 위축되기 때문이다. 예를 들어, 어른이 유아용 점토로 공룡을 만들었는데 그 모양이 유아들이 만들 수 있는 것보다 조금이라도 잘 만든 것 같으면 유아들은 곧 "공룡 만들어 주세요."라고 말할 가능성이 높다.

- **둘째, 유아에게 '무엇을 그려라.' 또는 '이렇게 만들어 봐.'라고 말하지 않는다.**

만일 누군가가 우리에게 땅돼지(aardvark)를 그리라고 한다면 무엇을 그릴까? 갑자기 머리가 복잡해진다. 땅돼지가 도대체 뭐지? 본 적이 없어 머릿속이 하얗게 되는 것과 같다. 용기를 내서 땅에 누워 있는 우리나라 돼지를 그리는 사람이 있을지 모르지만 실제로 이 동물은 개미를 핥아 먹는 남아프리카에 사는 동물이다. 그런데 우리 어른들은 우리보다 경험이 적은 영유아들에게 얼마나 이런 요구를 많이 하는지 모른다. 유아들은 어른이 중요하다고 생각하는 것을 그리지 않고 자신에게 중요하다고 생각되는 것만 그린다는 것을 꼭 기억하자.

- **셋째, 유아들에게 어떻게 그려야 하고, 어떻게 만들어야 하는지를 말해 주지 않는다.**

우리 어른들은 같은 경치나 사물을 화가마다 다른 방식으로 그린다는 것을 알고 받아들인다. 그런데 어쩐 일인지 영유아들이 자기 마음대로 그렸을 때는 마땅치 않아 한다. 교사들 중에 유아의 작품에 첨삭을 하는 경우가 있는데 이 행위는 유아의 생각이 아니라 그 어른의 생각이다. 영유아의 작품을 변경할 권리가 그 어른에게 없는데도 불구하고 그렇게 한 것이다.

- **넷째, 영유아들의 창의성을 빼앗는 미술활동은 하지 않는다.**

색칠공부책, 본뜬 모형 안에 색칠하거나 색종이 조각 붙이게 하기 등이다. 색칠공부책이나 복사그림 안에 색칠하기는 모두 선 안에 색칠하기가 주요 목적이므로 근육발달에 도움이 되고, 본뜬 모형 안에 색종이 조각 붙이기는 협응력을 길러 줄 것이지만 창의성 발달과는 거리가 있기 때문이다. 교사가 생각해 보아 만일 이 활동들이 유아의 창의성 발달을 조금이라도 막는다는 판단이 서면 그 활동들은 제공하지 않는다.

앞에서 밝힌 것처럼 유아들이 못 그리겠다며 그려 달라고 할 때도 직접 그려 주지 않고, 고착화를 일으키는 색칠공부 같은 것을 주지 않는 등 유아에게 자유를 주어도 유아가 자신의 경험과 느낌을 표현하기 힘들어할 때 유아들에게 적절한 도움

을 주는 것은 교사의 중요한 역할이다. "넌 잘할 수 있어." "네가 해야만 해."라는 말로는 도움이 되지 않기 때문이다. 영유아를 관찰하여 그들의 발달 상황, 필요, 욕구에 맞는 방법을 찾아내 영유아의 표현 욕구가 밖으로 표현되도록 돕는 것이 균형주의 교수-학습 방법이다. 교사가 다양한 방법을 사용하여 유아들의 미술 능력을 자극하고 창작 의욕을 불러일으켜 주는 중개인/매개인이 되는 것이 균형주의 교수-학습 방법의 개념이다.

그러나 유아교사가 항상 기억해야 할 중요한 사항은 균형주의 미술 교수-학습 방법을 적용하더라도, 즉 교사가 안내와 도움을 줄 때에도 '이제는 이 아이가 스스로 할 수 있겠다.'라는 판단이 서면, 지체 없이 다시 유아에게 자유로움을 주어 스스로 표현하게 해야 한다는 것이다. 앞에서 한 말을 또다시 반복하는 것은 그만큼 영유아의 자유로운 표현이 중요하기 때문이다. 유아에게 자유를 주고 물러서 있음으로써 유아가 작품을 마치도록 하여 "선생님, 내가 ○○○ 했어요." 하는 성취감을 갖게 해야만 우리들은 유아 내면의 창의성을 이끌어 낼 수 있다.

(2) 미술적 표현하기와 균형주의 교수-학습 방법

균형주의 미술 교수-학습 방법이란 유아가 자유롭게 더 잘 표현할 수 있도록 돕는 방법이다. 경험·느낌·생각을 자유롭게 표현하고 싶어도 '제대로 표현하지 못해 답답한 유아'들이 자신만의 미술세계를 만들어 내도록 돕는 미술교육 방법이라는 뜻이다. 여기서 '제대로 안 되어 답답한 유아'라는 말에 유의할 필요가 있다. 잘 그리고 못 그리고를 떠나 무언가 표현을 하고 싶은데 안 되는 유아, 잘 그리지만 좀 더 표현을 잘하고 싶은 유아를 돕는 것이 균형주의 미술 교수-학습 방법이라는 의미다. 유아가 도움을 청하지 않거나 스스로 표현을 잘할 때는 자유롭게 표현하도록 놔두어야 한다는 전제가 들어 있다. 유아의 자유표현을 존중한다며 방임하는 경우와는 다른 개념의 미술 교수-학습 방법이다.

균형주의 미술 교수-학습 방법은 1957년 소련연방이 세계 최초로 스푸트니크호를 발사하자 미국의 교육이 인지 중심으로 급회전하며 주목을 받기 시작한 교수-

학습 방법이다. 유아교육계에서는 구성주의 교육과정이 개발·보급되어 교사의 안내 및 도움이 필요한 유아들은 적절한 방법으로 도움을 주어, 즉 발달에 적합한 방법으로 도움을 주어 그들의 인지구조가 향상되게 도와주었다. 유아미술교육 역시 구성주의 이론의 영향을 받았는데 반즈Barnes, 쉬르마허Schirrmacher, 브라운리Brownlee가 대표적 학자다. 이들은 유아의 자유로운 표현과 교사의 안내 사이에 균형을 유지하는 미술 교수-학습 방법을 교육현장에 도입하였다. 그러나 앞에서도 이야기했듯이 존 듀이는 이미 1926년 치젝의 창조주의 미술교육을 비판하면서 균형주의 교육을 주장했다(Dewey, 1926).

미술교육에서 균형주의 교수-학습 방법을 적용한다는 것은 유아를 위해, 유아가 요구하는 것을 교사가 모두 해 주어야 한다는 의미는 절대 아니다. 균형주의 교수-학습 방법으로 도움을 받아야만 하는 유아들이 있지만 그 유아들이 스스로 할 수 있는 순간, 다시 자유를 주어 표현하도록 해야 한다. 교사의 개입으로 유아의 미술활동을 처음부터 끝까지 돕는 것은 유아로부터 창의적인 표현 기회를 박탈하는 것이다. 교사 주도로 그린 그림이나 작품은 유아의 것이 아니라 개입한 그 교사의 작품이다. 따라서 영유아를 위한 미술교육은 창조주의적 미술 교수-학습 방법과 균형주의 미술 교수-학습 방법이 순환적으로 적용되는 것이고, 유아의 자유로운 표현과 교사의 안내 및 도움 사이에 균형을 이루는 교수-학습 방법이다.

경험이 부족하거나 그림을 그려 볼 기회가 없는 유아, 자기는 그림을 제대로 그릴 수 없다는 생각을 갖게 된 유아들이 유치원이나 어린이집에 오면 "선생님, 그려 주세요, 난 못해요."라는 말을 많이 한다. 교사는 이때 유아에게 미적 경험을 할 수 있는 기회를 주어야 할지 아니면 이 유아가 경험한 것 중에 유아의 흥미를 끌 만한 상像이 있고 이것을 그리고 싶어 하는지에 대해 먼저 이야기를 나누어 보아야 한다. 경험이 더 필요하다는 판단이 서면 앞의 아름다움 탐색하기를 돕는 균형주의 교수-학습 방법에서 권고한 방법들, 즉 대상에 눈길을 주며 보도록 안내하기, 대상의 입장에서 느끼고 생각해 보도록 안내하기, 대상을 자세히 보도록 안내하기를 하게 해야 할 것이다.

경험은 많은데 자신감이 없어서 못하는 경우이면 "못할 것 같은 생각이 들어?" "혹시 그리고 싶은 것이 있는데 그릴 수 없을 것 같아 걱정되니?"라고 물어본다. 만일 유아가 유치원에서 키우는 강아지나 고양이를 그리고 싶다고 하면 생김새에 대해 이야기 나누고 혹시 집에서 기르는 애완견이나 고양이가 있는지에 대해서도 물을 수 있을 것이다. 얼마간 이야기를 나눈 후 유아가 고양이를 그리고 싶다고 한다면 조심스럽게 "고양이의 어느 부분부터 시작할까?"라고 질문할 수 있다. 실물이나 사진을 보여 주어 뇌에 기억된 상을 떠올리게 하는 것도 방법이다. 그다음에 "우리 어디서부터 시작할까?"라는 질문을 하여 유아로 하여금 대상을 좀 더 자세히 생각해 볼 수 있는 질문을 할 수 있다. 유아가 아무 말 없이 가만히 있다면 교사도 인내심을 갖고 기다려 준다. 유아가 아무 말을 하지 않는다 해도 눈빛을 보면 자신감이 없어 무기력한 상황인지, 아니면 뇌 속에 기록되어 있는 사물에 대한 다양한 상, 예컨대 자신이 지금까지 봐 왔던 강아지나 고양이를 모두 떠올리고 있는지 교사는 파악할 수 있다.

다음은 유아교육자인 엄마가 균형주의 미술 교수-학습 방법으로 고양이를 그리고 싶은 만 4세 딸을 도운 과정이다(Brownlee, 1983).

고양이를 그리고 싶은데 못 그리겠다고 한 만 4세 클라라에게 엄마가 "우리 어디서부터 시작할까?"라고 물었다. 이 말을 들은 클라라가 한참 동안 가만히 있자 엄마는 "고양이 몸 중 제일 뚱뚱한 곳은 어딘지 잘 보자."라며 아이와 함께 고양이 배 부분을 만져 보기도 하고 살펴보기도 하였다. 클라라의 눈빛이 뚱뚱한 배 쪽으로 가는 것을 보고 엄마는 "뚱뚱한 배부터 그리면 어떨까?"라고 조심스럽게 제안했다. 한참 동안 생각에 잠겼던 클라라는 사인펜을 들더니 엄마가 옆에서 지켜보는 동안 고양이 배를 그

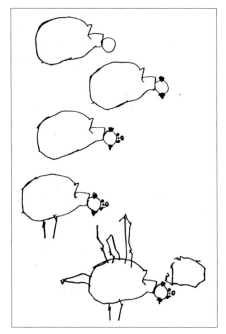

균형주의 교수-학습 방법으로 클라라의
고양이 그리기를 돕는 과정
출처: Brownlee (1983), p. 18.

리기 시작했다. 그다음부터 이 여아는 도움을 청하거나 무기력하게 앉아 있지 않았다. 균형주의 교수-학습 방법을 적용할 필요가 없어 엄마는 다시 아이에게 자유표현의 기회를 마음껏 주었다. 클라라는 자신의 머리에 기억되어 있는 고양이 상을 자기 방식대로 그리기 시작했다. 배를 그린 후 다음 부분을 그릴 때까지 긴 침묵이 흘렀다. 머리를 그렸고, 눈, 코, 귀, 입을 그릴 때는 더 오랫동안 침묵이 흘렀다. 자기가 그리고 있는 대상에 대해 계속 집중하는 모습이었다. 엄마는 이 긴 침묵의 시간을 아이에게 돌려주고 조용히 기다렸다. 그랬더니 클라라는 그다음으로 머리를 그렸고, 그다음은 귀를 그렸다. 이어서 눈과 입을 그려 넣었고 다리를 그려 넣었을 뿐 아니라 고양이 밥그릇까지 얼굴 앞에 그려 넣었다.

클라라가 처음에 "고양이 그려 주세요."라고 했을 때 엄마가 단 5분 안에 고양이를 그려 주었다면 이 아이 자신이 독특하게 그린 고양이와 밥그릇 그림은 없었을 것이다. "몸통과 몸을 그렸구나. 고양이 모습에 대해 천천히 더 생각해 보자." 하며 기다린 유아교육자 엄마 덕분에 아이는 고양이를 그리는 것에 대한 불안이나 공포를 극복하고 서서히 자신감을 갖게 된 것이다. 고양이뿐 아니라 강아지, 꽃, 인형 등 유아들이 관심을 갖게 되는 사물은 다양하며 그들이 그리는 그림의 모양도 유아의 수만큼 다르다.

교사의 안내로 5명의 유아가 그린 다양한 고양이
출처: Brownlee (1983), p. 20.

균형주의 교수-학습 방법이 영유아의 느낌과 생각에 자극을 줄 수 있어 교육적이지만 교사는 언제 다시 영유아에게 자유를 주어 스스로 탐색하거나 표현하게 해 주어야 할지 항상 유아를 관찰해야 한다. 물러날 순간을 포착하기 위해서다. 아무리 균형주의 미술 교수-학습 방법이 유아에게 도움이 되어도 과도하게 사용하면 유아는 창의적으로 표현하기를 멈춘다. 교사의 개입이 과하게 되는 그 순간부

터 유아중심의 미술이 아니라 교사중심의 미술이 돼 버리기 때문이다. 적절한 시점에 개입하여 도움을 주지만 적절한 시점에 물러서서 영유아 스스로 할 수 있다고 느끼고 생각하게 하는 교사가 유아중심 교육을 실천하는 교사이고 전문성을 갖춘 교사다. '자유를 주어야 할 때와 개입 가능 순간을 현명하게 판단하는' 민감한 교사가 있을 때, 유아의 창의적인 그림 표현 능력은 성장한다.

레지오 에밀리아 프로그램의 미술교육 방법이 우리나라에 들어온 후 미술 중심의 프로젝트를 실시하는 곳이 많아지는 긍정적인 효과를 주었지만 도큐멘테이션 documentation에 집중한 나머지 교사들이 결과물에 집착하는 경우도 많아졌다. 균형주의 미술 교수-학습을 쓰다가도 자유표현의 기회를 다시 유아에게 돌려주어 유아에 의해 결과물이 나오게 해야 창의적이고 다양한 그림이 그려질 수 있다. 프로젝트는 교사가 계획한 대로 진행되고 끝나서는 안 된다. 균형주의 미술 교수-학습 방법을 적용하는 교사는 다음과 같이 해야 한다.

① 그리고 싶은 대상을 머리로 떠올려 보도록 돕기

대상을 그리기 전에 표현할 대상에 대한 이미지를 떠올리는 것이 그림 그리기의 시작이다. 자유롭게 그릴 기회와 자료를 주었는데 유아가 "못 그려요." 한다면 "경험하지 못했어요." "생각나는 것이 없어요."라고 말하는 것으로 받아들이면 된다. 이때 교사는 유아가 가지고 있는 경험부터 파악하는 것이 좋다. 유아가 최근에 재미있게 한 경험이 있는지 이야기를 나누어 본 후 그 대상에 대한 이미지를 떠올리게 하는 것이 균형주의 교수-학습 방법의 시작이다. 경험이 많이 모자라서 두려움이 있다고 판단되면 가정의 도움을 받아 주말 경험을 다양하게 하도록 권유할 수 있고 유치원이나 어린이집에서도 다양한 경험을 할 기회를 주려고 노력한다. 실제 경험을 제공하는 것이 유아교육기관이나 가정의 사정으로 불가능할 때에는 유아가 표현하고자 하는 사물의 실물을 보여 주거나 관련 사진을 보여 줄 수도 있다.

② 그리고 싶은 대상의 특징을 집중해서 생각해 보도록 돕기

영유아들은 경험 그 자체만으로는 그림을 잘 그릴 수 없다. 의식적으로 사물의 구체적 특징을 파악할 수 있고 그 사물의 특징이나 기능을 어느 정도 이해할 수 있어야 한다. 뒤에 나올 '3. 미술활동을 위한 언어적 상호작용' 부분에서 구체적으로 배우겠지만, 가장 간단한 말은 "잘 보자." "열심히 보자."다. 아동미술을 배우던 유아교육학과의 3학년 학생들에게 "잘 보자." "열심히 보자."라는 말의 중요성을 가르친 후 제주도로 수학여행을 갔었을 때였다. 여러 학생이 "교수님, 잘 보니 나무에 순이 돋아 오르는 것이 다르게 보여요. 색깔은 정말 연하고 잎사귀는 정말 작아요. 연한 잎사귀가 모두 꽃으로 보여요. 왜 예전에는 보이지 않았을까요?"라며 신기해했다. 나무에 순이 돋는 것을 수도 없이 경험한 대학생들이었지만 의식적으로 잘 보려는 시도를 하니 과거에 보지 못했던 봄을 시작하는 연초록색의 아름다운 나무의 모습을 보게 된 것이다.

사물의 특징을 구체적으로 관찰하는 것은 중요하지만 3세 미만의 영아에게는 어려운 일이므로 이들에게는 본인이 이리저리 탐색하면서 자유롭게 다니며 볼 수 있도록 자유를 주는 것이 우선이다. 지나치게 말을 많이 해서 영아가 관찰을 두려워하게 하면 도리어 낭패다. 영아를 위해 어른들이 할 수 있는 일은 영아가 기어 다니거나 걸음마할 때 주변에 위험한 물건이 없도록 안전에 최선을 다하는 것과 꼭 필요한 단어로 조용히 간단하게 말해 주는 것이다. 안전하게 환경을 구성하는 이유는 "안 돼." "하지 마라."와 같은 어른들의 잔소리를 대폭 줄일 수 있어서다. 사사건건 잔소리를 듣는 영아는 탐색을 멈추게 되고 호기심도 잃는다. 관찰하기를 실제로 시작하기 전에 영유아에게 필요한 것은 호기심이다. 어려서부터 영유아들이 보이는 호기심을 존중하고 인정하고 보상해 주면 호기심은 계속 나타난다. 집안이나 교실을 정결하게 유지하려는 어른과 지내는 영유아들은 호기심 갖기를 멈추고 배우지 않는 방법을 배운다. 부모, 교사 등 주변의 어른에 의해 영유아들의 호기심은 자라기도 하고 멈추기도 한다. 영유아들이 지속적으로 사물을 관찰하며 무언가 그리고 싶어 하도록 하려면, 자세히 관찰하면서 그리고 싶은 물체의 특징

을 생각해 보는 습관이 영아기 때 생겨야 한다. 자세히 관찰하는 습관을 가지면 사물의 구체적인 세세한 특징도 보게 된다.

③ 표현에 대한 두려움을 인정하고 극복하도록 돕기

영유아들이 자연이나 사물을 관찰할 기회가 많아지면 자연스럽게 그림을 그리기 시작한다. 머리에 기록되어 있는 상이 떠오르면 이에 자신의 생각까지 덧붙여 다른 사람과 다른 독특한 그림을 그릴 수 있다. 그러나 자연이나 사물을 구체적으로 잘 보겠다는 의지를 갖고 관찰해도 그 사물이나 자연을 그릴 수 없다고 생각하는 영유아들이 있다. 교사는 아이들이 그리고 싶은 대상을 머리로 떠올려 보도록 돕고, 그리고 싶은 대상의 특징을 집중해서 생각해 보게 도우며 균형주의 미술 교수-학습 방법을 쓰지만 이런 방법이 효과가 없을 때는 영유아의 좌절감부터 해결해야 한다(Brownlee, 1983). 교사와 이야기를 나누면서 좌절감이 해결될 수 있고, 교사가 제시하는 균형주의 미술 교수-학습 방법의 도움을 받으며 해결될 수도 있으며, 무조건 그림을 그림으로써 치료가 되는 경우도 있다. 개개인 유아의 상황에 따라 방법도 달라지겠지만 어려서부터 자신감을 가질 수 없을 정도의 정서적 문제를 가진 유아들은 미술치료를 받게 해야 한다. 원장님이나 교수 중에 미술치료를 전공한 사람이 있으면 정상적인 학습상황에서 치료가 자연스럽게 일어난다. 정서적 문제는 없지만 어른들의 기대에 맞는 그림을 그리려고, 옳은 방식으로 그리겠다는 욕심을 갖다가 자신감을 잃은 영유아일 경우, 교사는 지속적으로 유아들의 그림은 어른들의 그림과 다르다는 것, 친구들의 생김새가 모두 다르듯이 유아 한 명 한 명이 그리는 그림은 다르고 소중하다는 것, 그림 그리기는 자기가 느끼고 생각하는 것을 마음대로 그리는 것이라는 사실을 알게 해 줌으로써 극복해 나가도록 돕는다. 관찰 결과 유아의 경험이 부족하여 뇌에 기록된 이미지가 없다고 판단될 때에는 다시 자연·사물을 관찰할 기회를 주어 아름다움 탐색하기로 시작한다.

창의적 표현이 유아미술교육의 정점이기는 하지만 유아의 창의적 표현을 방해하는 부정적 정서를 해결하는 것이 미술적 표현하기에 앞서 해야 할 일이다.

다음은 유아들이 등원 길에 발견한 '달팽이'에 흥미를 가져 그림을 그리기 시작했으나 정서적 부담감을 느낀 유아가 못하겠다고 하자 교사가 도와준 예다. 장마가 시작될 무렵, 유치원 등원 길에 유아 한 명이 달팽이를 채집해 왔다. 교사는 이 달팽이를 과학 영역에 놓고 주변에 달팽이 그림·사진·도서·동영상·놀잇감 등을 놓아 주었다. 대부분의 유아는 실제로 달팽이를 관찰하기도 하고 관련 자료를 보기도 했다. 교사는 유아가 달팽이에 대해 이것저것 보고 생각하는 동안 뇌에 달팽이 이미지가 생기고 자유롭게 스스로 그림을 그릴 수 있기를 기대했다. 그런데 심리적 부담감을 느껴 "못 그리겠다."라는 유아가 나타났다. 이때 교사가 이 심리적 부담감을 덜어 주는 동시에 균형주의 미술 교수–학습 방법을 적용해 본 대화 예시는 다음과 같다.

유아: 달팽이 못 그리겠어요. 그려 주세요.

교사: 선생님은 ○○가 그린 달팽이를 보고 싶은데! (교사가 유아의 표현을 가치 있게 생각하고 있다는 것을 알게 해 준다.)

유아: 난 못 그려요.

교사: 선생님은 ○○가 혼자 힘으로 해낼 수 있다고 생각하는데! (교사가 유아 스스로 할 수 있음을 믿는다는 것을 알도록 노력했다.) **어디서부터 시작할까?** (유아가 대상의 특징에 집중하기를 기대하며 한 질문이다.)

(유아는 자신이 알고 있는 달팽이에 대해 생각하는 것처럼 보였다.)

(그냥 쳐다본다.) (교사도 서두르지 않고 차분히 기다렸다.)

(조금 후 교사는 유아의 눈길이 달팽이집 쪽으로 가는 것을 보았다.)

교사: (유아가 쉽게 시작할 수 있다고 생각한 교사가 제안했다.) **달팽이집부터 시작해 볼까?** (유아가 교사의 제안을 거절할 수도 있다고 생각한 교사는, 탐색하기 과정으로 다시 돌아갈 마음의 준비를 하고 있었다. 그런데 다행히……)

유아: 네!

교사: 달팽이집이 어떤 모양이더라? (교사는 유아가 이해할 수 있는 수준에서 미술의 요소

나 미술의 원리와 관련지으며 이야기를 나누었다.)

유아: 동그란 모양!

교사: 그래, 동그란 모양이구나? 크기는 얼마나 크게 그리고 싶니? (유아는 달팽이

집의 모양에 집중하며 머릿속으로 달팽이집을 그려 보는지 말없이 앉아 있다.)

(교사는 유아가 달팽이를 보며 달팽이의 특징에 집중하는 것을 말 없이 지켜봤다.)

유아: (혼자서 자기 생각대로 그리기 시작했다.)

다음의 그림은 이 유아를 포함해서 다른 유아들이 그린 창의적이고 독특한 달팽이
그림이다. 교사가 관심을 가지고 유아를 관찰하다가 언제 어떤 도움을 줄 것인지 결정
하며 상호작용을 한 결과, 유아들은 각자 자신이 생각하는 것 중 가장 쉬운 부분부터
그리기 시작했다. 또한 교사는 유아가 그린 달팽이를 보고 "선생님 마음에 든다."라는
말 대신 "달팽이 그림을 그렸구나." "친구들마다 다른 달팽이를 그렸구나. 열심히 그려
줘서 모두 고마워."라는 말을 함으로써 유아가 한 노력에 기초해서 인정도 해 주었다.
다음은 교사가 균형주의 미술 교수-학습 방법을 적용한 후 다시 유아들에게 100% 자
유를 주어 창의적으로 그릴 수 있는 기회를 준 결과다.

한 마리의 달팽이를 보고 여러 유아가 다르게 그린 달팽이 그림

〈표 4-1〉은 유아의 미술활동을 관찰한 후, 적절한 안내가 필요하다고 판단하여
균형주의 교수-학습 방법을 적용하여 상호작용한 뒤, 유아의 그림이 변화된 과정
을 담은 기록일지다.

〈표 4-1〉 균형주의 교수-학습 방법에 의한 미술교육과정 기록일지의 예

대상 유아명	신다영 (여)	연령	만 3세 2개월
유아의 현재 미술 발달 수준	'계획하며 사물 그리기' 단계는 시작되었으나, 구체적인 묘사에는 아직 어려움을 보이고 있음.		
시작 계획하기	무엇을 그릴지 계획하며 그림을 시작하기는 하나, 할아버지의 털 이외에는 구체적인 묘사를 어려워하여 표현 대상을 좀 더 깊이 집중해서 관찰하도록 하는 균형주의 교수-학습 방법으로 상호작용하기로 계획하였음.		
	상호작용 전 작품	**상호작용 후 작품**	
	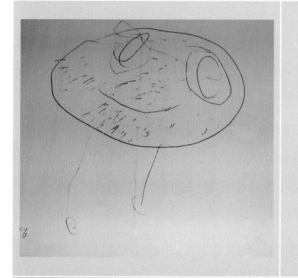		
상호작용의 내용 및 과정	다영이가 할아버지 얼굴을 그리겠다며 연필을 이용해 스케치북에 그림을 그린다. 하지만 눈과 입, 그리고 두족인으로 발을 그리고는 자신의 그림에 스스로 만족해하지 않는다. 몇 차례 비슷하게 그리더니 "나는 그림을 못 그려."라고 말한다. 이때 다영이의 그림을 보며 "다영아, 누구 그리는 거야?" "할아버지." "할아버지를 그리고 싶구나. 할아버지 얼굴을 잘 보자. 무엇이 제일 먼저 보여?" "안경." "그래, 안경을 쓰셨구나? 안경은 어떤 모양이니?" "동그라미." "안경 말고 또 뭐가 있었지?" "눈, 코, 입, 머리." "잘 보았네, 그럼 할아버지 얼굴을 그리려면 어디서부터 시작할까? 머리? 눈?" "머리요."를 시작으로 오른쪽의 사람 그림이 그려졌다.		

2. 유아미술 교수-학습 방법 **195**

상호작용 과정에서 느낀 점	유아들에게는 자유롭게 그림을 그리게 해야 한다는 생각을 갖고 있었는데 적은 도움으로 다영이의 그림이 순식간에 달라지는 것을 보고 놀랐다. 유아의 관찰 의지를 북돋아 주고, 좀 더 유심히 관찰할 기회를 주며, 관찰한 것에 대해 언어적 상호작용을 하여 도와준 후, 스스로 할 수 있다고 느낄 때에는 다시 자유를 주어 독립적으로 그리게 하는 창조주의(자유표현) 교수–학습 방법, 균형주의 교수–학습 방법의 순환적용 효과를 알 수 있었다.

3) 미술 작품 감상에 중점을 둔 교수–학습 방법

유아들은 감상활동을 하는 동안 아름다움을 느끼고 즐김으로써 미적 가치를 이해하는 능력, 삶을 아름답게 가꾸는 능력, 심미감을 향상시킬 수 있다. 미술 작품 감상하기는 작품에서 발견한 것에 대해 느끼고 생각한 것을 즐길 뿐 아니라 미술 작품을 존중하는 태도를 갖게 해 준다. 따라서 미술 작품 감상하기는 누리과정에 나타난 교육내용 중 '아름다움 찾아보기'와 통합하여 배울 수 있는 교육내용이고, '미술적 표현하기'와는 간접적 관련이 있다. 그러나 유아들이 화가의 작품·민속 예술품·문화재·친구들의 작품을 보면 자기도 무언가 그리고 싶은 마음을 가질 수 있을 것이므로 감상활동은 유아의 미술적 표현도 자극한다.

미술 작품 감상하기는 창조주의 미술 교수–학습 방법을 직접 적용하는 교육내용은 아니지만 화가들이 작품에 표현한 창의성에 대해서는 관심을 가지고 관찰하며 이야기 나눌 수 있다. 따라서 '미술 작품 감상하기'라는 교육내용은, 균형주의 미술 교수–학습 방법을 적용하여 미술의 요소나 미술의 원리와 관련된 지식과 기법을 알아보게 하는 것이 주를 이룬다고 볼 수 있다. 브라운리(1983)는 색, 선·점·모양·명암·공간·질감과 관련된 미술의 요소가 갖고 있는 특성, 균형·강조·비례·움직임·조화·변화와 통일성·리듬/반복/패턴과 관련된 미술의 원리가 갖고 있는 특성, 느낌과 분위기와 관련된 특성, 재료와 관련된 특성, 미술기법 특성에 대해 감상할 것을 권고하였다. 따라서 유아교사는 유아들에게 미술교육을 하기 위해 미술을 전공할 필요는 없지만 어느 정도 미술의 요소와 미술의 원리에 대해 알아야 하고 미술 재료의 특성이나 기법에 대해서도 알아 두면 편리하다. 화가들의 그림에 대해서도 관심을 갖고 감상하는 기회를 갖는 것이 좋다. 교사가 유치원/어린이집 일과 중에 자연스럽게 미술관련 용어를 쓴다면 유아들은 자신도 모르는 사이에 이러한 용어에 익숙해질 것이기 때문이다.

펠드만(Feldman, 1993)은 미술 감상활동의 단계를 다음의 네 단계로 나누었다. 서술과정, 작품의 구성요소를 살펴보도록 하는 분석과정, 작가의 의도 및 작품을 본 후의 느낌에 대해서 이야기해 보는 해석과정, 작품에 대해 평가하도록 하는 평가과정이 그 네 단계다. 여기에서는 펠드만(1993)의 감상활동 단계와 정미경(1999)이 정리한 미술 감상활동 방법을 종합하여 교사가 영유아의 감상활동을 도울 수 있는, 균형주의 미술 교수-학습 방법에 의한 감상활동 단계로 정리해서 살펴볼 것이다. 첫째, 미적 대상을 자세히 살펴보도록 안내하는 단계, 둘째, 미술의 요소와 미술의 원리를 찾아보도록 돕는 단계, 셋째, 작가의 의도를 생각해 보는 단계, 넷째, 작품에 대해 자신의 느낌과 생각을 말해 보는 네 단계다. 자세한 내용은 다음과 같다.

(1) 말로 표현하는 단계: 미적 대상을 자세히 살펴보도록 안내하기

미적 대상을 보았을 때의 느낌을 유아와 함께 이야기 나누거나, 작품을 자세히 살펴보도록 안내한 후 유아가 작품 속에서 본 것들을 모두 이야기해 보게 하는 단계다. 교사는 "어떤 것들을 보았니?" "이 그림 속에는 무엇 무엇이 있니?" "처음에는 잘 안 보이지만 자세히 보니 어떤 것들이 보이니?"와 같은 질문을 하여 유아가 미적 대상에 대하여 관심을 갖고 좀 더 자세히 보도록 돕는다.

(2) 분석해 보는 단계: 미술의 요소와 미술의 원리를 찾아보도록 돕기

작품 속에 나타난 색 · 점 · 선 · 모양 · 명암 · 공간 · 질감의 미적 특성들을 찾아보고, 미술의 요소가 그림에서 어떻게 표현되었는가를 이야기해 보는 단계다. 교사는 "이 그림을 봤을 때 제일 먼저 눈에 보인 부분은 그림의 어느 부분일까?" "이

그림에서 꼬불꼬불한 선을 찾아보자." "쭉 뻗은 선을 찾아보자." "빛은 어디에서 비치고 있을까?" "어떤 색들이 있었니? 모두 이야기해 보자." "바위(옷, 피부)를 만지면 어떤 느낌이 들 것 같니?" "강물은 무슨 색을 칠하였니?" "이 강물은 차가운 느낌이 드니? 따뜻한 느낌이 드니?" "강물의 깊이는 어떨까? 왜 그렇게 생각했니?" 등의 질문을 하여 유아가 미술의 요소와 미술의 원리를 관찰하고, 그림의 구성이나 특징을 구체적으로 알아보도록 돕는다.

(3) 해석해 보는 단계: 화가의 의도를 생각해 보도록 돕기

화가는 이 작품을 통하여 무엇을 말하고 싶어 했는지를 생각해 보는 단계다. 교사는 "만약 네가 그림 속에 들어간다면 어떤 것을 만져 보고 싶니?" "그림 속의 사람들이 쳐다보는 하늘을 화가는 무슨 색으로 칠했니?" "그림 속의 사람들은 왜 하늘을 쳐다보고 있을까?" "화가는 왜 그림 속의 물건들을 실제 색깔과 다르게 그렸을까?" 등의 질문을 하여 유아들이 자유롭게 화가의 느낌과 생각을 해 보며 말하게 한다.

(4) 판단해 보는 단계: 작품에 대해 자신의 느낌과 생각을 말하도록 돕기

유아가 작품에 대한 개인적인 선택과 판단을 하도록 돕는 과정이다. 교사는 "그림에서 가장 재미있게 본 것(부분)은 무엇이니?" "이 작품에 제목을 붙인다면 무엇이라고 하면 좋을까?" "이 그림이 마음에 드니? 어떤 부분이 가장 마음에 (안) 드니?" "네가 화가라면 어떤 부분을 어떻게 바꿔 보고 싶니?" "기분이 어땠니?" "너라면~ 어떻게 그리고 싶으니?" 등과 같은 질문을 하여 유아들의 선택 능력과 판단 능력이 향상되도록 돕는다. 작품에 대해 자신의 느낌과 생각을 말하는 것이 비록 단순한 수준에서 이루어지지만 유아의 선택 능력과 판단 능력을 향상시킬 것이다.

미적 대상에 대하여 자신이 보고 느끼고 생각하는 대로 이야기하고 판단하는 것이 유아들에게는 처음에 어려운 일이지만 차츰 익숙해져 그림을 보는 눈이 달라지고 미술 표현 능력도 향상된다. 또한 감상에 중점을 둔 균형주의 미술 교수

−학습 방법은 유아 수준에서 반드시 정해진 단계대로만 해야 하는 것은 아니다. 미술관이나 박물관 관람, 민속 예술품 감상, 예술가와의 만남, 교실에 만들어 놓은 모의 미술관, 도슨트docent(박물관 안내원)의 도움을 받아 하는 감상활동, 표현활동과 연계한 감상활동, 관찰 및 토론활동 등 유아가 자신의 의견을 적절하게 표현하고, 미적 대상을 알고 이해하며 가치를 느끼고 나아가 표현 능력을 신장시킬 수 있는 감상활동 방법을 적절히 선택하여 활용해야 할 것이다.

🔳 유아미술 교수−학습 방법에 대해 정리해 봅시다

- 아름다움 탐색하기·미술적 표현하기·미술 작품 감상하기의 유아미술 내용에 대한 교수−학습 방법은 크게 창조주의 방법과 균형주의 방법으로 나뉜다.
- 우선은 유아가 자신의 방식으로 충분히 보고, 느끼고, 표현하게 창조주의 방법을 적용하다가 교사의 도움이 필요하다고 판단될 때 균형주의 방법을 적용한다.
- '아름다움 탐색'에 중점을 둔 유아미술교육은 그림을 그리기 이전부터 아름다운 자연과 사물을 자유롭게 탐색하도록 기회를 충분히 제공하는 창조주의로 시작하여, '대상에 눈길이 가도록 안내하기' '대상의 입장에서 느끼고 생각해 보도록 안내하기' '대상을 자세히 보도록 안내하기'와 같은 균형주의 방법을 적용하여 탐색하는 마음이 계속 일어나게 도와준다.
- '미술적 표현'에 중점을 둔 유아미술교육은 우선 유아를 미술활동의 주체로 생각하고 유아가 자유롭게 그리고 싶은 것을 마음껏 그리고 만들어 보게 하는 창조주의로 시작하여, '그리고 싶은 대상을 머리로 떠올려 보도록 돕기' '그리고 싶은 대상의 특징을 집중해서 생각해 보도록 돕기', '표현에 대한 두려움을 인정하고 극복하도록 돕기'와 같은 균형주의 방법을 적용할 수 있다. 균형주의 방식으로 교육받으며 유아가 표현에 자신감을 갖게 되면 다시 창조주의 방식으로 돌아와 유아에게 표현의 자유를 준다.
- '미술 작품 감상'에 중점을 둔 유아미술교육은 '미적 대상을 자세히 살펴보도록 안내하기' '미술의 요소와 미술의 원리를 찾아보도록 돕기' '화가의 의도를 생각해 보도록 돕기' '작품에 대해 자신의 느낌과 생각을 말하도록 돕기'와 같은 균형주의 방식을 통해 도울 수 있다.

3. 미술활동을 위한 언어적 상호작용

이 절에서는 균형주의 미술 교수-학습 방법의 핵심인 언어적 상호작용을 만 3세 미만의 '영아를 위한 언어적 상호작용'과 만 3세 이상부터 초등학교 입학하기 전 연령까지의 '유아를 위한 언어적 상호작용'으로 나누어서 살펴보도록 하자. 사랑과 배려를 충분히 받고 자란 영아들은 세상을 탐색하며 배울 준비를 갖춘다. 사랑받겠다고 파고들던 엄마 품을 떠나 세상을 보기 시작한다는 뜻이다. 그런데 만 3세 미만의 영아를 위한 언어적 상호작용과 만 3~5세 유아를 위한 언어적 상호작용은 발달 특성상 이야기를 나누는 방법이 달라야 한다. 영아들은 아름다운 것을 주변에서 많이 탐색하고 찾아보는 언어적 상호작용을 주로 해야 하고, 어휘도 쉬운 것을 골라야 하며, 문장도 짧아야 한다. 반면, 만 3세 이상 유아들에게는 미술의 요소 및 미술의 원리와 관련이 있는 내용들을 가능할 때마다 사용하면서 언어적 상호작용을 해야 한다. 만 3세 이상의 유아들에게는 미술용어를 자주 사용하여 친숙하게 해야 한다. 또한 언어적 상호작용과 균형주의 미술 교수-학습 방법은 깊은 관계가 있으므로 교사는 미술의 요소나 미술의 원리와 관련된 용어들을 알아 둘 필요가 있다.

1) 영아와의 언어적 상호작용

영아기의 미술교육은 주변을 탐색하면서 자신이 사는 세상에 대해 느끼고 생각할 수 있도록 돕는 것이다. 비록 만 3세 미만의 영아는 어른들이 쓰는 말로 이 느낌과 생각을 표현하지 못하지만 뇌에 상像은 남는다. 만 2세 된 재백이가 처음으로 솔방울을 보고 있다고 상상해 보자. 만일 옆에 있던 어른이 아이에게 "재백아, 이건 '솔방울'이야. 소-올방울." 다음에 또 솔방울을 볼 때마다 "솔방울."이라 해 주고 솔방울을 만져 보게 한다면 재백이는 솔방울을 볼 때마다 모양·색깔·촉감을 생각하게 될 것이고 표현도 할 수 있을 것이다. 처음에는 신기하게 보였던 솔방울이 뇌에 이미지/像과 함께 '솔방울'이란 모양으로 기록되어 쉬워진다. 다음에는 '뾰쪽 뾰쪽 생긴 솔방울' '검은 것 같기도 하고 누런색인 것 같기도 한 솔방울' '거칠거칠한 솔방울' 등 솔방울의 다양한 모양을 확실히 기억하게 된다.

영아들에게 미술활동이란 주로 주변의 사물을 단순히 탐색하는 것이다. 비록 그림을 그리거나 작품을 만들지는 않아도 영아들은 손을 움직이고 만져 보는 등의 감각 경험을 하는 동안 즐거움을 느끼고 사물에 대한 상을 뇌에 먼저 기록한다. 영아들은 발달 특성상 아직 감각과 몸 움직임을 많이 할 단계이지 재료를 다루고, 선을 긋고, 모양을 그리는 등의 미술활동을 할 단계는 아니다. 그럼에도 불구하고 누군가가 친절하게 말해 주고 도와주면 커서 그림을 그릴 때 영아기의 경험이 도움이 될 것이다. 그래서 영아를 가르치고 키우는 어른들은 인내심을 가지고 영아를 관찰하면서 이들이 관심을 가지는 사물과 현상에 대해 가장 적절한 말을 골라 아이의 생각과 연결해 주어야 한다.

민들레를 예로 들어 보자. 영아가 민들레를 뚫어지게 보면 나도 열심히 민들레를 관찰하며 함께 보자. 어린 영아의 입장에 서서 민들레를 생각해 보자. 우리들에게는 너무나 친숙한 꽃이지만 영아에게는 이상한 꽃이다. 한 번도 민들레를 본 적이 없는 영아라면 더 그럴 것이다. 어떤 말을 해 주어야 민들레에 대한 상을 만들수 있을까? 쉽지 않다. 하루아침에 되는 것도 아니다. 영아를 항상 관찰하고 있다가 아이가 따라올 수 있다는 판단이 설 때, 영아가 민들레를 보고 있거나 만질 때, 그 즉시, 천천히 조용한 어조로 "민들레." 한다. 따라 하지 못한다고 "빨리빨리 해봐."라며 다그치거나 외우게 하지 말고 인내심을 갖고 반복해 준다.

영아들이 그림 그리기를 시작하는 연령은 각각 다르고 관심을 보이는 시기도 다르다. 그러나 그림을 그리려는 시기가 언젠가는 온다. 다른 영아가 종이에 무언가 흔적을 남겼는데 우리 아이는 그렇지 못하다고 걱정할 필요는 없다. 어떤 영아는 무조건 뛰어다니는 성질이 있는가 하면 어떤 영아는 차분히 앉아 크레파스를 가지고 노는 것을 즐긴다. 개인차가 있으니 기다려 주자. 영유아들은 자기가 배울 수 있는 만큼만 배우고 해낼 수 있는 만큼만 할 수 있기 때문이다. 그러면 '우리 아이는 늦게 피는 꽃인

가 보다.' 하며 느긋하게 생각하며 기다려 주어야 한다. 무엇이든지 새로 배우는 것은 뇌에 새로운 길을 내는 것이기 때문에 기회가 될 때마다 아름다운 것을 탐색하도록 기회를 주고 이야기를 함께 나누자. 느리고 말을 잘 못하는 영아들과 언어적 상호작용을 하는 것이 소용 없어 보여도 언젠가는 영아도 말을 유창하게 하게 된다. 물론 전문가의 도움을 받아야 하는 아이도 있다.

일상생활에서 영아와 하는 언어적 상호작용 방법

- 영아들이 눈길을 보내고 있는 사물을 함께 잘 보며 말할 거리를 찾는다.
- 이 아이가 이것을 보며 무슨 생각을 할지 영아의 입장에서 생각해 보며 말한다.
- 영아의 지각(知覺)이 명료해지려면 어떤 말을 해 주어야 할지 쉬운 단어를 골라서 말한다.
- 영아가 이해할 수 있는 단어로 말한다. 한 번에 많은 단어를 가르친다고 해서 다 기억하고 잘 배우는 것은 아니다. 적절한 단어를 적절한 시점에 해 주는 것이 관건이다.
- 말해 준 후 영아에게 이 단어를 외우라고 하거나 강요하지 말자. 수백 번 들어야 겨우 기억한다.
- 같은 상황이 나올 때마다 조용한 어조로 친절하게 반복해 주면 어느새 배운다. 영아들이 무엇인가 배우려면 연습이 필요하다. '1만 시간의 법칙'이란 말도 있다.

2) 유아와의 언어적 상호작용

만 3세 이후부터 유아의 어휘는 급속히 성장하므로 이때부터 다양한 방식으로 언어적 상호작용을 할 수 있다. 교사가 언어적 상호작용을 하면서 쓰는 미술관련 용어를 듣는 동안 유아들은 지적 자극을 받게 되고 어느 날 자기도 그 단어를 쓴다. 미술 능력 발달에 도움이 되는 언어적 상호작용 방법에는 유아의 상상을 자극하며 이야기 나누기, 사물을 더 잘 보도록 질문하기, 유아의 눈높이에서 미술에 대해 이야기 나누기, 인정·칭찬·격려하기, 유아의 작품에 나타난 미술관련 내용을 자세히 말해 주기, 유아의 작품에 대해 자기 생각을 이야기하게 하기, 미술관련 용어를 사용하며 언어적 상호작용하기가 있다.

(1) 상상을 자극하며 이야기 나누기

그림책은 유아의 상상을 자극하는 훌륭한 매체다. 『헨젤과 그레텔』이 오랜 세월 동안 세계 어린이들로부터 사랑을 받는 이유도 영유아의 상상력을 자극하기 때문이다. 이가 썩는다고 부모들이 먹지 못하게 하는 사탕·과자·초콜릿으로 만든 집! 그 얼마나 환상적인가! 게다가 그 집에 살면서 이런 것들을 마음대로 먹을 수 있다는 것은 생각만 해도 유아들의 흥미를 자극한다. 과자로 만든 집을 그리고 그 색깔이나 모양을 마음대로 만들고 칠할 수 있다고 상상만 해도 유아들은 즐겁다. '높은 산만큼 큰 아이스크림콘' '얼굴을 백설공주처럼 만들어 주는 사과' '키 크게 해 주는 바나나'와 같은 상상은 유아들을 행복하게 해 주고 종이 위에 그림을 그리고 싶게 만든다.

유아들이 나름대로 그림을 그릴 때, 물론 처음 그리는 그림이 어른의 마음에 들 수 없지만, 그림을 그렸다는 자체를 기뻐해 주고 아이가 상상해 낸 아이디어를 받아 주는 어른이 있으면 더욱 신나게 그림을 그린다. 어른이 긍정적인 태도로 함께 즐거워하고 기뻐해 주면 유아의 상상력은 더 다양해지고 더 자주 그리게 된다. 그림에 나타나는 상상력은 유아의 미술 표현 능력을 향상시킬 뿐 아니라 문제해결 능력도 향상시켜 다른 분야의 학습 능력도 증진시킨다. 유아들은 상상의 날개를 펴서 말한 내용이 어른들에 의해 받아들여지는 것을 보며 자신이 인정받는다는 느낌을 갖게 되고 자신이 상상으로 말한 내용이 미술 작품으로 멋지게 활용된 것을 보며 성취감과 자신감도 갖는다. 유아들은 상상한 것을 표현하기 위해 사물의 특징을 확대하여 그리기도 하고 바꾸기도 할 것이므로 교사는 유아의 상상을 자극할 수 있는 말을 해 주어야 하는데, 다음은 반즈(1987, p. 83)가 제시한 몇 가지 예다.

• 조각보를 본 적이 있니? 무슨 색깔로 되어 있을까? 네 마음에 드는 조각보는 어떤 색깔이야?

- 얼룩말이 어떻게 생겼는지 아니? 얼룩 새가 있다면 어떤 모양일까?
- 세계에서 제일 높은 산은 에베레스트산이야. 어떤 사람의 코가 이 산보다 더 높다고 상상해 보자. 우리 그 코를 등산한다고 상상해 보자.
- 우리 유치원(어린이집)이 있는 동네의 보도블록은 어둡고 탁한 색깔이야. 너희들이 상상해서 알록달록한 보도블록으로 바꾸어 보자.
- 조각보처럼, 알록달록 보도블록처럼 '알록달록 고양이'를 그려 보자.
- 네가 아주 작아져서 들어가 살 수 있는 곳을 생각해 보자. 어디에서 살고 싶니? 그곳에서 살면 어떨지 그림으로 그려 보자.
- 우리 동네의 길을 모두 '바나나 껍질 길'로 만들면 어떤 일이 벌어질지 상상해 보고 그려 보자.

　쿠사마 야요이라는 일본의 초현실주의 작가는 화려한 색과 도트의 커다란 구두와 호박을 작품으로 만들었다. 우리나라의 김창열 화백은 물방울을 크게 그려 물방울 하나하나가 유리구슬 크기로 보이게 했다. 피망·사과·복숭아·포도·호박 등 모든 과일이나 채소도 화가의 상상력을 만나면 집보다 더 크게 또는 작게 그려져 특별한 그림이 된다.

　유아들이 꾼 꿈도 상상력을 가미하면 그림의 소재가 된다. 꿈에 산을 오르려 한

쿠사마 야요이, '구두'와 '호박'

발 올라가면 두 발 뒤로 미끄러져 아래로 떨어져 무서웠던 꿈, 커다란 호랑이가 뒤에서 쫓아와 도망가려는데 발이 땅에 붙은 것같이 떨어지지 않아 무서웠던 꿈, 엄마를 찾지 못해 울던 꿈은 유아의 감정이 담겨 있기 때문에 훌륭한 그림 소재다. 꿈에 담긴 유아들의 정서를 정신과 의사처럼 분석할 수는 없어도 유아들이 이를 그림으로 표현하는 동안 무서웠던 감정이나 힘든 감정이 승화된다. 부모로부터 마음의 상처를 받은 유아, 공격적인 친구에게 당한 느낌, 왕따 당한 느낌, 사랑이 많은 할머니·할아버지가 돌아가셔서 슬픈 느낌 등을 유아들과 나누면서 그 느낌을 그림으로 그려 보게 하는 방법도 있다.

다음은 정연(만 5세 남아)이가 무서움을 그림으로 해결한 예다. '그림 사람' 이야기를 읽은 후 정연이는 작은 사람 그림을 고민되는 수만큼 그린 후 오려서 '고민을 들어 주는 그림 사람'이라고 정하고 다음과 같이 고민을 말했다.

- **그림 사람 1 랑랑**: "여동생 정인이가 자꾸 귀찮게 해요."
- **그림 사람 2 프랑코**: "유치원 친구 ○○가 날 속상하게 해요."
- **그림 사람 3 테타**: "엄마가 나만 야단쳐요."

그림 사람들과 이야기를 나눈 후 이를 베개 밑에 넣고 잤다. 아침에 밝은 얼굴로 일어난 정연이를 보니 고민의 무게가 가벼워진 것이 틀림없었다. 미술활동이 부정적 정서 해소에 도움이 된 예다.

정연이의 그림 사람들

사람들이 기억하고 있는 것을 그리게 해도 재미있는 그림이 나온다. 사람들의 기억 그 자체는 불안정하기 때문에 무엇인가를 보게 한 후 그것이 어떻게 생겼는지 기억해 내서 그리게 하면, 같은 시간 같은 장소에서 함께 그 물건을 보고 만져 봤어도 그림은 유아들마다 다르게 나온다. 유아들이 그동안 한 경험의 종류와 양이 다르고 기억의 정도가 다르기 때문이다. 기억을 더듬어 가며 그림을 그리면 반드시 상상력이 가미되고 과거에 한 경험이 영향을 주기 때문에 사물의 특징이 확대 · 축소 · 왜곡되어 재미있는 그림이 나온다.

유아들에게 조그만 나무껍질이나 열매를 보여 주며 "이 껍질/열매가 달렸던 나무는 얼마나 클까?" "어떤 모양일까?" "이 조각이 붙어 있었던 나무는 어떤 모양일까?" "선생님도 이 조각이 붙어 있던 나무가 어떻게 생겼는지 몰라. 그러니 우리 상상해 보자. 정답은 없단다. 잘 궁리하며 생각해 보자."라며 유아들에게 상상의 나무를 그리게 할 수 있다. 유아들이 그린 그림을 보면서 "구불구불한 나무인가 봐. 큰 나무야, 옆으로 누워 있는 나무네." 하며 있는 그대로를 인정해 주면 유아들은 이 세상에 단 하나밖에 없는 상상의 나무를 자기 방식대로 그려 낼 것이다.

(2) 사물을 더 잘 보도록 질문하기

유아가 미술활동을 하는 동안 자신 없어 하거나 위축되는 모습을 보이면 조용히 다가가 "우리 함께 ○○를 잘 볼까?"라는 말로 사물을 더 잘 보도록 기회를 준다. 유능한 교사는 일과를 진행하는 중에도 계속 영유아들을 관찰하다가 적절한 때에 정서적 안정감을 주고 사물을 자세히 볼 기회를 주어 동기를 유발한다. 선생님과 이야기를 나누는 동안 또는 나누고 난 후 영유아들은 사물을 전보다 더 구체적으로 보고, 그 사물에 대해 새로운 느낌을 갖게 되어 미술 표현이 쉬워진다. 이런 경험이 쌓이면 영유아들은 머리에 입력되어 있는 이미지/상을 표현하고 싶은 마음을 갖게 되어 미술 능력이 향상된다. 미술뿐 아니라 토론할 때, 유아들에게 정보를 줄 때에도, "잘 보자." "잘 생각해 보자."와 같은 알맞은 말로 제안하거나 "어떻게 달라?" "같은 것은 어떤 거야?" "제일 뾰족한 부분은 어디야?"와 같은 질문을 하면 영유아들의 관찰 및 표현 능력은 더욱 정교해진다. 영유아의 느낌과 생각을 교사가 적절한 말로 표현해 주면 사물을 보며 희미하게 느끼고 생각하던 것을 분명히 깨닫게 되기 때문이다. 이에 덧붙여 유아가 미술활동을 하는 동안 다른 친구와 다르게 그려도 괜찮다고 생각하게 하는 교사는 유아의 창의적 표현을 돕기 시작한 교사다.

미술활동을 하기 전 교사와 이야기를 나누는 것은 영유아는 물론 초·중·고등학교의 학생들에게도 필요하다. 다행히 유아교육 분야는 교과서 중심의 교육을 하지 않아도 되기 때문에, 또 학업 성적을 점수로 내지 않아도 되기 때문에 영유아들과 언어적 상호작용을 자유롭게 필요한 만큼 할 수 있다. 다만 초·중·고등학교의 미술교육은 유아교육 현장과는 달리 교사중심/결과중심의 미술교육으로 진행되는 곳이 많지만 초등학교 중에 열린교육을 하는 곳의 교사들은 창조주의적 표현활동을 하기 시작했다.

유아교육을 전공하는 젊은 교사들이 유아중심 교육철학 및 교수-학습 방법의 중요성을 인식하고 개별 영유아를 존중하고, 유아의 눈높이에서 언어적 상호작용을 하겠다는 강한 신념을 갖고 이를 교육현장에 적용하면 우리나라의 가정과 유아교육기관에서 유아중심의 행복한 미술교육을 실현할 수 있을 것이다. 교사들이 신념과 인내심을 갖고 유아중심의 교육을 실천하지 못한다면 학부모들의 의견에 쉽게 이끌려 한글을 학습지로 가르친다든지, 영어를 교과서로 가르치고, 미술도 색칠공부나 색종이 따라 접기 등 작품 산출 중심으로 하는 잘못을 저지르게 된다. 요즈음 '누리과정'의 '누리'를 붙여 '누*아이'나 '누리*트'라는 미술학습지로 영유아들에게 잘못된 미술교육을 하는 곳이 있다. 이런 학습지 형태의 미술활동은 영유아를 위한 교육이 아니다. 특히 창조주의 교수-학습 방법으로 자유롭게 스스로 탐색하고 표현해 볼 기회를 많이 가져야 하는 만 3세 미만 영아들에게 색칠하기 패턴을 인쇄해 그 안을 색칠하게 하는 경우라든지 계란 껍질을 풀로 붙이게 한다면 그건 행복감을 주는 활동이 아니라 고통이다. 만 3세 미만 영아들은 마음대로 팔을 움직여 종이 위에 흔적을 남기는 정도도 힘들다.

(3) 유아의 눈높이에서 미술에 대해 이야기 나누기

교사와 유아의 언어적 상호 작용은 '유아에게' 이야기할 때와 '유아와 함께' 이야기할 때로 나눌 수 있다. 유아에게 이야기하는 것은 어른이 유아에게 "이러이러한 것을 해라." 하며 안내하거나 지시하는 것이고, 유아와 함께 이야기하는 것은 어른이 그 유아의 눈높이에 맞추어 느낌과 생각을 들어 주면서 이야기를 나누는 것이다. 전자는 교사중심적인 언어적 상호작용이고 후자는 유아중심적 언어적 상호작용이다. 유아에게 이야기를 하는 것은 부모나 교사가 유아에게 가르치거나 지시하고 싶은 것을 전달하는 경우에 사용하고, 유아와 함께 이야기를 나누는 것은 유아가 하는 말을 어른들이 경청하고 그들이 하는 말의 의미가 무엇인지를 알아들은 후 이에 적절하게 반응하며 이야기 나누는 것을 말한다.

상황에 따라 교사들은 지시자가 되기도 하고, 유아의 이야기를 경청하며 이야기를 함께 나누는 사람이 되기도 하기 때문에 이 두 가지 유형의 이야기 나누기 방법은 상황에 알맞게 써야 한다. 어떤 언어적 상호작용 방법을 사용하든지 교수-학습 방법이 교육적 효과를 거두려면 교사는 유아들의 반응을 이해한 후, 교육목적·교육내용·교수-학습 방법을 결정해야 한다. 예를 들어, 유아가 물건의 모양을 말하면서 긴 네모를 세모라고 말하면 '아, 이 유아를 위해 이번 주에는 모양을 다양하게 경험해 볼 수 있도록 준비해 주어야지.' 하며 교재를 마련하는 것이다. 따라서 교사는 영유아의 반응을 잘 관찰하고, 주의 깊게 듣고, 이에 알맞게 반응하며 이야기를 나누는 일을 항상 하다가 기회가 주어질 때 적절한 어휘와 문장으로 언어적 상호작용을 해야 한다.

유아들이 사물을 더 잘 보게 하고, 유아들의 미적 인식 수준을 높여 주기 위해 미술의 요소를 나타내는 색·점·선·모양·명암·공간·질감과 같은 미술 용어를 사용한다든지 균형·강조·비례·움직임·리듬/반복/패턴·변화와 통일성 같은 미술의 원리 용어를 사용하며 질문하는 것은 아주 바람직한 일이다. 가정에서 자주 들어 볼 수 없어 처음에는 생소하게 느끼지만 부모나 교사들이 자주 사용하면 어느 날 유아들은 이를 생활의 일부로 받아들이게 된다. 우리나라 교사들은

1980년대 이후 인지 발달 및 구성주의 이론의 영향을 많이 받아 수 개념 등의 교육 내용에 대해서는 언어적 상호작용을 많이 하지만 미술관련 용어는 다루지 않는 경향이 있었다. 또는 습관적으로 수학이나 과학적 내용으로 묻는다. 유아들이 사물을 볼 때 "이 사과는 모두 몇 개일까?"라고 질문하는 것은 인지적 질문이고 "이 사과의 색깔은?" "모양은?" 등 미술 용어를 사용하며 이야기를 나누면 미술과 관련된 질문이 되는 것에 유의해야 한다.

유아교육기관의 교사들은 '이번 교육활동을 한 후 나는 영유아들에게 어떤 능력을 향상시켜 주고 싶은가?'에 대해 생각해야 한다. 인지 능력을 길러 주고 싶은지, 미적 인식 능력을 길러 주고 싶은지에 따라 질문이 달라져야 하기 때문이다. 우리나라 유아교사들이 미술관련 용어들을 조금만 사용하거나 전혀 사용하지 않는 것은 미술활동을 하게 함으로써 영유아가 아름다움을 탐색하고, 표현해 보며, 감상하는 능력을 갖도록 돕겠다는 교육목적을 가지지 않기 때문이다. 1980년대 이후 인지심리학의 영향으로 수학이나 과학 개념을 더 우선적으로 가르친 것도 유아 미술교육을 소홀히 다루게 했고 미술에 대한 어휘는 어느 날 스스로 터득하게 된다는 생각을 했기 때문이기도 하다.

우리 주변에서 볼 수 있는 모든 것에는 미술의 요소와 미술의 원리가 내포되어 있다. 교사들이 미술의 요소나 미술의 원리를 제대로 인지하기만 해도 미술관련 활동을 할 수 있는 환경이 달라질 것이고, 미술관련 어휘력 수준도 향상될 수 있다. 예를 들어, 교실에서 토마토를 얇게 썰었다고 가정해 보자. 교사가 유아들에게 "이 토마토에는 씨가 몇 개나 들어 있니?"라고 질문하면 수학적 개념을 묻는 질문이고, "이 토마토를 뜨거운 불에 올려놓으면 어떤 일이 벌어질까?"라고 물으면 과학적 질문이 될 것이며 "이 토마토 조각을 잘 보자. 어떤 모양이지?" "색깔은 어때?" "이 토마토 조각 색깔과 똑같은 색깔을 만들어 볼 수 있을까?"라는 질문을 한다면 미술의 요소에 대해 질문하는 것이다. 시각적 언어visual language로 시각적 인식 능력을 높이는 질문이다. 영유아의 미적 인식과 시각적 언어는 저절로 생기는 것이 아니라 이런 능력을 길러 주겠다는 어른이 주위에 있어 끊임없이 도와주어야 높아

질 수 있다. 다음은 초등학교에 가기 전인 만 6세 유아들에게 바이올린을 보여 주며 교사가 미술의 요소에 대해 한 질문이다.

교 사: (바이올린을 보여 주며) 우리 자세히 보자. 생각을 모아 **열심히 보자**. 네가 본 것을 나에게 이야기해 주겠니?

여아 1: 'ㅇ'과 'ㅣ' 'ㅡ'가 있어요.

교 사: 맞아. 여기 이 모양들은 **동그라미 모양**이고 'ㅣ'는 바이올린의 줄들이야. 소리는 이 **구멍**을 통해서 나온단다.

남아 1: 위에 단추 같은 것이 있어요.

교 사: 이건 줄을 감아서 팽팽하게 하는 거야. 줄의 **모양**은 어때?

남아 2: 쭉 뻗었어요.

교 사: 줄은 모두 똑같이 생겼니?

여아 3: 아니요. 어떤 줄은 굵고 어떤 줄은 얇아요.

교 사: 그렇구나. 이 줄을 그림으로 그릴 수 있을까? 이번에는 이 악기의 **모양**이 어떤지 잘 보자.

남아 3: 허리가 쏙 들어갔어요.

교 사: 응. 여기는 들어가고 여기는 볼록 나왔구나. 이 악기와 **비슷한 모양**의 악기 중 생각나는 것이 있니?

여아 1: 기타요. 그런데 기타와 바이올린 모두 **누런색**이에요.

남아 2: 그런데 똑같은 누런색은 아닌데. 여기는 더 누렇고……

교 사: 잘 보고 생각하면서 바이올린을 그려 보자. 기타를 그릴 사람은 기타를 그려도 돼.

여아 2: **주황색**이 어디 있어? 여기는 더 **반짝거리잖아**. 누런색 줘.

앞의 예는 교사가 바이올린을 준비해 모양에 대해 관찰하며 생각해 볼 수 있는 기회를 가진 후 바이올린을 그려 본 것이다. 처음에 교사가 "열심히 보자."라고 했을 때 유아는 자연스럽게 'ㅇ'과 'ㅣ'를 이야기함으로써 한글의 모음과 자음 인지 능력을 보여 주고자 했다. 유아의 미적 인식 능력을 향상시키고 싶어 했던 교사는 유아의 반응을 무시하지 않으면서 이를 바이올린의 모양과 연결시켜 자연스럽게 악기의 모양에 집중하도록 질문했고 나중에는 색깔에 대해서도 관심을 갖도록 안내했다. 유아들이 바이올린의 모양과 색깔을 단순히 인식하는 것에서 모양과 색깔을 비교 분석하기까지 할 수 있게 안내도 하였다. 이러한 교사의 노력은 유아들로 하여금 바이올린을 무심히 대강 보는 것에서 보다 더 구체적으로 자세히 관찰하는 태도로 바뀌게 도와주

바이올린(만 5세)

었다. 이에 더 나아가 유아들이 줄을 감는 곳을 유심히 살펴보게 함으로써, 악기의 구석구석, 즉 가운데 구멍이 뚫려 있는 것, 허리 부분이 잘록 들어간 것에 대해서도 관심을 갖도록 했다. 이 유아들의 관찰 능력이 보다 세심해졌고 정교화되어 바이올린 모양의 자세한 부분까지 그리고 싶게 했던 것이다.

　"잘 보자."라고 안내하거나 앞의 사례처럼 교사의 질문을 들으며 유아들이 사물을 집중해서 보게 되면 뇌에 그 사물에 대한 이미지/상이 강하게 남는다. 그렇다고 해서 유아들이 사물의 특징을 세밀하게 그려야 한다는 의미는 아니다. 유아들이 사물에 대해 상을 구체적으로 갖는 것은 유아들이 그려야 할 때 즉각 그릴 수 있게 해 주고, 무언가를 만들어야 할 때 상이 떠올라 서슴없이 만들게 해 주는 원동력이 된다는 의미다. 사물을 열심히 관찰하여 뇌에 각인된 상이 많으면 많을수록 유아들은 선택할 거리도 많아진다. 이와 같이 바이올린을 관찰하게 하여 그리게 하고, 선생님의 질문을 들으며 다시 관찰하게 하여 그림을 그리는 경험이 쌓이면 쌓일수록 바이올린 그림은 세밀한 부분까지 표현될 것이다.

　그림을 창의적으로 그리게 하려면 질문의 방향이 바뀌어야 한다. "잘 보자."에서 "다르게 생각해 보자."로 바뀌어야 한다. 더 잘 보도록 안내하는 질문이 유아로

하여금 사물을 좀 더 구체적으로 보게 한다면 "다르게"라는 질문은 창의적인 생각을 자극한다. 이러한 질문은 정답을 요구하는 질문과는 다르고 지식을 요구하는 질문과도 다르다. 바이올린을 관찰하며 그림을 그린 유아에게 교사가 "이번에는 이 세상에 있는 바이올린과는 아주 다른 모양의 바이올린을 그릴 수 있을까? 친구들이 그린 바이올린하고도 다르고, 조금 전에 네가 그린 바이올린 그림하고도 아주 다른, 세상에 하나밖에 없는 나만의 바이올린 그림 말이야. 재미있을 것 같지 않니?" 교사의 이런 제안에 힘입어 유아들은 다르게 그리는 것에 대해 두려움을 느끼지 않고 대담하게 그림을 그릴 수 있을 것이다.

그러나 교사들이 이런저런 질문을 해도 한 학급의 유아 모두가 동시에 따라 주는 것은 아니므로 너무 조급해 하지 않아야 한다. 개개인 유아들의 상황에 따라서 "잘 보자." "더 그려 넣을 것은 없을까?" "다르게 그릴 수는 없을까?" "다른 모양은 어때?" "다른 색깔로도 그릴 수 있을까?"를 선택해서 아이에게 맞추어 상호작용해 본다. 인내하고, 기다려 주고, 배려하는 일이 교사에게 힘든 일이지만 가장 가치 있는 일이다. 교사가 앞에서 시범을 일괄적으로 보이며 "자! 지금부터 엄마를 그리자."라고 지시한 후 유아의 그림을 보며 "잘했어." "이 다음에 더 잘 그리자." 하며 비교하는 것은 쉽지만 교육적 가치는 없음을 명심하자. 정해진 교육과정의 내용을 한 학급 모두를 대상으로 전달하는 교육내용 중심의 교육을 하는 것보다 개별 유아 한 명이라도 더 교육의 효과를 보게 하려는 교사가 있을 때에만 유아교육의 효과는 일어난다. 교육의 주인은 유아 자신이지 교육내용 그 자체는 아니다.

우리나라 유아교사들 중에는 미술활동이야말로 창조주의 교수-학습 방법으로만 교육해야 한다고 극단적으로 생각하는 이들이 있다. 영유아의 호기심을 중요히 다루면서 유아에게 도움이 필요할 때 적절한 방법으로 돕는 균형주의 교수-학습 방법을 적용하면 더 잘할 수 있는데도 도움을 주면 안 된다고 생각한다. 이런 생각을 가진 교사들은 균형주의 교수-학습 방법을 교사중심이라며 배제한다. 그러나 **균형주의** 교수-학습 방법으로 교사가 영유아에게 도움을 주다가도 영유아가 혼자 할 수 있다는 신호를 보내면 즉시 물러나 자유를 돌려주어야 영유아들의 미적 감각·창의력·자신감은 자란다.

　듀이에 의하면, 유아중심교육이라는 미명하에, 영유아들에게 "네 마음대로 놀아라." 한다든지 "네 마음대로 그려라."라고 말하며 아무런 중재나 개입을 하지 않는 교사는 교육을 하는 것이 아니라 방임하는 것이다. 영유아가 흥미를 느끼고 관심을 갖고 있는 것에서부터 교육을 시작하지만 그 흥미와 관심이 더 깊어지고 넓어질 수 있도록 영유아를 도와주어야 교육의 효과를 볼 수 있다는 것이 유아중심교육이라고 듀이는 말한다(Achambault, 1974). 교육의 시작이 영유아여야 하는 것은 당연한 일이지만 영유아의 충동적인 흥미가 보다 더 정교화되고 세련되기 위해서 교사와 부모는 영유아들을 질적 수준이 높은 방향으로 안내해야 미술 능력이 향상된다.

　영유아들은 교사와 부모들이 제공하고 노력한 만큼 배운다. 우리가 한 주 내내 "하늘을 잘 보자. 어떻게 변하는지 살펴보자."라고 제안하면 영유아들은 그 주 내내 열심히 하늘을 쳐다보며 하늘의 모습과 색의 변화를 관찰할 것이고 "우리 유치원(어린이집) 마당(화분)에 핀 꽃 모양이 어떻게 다른지 잘 보자." 하면 여러 모양의 꽃들을 열심히 관찰할 것이다. 유아들이 하늘을 그릴 때, 항상 크레파스 상자에서 파란 하늘색을 생각 없이 꺼내 칠하는 것에 의문을 갖게 되었던 선생님이 유아들에게 "이제부터 하늘을 잘 보자. 이번 일주일 동안 하늘이 어떻게 변하는지 잘 보고 와서 이야기해 보자."라고 했다(정미경, 1999). 그다음 주에 선생님은 "어때? 하늘 색깔이 너희들이 항상 쓰는 그 파랑색이니?" 하였더니 아이들은 이구동성으로 "선생님, 달라요. 하늘 색깔이 매일 달라져요. 우리 유치원에 있는 크레파스로는 그릴 수 없어요." 했다. 그래서 유치원 선생님은 유아들이 매일 달라지는 하늘 색깔을 다양한 색으로 표현할 수 있도록 파스텔을 마련해 주었고, 스스로 다양한 색깔을 만들어 하늘색을 만들어 보도록 물감도 마련해 주었다. 그 선생님은 다양한 색깔의 하늘을 표현한 국내외 화가들의 그림 포스터를 유치원에 전시해 주었다. 유아들은 이 그림들을 아주 흥미 있게 보면서, "선생님 내가 본 하늘은 이 그림들하고 좀 달라요." 하며 자신들이 보고 느낀 하늘을 나름대로 그렸다. 앞에서 보았듯이

교사들은 유아의 미적 인식을 향상시키고, 미술 용어들을 익히게 하며 '세밀히 관찰하는 방법'과 '다르게 생각하며 표현하는 방법'도 알게 하였다.[*]

이런 경험을 한 유아들은 다음에 다른 사물을 관찰하게 될 때 대강 보는 것이 아니라 "더 잘 보자."라는 말을 많이 했다. 잘 보고 다르게 생각해 보는 습관을 가진 영유아들은 사물의 공통점과 차이점도 빨리 파악했고 문제해결 능력도 향상되었다(정미경, 1999).

교사가 아는 만큼, 가지고 있는 열정만큼 유아들은 배운다. 대학생들도 마찬가지여서 "잘 보자." 하면 열심히 관찰하고, "잘 생각해 보자." 하면 생각을 더 심각하게 한다. 영유아들의 미적 인식 능력을 기르고 미술의 요소나 미술의 원리를 소개하며 질문하는 것도 영유아 개개인의 발달 상황에 따라, 유아들의 이해 정도에 따라, 질문의 내용이나 질문하는 횟수가 달라져야 한다. 미술활동을 할 때 교사는 일단 미술 재료들을 제공하고 질문을 한 후에는 유아 스스로 활동하도록 독립성을 보장해 주어야 한다. 유아 옆에 붙어 앉아서 계속 간섭하면 유아의 창의성이 표현되기 힘들기 때문이다. 특히 유아보다 영아들을 위해서는 이런 교수-학습 원칙을 지켜야 한다. 미술의 요소나 미술의 원리를 알게 하는 것이 중요하지만 이해도 못하는 영아들에게 자꾸 이야기하거나 질문하면 주입식 교육이 된다. 영유아의 발달 정도와 개인차는 교사가 이들을 위해 어떤 내용을 어느 수준에서 소개해야 하는지를 결정하게 하는 기준이다. 유아들에게는 수시로 미술의 요소나 미술의 원리를 인식하게 하는 질문을 해도 영아들에게는 불필요한 경우가 많다. 물론 특출한 영아에게는 이런 질문을 해도 되겠지만 대부분의 영아는 발달 특징상 이해할 수 없어 스트레스를 더 받는 것을 예로 들 수 있다. 영유아들은 예민해서 어른들이 무언가를 계속 가르치려고 하면 '아, 내 마음대로 하면 안 되는구나.'라고 생각하여 계속 "엄마 나 못 그려." "선생님, 다음엔 무슨 색깔 칠해요?" 하는 등 도움을 청하며 어른

---

[*] 이 사례는 정미경(1999) 교수의 박사학위논문 실험 내용으로, 당시 정 교수는 순천대학 부속유치원 원장이었다.

의 기대에만 맞추려 한다. 창의적으로 표현하는 기회를 빼앗는 것이다. 창의성을 키우는 것과 반사회적인 행동을 하지 않도록 버릇 들이기를 하는 것의 접점을 찾는 것이 곧 교육이다.

(4) 인정·칭찬·격려하기

유아의 미술활동에서 가장 중요한 언어적 상호작용은 인정·칭찬·격려다. '칭찬은 고래도 춤추게 한다.'라는 말이 있듯이 교사의 인정과 격려, 칭찬은 유아들의 능력을 이끌어 낸다. 특히 유아의 미술활동을 격려하고 작품을 존중해 주는 것은 유아에게 큰 도움이 된다. 그러나 영유아가 실제로 한 것보다 과하게 인정·칭찬·격려하거나 진심이 없이 한다면 오히려 해롭다. 유아는 자신이 만든 작품이나 그림에 자신이 없는데 교사가 "정말 잘 그렸어." 한다면 유아는 교사의 진심을 의심할 수 있다. 칭찬을 지나치게 자주 하는 것도 칭찬의 효과를 감소시킨다. 유아 스스로 최선을 다하지 않았음을 느끼고 있는데 "멋있어." 하면 믿지 않는다. 기뻐하기보다 교사에 대한 불신으로 이어진다. 영유아의 능력에 부담이 되는 미술활동인데 교사가 "넌 잘할 수 있어."라며 강요하면 유아는 미술활동을 오히려 기피한다. 적절한 실패는 자기 발전에 도움이 되므로 "잘했어." "멋있어." "네가 잘할 수 있을 것이라고 난 믿었어."라는 말 이외에 "힘든데 잘 견뎠어." "힘들어도 끝까지 노력해서 만들었구나." 하는 것이 좋다. 너무 긍정적인 칭찬만 듣는 영유아들은 칭찬 들었던 행동이나 활동만 반복하기 때문에 새로운 것을 그리거나 만들어 보는 도전 정신이 줄어든다. 영유아들이 미술활동을 다양하게 시도해 보는 것이 중요하지, 칭찬을 받는 양이 중요한 것은 아니다.

한 학급의 유아 중 몇 명의 아이만 인정·칭찬·격려하는 일은 피해야 한다. 영유아들 중에도 뛰어난 미술 작품을 산출하는 아이들이 있기는 하지만 매우 드물다. 유아기는 잠재 능력을 실험해 보는 초기 단계이므로 몇몇 유아를 선별해서 칭찬하는 일은 절대로 피해야 한다. 인정·칭찬·격려를 받지 못하는 영유아들은 '선생님이 내 그림을 싫어해.' '내 그림은 나빠.' '난 정말 그리기 싫어.'라고 생각하기 쉽기

때문이다. 또한 아이가 노력하는 정도를 칭찬하는 것이 아니라 유아 개인의 인성이나 모습 등에 대해 칭찬하면 역효과가 난다. 그러므로 인정·칭찬·격려는 유아의 노력에 초점을 맞추어 용기를 주고 도전할 마음을 일으켜야 진정한 인정·칭찬·격려가 된다. "정말 열심히 그렸구나." "끝까지 다 해내다니 애썼다." "네가 재미있게 만드는 모습을 보니 선생님도 만들어 보고 싶은 생각이 들었어."와 같은 말들은 유아의 노력에 중점을 두는 칭찬들이다. 한 학급에 유아들이 많을 때에는 인정·격려·칭찬을 받지 못하는 유아가 없도록 항상 체크하면서 골고루 해야 한다.

(5) 유아의 작품에 나타난 미술관련 내용을 자세히 말해 주기

영유아 한 명 한 명을 칭찬해 주기 위해 무언가를 찾아 자세히 말해 주는 교사의 노력은 두 가지 이유에서 대단한 교육적 가치를 지니고 있다. 첫째, 교사들로 하여금 칭찬거리를 찾는 습관을 갖게 한다. 일반인들은 지나칠 수 있는 창의적인 일들을 관찰하여 영유아들을 칭찬하고 인정해 주는 동안 유아의 행복지수를 높일 수 있다. 둘째, 자신은 잘못했다고 느끼고 있는데 선생님이 사실에 기초해서 말해 주면 "아! 나도 몰랐는데 내가 한 일이 제대로 된 것이구나."라고 느끼며 어떤 것을 어떻게 보고 그려야 할지, 다르게 그리거나 만드는 일은 왜 중요한지를 알아 간다. 많은 교사는 유아들이 해낸 가치 있는 작은 일들은 말해 주지 않고 '교실을 깨끗이 치우는 일'이나 '교실을 운영하는 큰 일'에 관한 내용들만 칭찬하는데, 영유아에게 도움이 되는 내용을 찾아내 구체적으로 말해 주어야 교육적 칭찬이 된다. 교사에게 도움이 될 만한 일은 칭찬하고 영유아가 했을 때는 칭찬하지 않는 나쁜 방법이다.

영유아들이 해낸 내용에 대해 구체적으로 코멘트하며 반응한 후에는 곧이어 다음과 같이 질문하여 영유아들이 앞으로 그림을 그리거나 작품을 만들 때에는 어떤 점을 더 중점적으로 해야 할지를 생각해 볼 수 있는 기회를 준다. 이 예시는 허버홀츠와 핸슨(Herberholtz & Hanson, 1994)이 유아의 작품에 대해 말해 줄 때 쓸 수 있는 언어적 상호작용으로 ① 재료와 매체·도구 활용 기술, ② 미술의 요소와 미술의 원리, ③ 작품에 나타난 정서와 경험, ④ 상상력과 독창성 범주 넷이다.

- **재료와 매체ㆍ도구 활용 기술에 대해 말해 주기**
  - "동연이의 가위질 솜씨가 점점 좋아지는구나."
  - "파스텔을 사용하여 하늘을 표현했구나."
  - "투명테이프를 이용해서 플라스틱 병뚜껑을 깔끔하게 붙였구나."
  - "찰흙으로 만든 코끼리의 다리가 아주 튼튼하게 붙여졌구나."

- **미술의 요소와 미술의 원리에 관련된 말해 주기**
  - "정인이가 그린 집의 빨강색 지붕이 따뜻한 느낌을 주는구나."
  - "커다란 오렌지색 해님이 아주 밝은 느낌을 주는구나."
  - "재백이가 그린 꽃밭의 꽃들의 색이 서로 잘 어울리는구나."
  - "민서가 그린 강아지를 만지면 정말 부드러울 것 같다!"
  - "정연아! 동그란 모양을 계속 이어서 그리니까 동그라미가 움직이는 것처럼 보이네."
  - "다영이는 파란색과 초록색을 사용하여 물 색깔을 표현했구나. 정말 시원하고 깨끗해 보인다."
  - "기범이가 여기에 점을 많이 찍었구나."
  - "효범이가 잎사귀(다른 물건일 경우에는 그 이름으로 말한다)들을 종이 위에 이렇게 늘어놓았는데 모양이 됐어."
  - "나원이는 색깔들을 섞어서 예쁜 색이 새로 만들어졌구나."
  - "도원이는 이 그림에 잘 어울리는 색들을 선택했구나."
  - "혜정이는 네가 관찰한 나무의 모양을 기억하고 있다가 그렸구나."
  - "준기가 만든 이 패턴은 미래의 건물같이 특별하다. 참 멋있어."
  - "찬용이 혼자 이 선을 다 그렸다니 놀랍다."
  - "친구들과 함께 잡지에서 오린 그림들을 풀로 붙여서 집을 만들었단 말이지? 애썼어."

- "가위로 사람 얼굴을 오려 냈구나. 힘들었지?"

• **유아의 작품에 나타난 정서와 경험에 대해 말하기**

  - "동연이의 그림을 보니 지난 여름 바닷가에 갔던 일이 생각나는구나."

  - "네 그림을 보니 금방이라도 하늘에서 비가 내릴 것 같구나."

  - "정연이가 그린 그림에서 따뜻한 색들을 보니 행복한 느낌이 드는구나."

  - "동현이의 재미있는 그림을 보니 내가 실제로 서커스 구경을 온 것처럼 즐거운 느낌이 들어."

• **작품에 나타난 상상력과 독창성에 대해 이야기 나누기**

  - "찬용이는 호랑이를 다른 친구들과 다르게 그렸구나."

  - "채원이가 정말 새롭고 기발하게 엄마를 도와주는 기계를 생각해 냈구나."

  - "동우는 휴지를 잘게 찢어서 붙이는 새로운 방법으로 새의 털을 표현했구나."

(6) 유아의 작품에 대해 자기 생각을 이야기하게 하기

미술활동 과정이나 완성된 작품에 대해 유아들이 자기의 생각을 이야기하도록 기회를 주는 것은 가장 훌륭한 언어적 상호작용 방법이다. 교사는 개별 유아 또는 모둠으로 앉아 유아의 작품에 대해 이야기를 들을 수도 있으나 유아들이 말하기 어려워하면 "너는 네가 그린 이 그림에서 어느 부분이 가장 마음에 드니?" "눈을 어떤 색으로 칠했니? 네가 표현한 눈을 보니 어떤 느낌이 드니?" "네가 그린 그림에서 계속 여러 번 나오는 그림은 무엇이지? 이걸 보니 어떤 느낌이 드니?" 등과 같은 질문을 해서 이야기를 이끌어 내어 즐거운 이야기 시간을 갖는다.

아이즈너(Eisner, 1972)는 유아가 자신의 작업을 어떻게 느끼는지, 자기 작품에 대해 어떤 생각을 하고 있는지, 또 활동을 통해 무엇을 배웠는지, 좋았던 점은 무엇인지, 다음에 하고 싶은 작업은 무엇인지 등에 대해 말함으로써 자신이 하고 싶은 것이 무엇인지 정리할 수 있다고 보았다. 미술활동을 하는 동안 유아들이 느끼는 감정에는 정답이 없다. 개개인 유아들이 느끼는 그 상황이 중요하다. 따라서 교사는 유아들이 감정을 이야기할 때는 '옳다' '그르다'라고 말하지 말고, 수용하는 태도와 말로 감정을 받아들여 준다. '저런' '그랬구나' '그래서' 등의 간단한 말이나 머리 끄덕여 주기 등이 좋다. 유아의 이야기를 들어 주는 것은 유아 스스로 자신의 작품을 인식하고 올바르게 감상하도록 돕기 때문에 작품의 질을 높이는 데 도움이 된다. 유아들이 자신의 작품에 대해 이야기를 잘 할 수 있도록 느낌과 생각의 단초를 줄 수 있는 질문들은 다음과 같다.

- 오늘 미술활동은 어땠니?(소감이나 느낌 묻기)
- 네 작품에 대해 이야기해 주겠니?
- 네 작품을 보면 어떤 느낌(생각)이 드니?
- 오늘 미술활동을 열심히 했니?
- 오늘 미술활동에서 어떤 점이 좋았니?
- 오늘 미술활동에서 무엇이 어려웠니?
- 혼자서도 할 수 있었니?
- 도움이 필요할 때 선생님이 잘 도와주었니?
- 재료나 도구가 사용할 만큼 충분했니?
- 다음에는 어떤 작업을 하고 싶니?

유아들로 하여금 자신의 그림에 대해 이야기하게 할 때 교사가 가장 조심해야 할 말은 유아를 위축시켜 자신감을 없애는 말이다. 다음은 교사가 주의해야 할 사항이다.

- 그림 중 잘한 것을 선택하여 다른 유아의 작품과 비교하지 않는다.
- 결과물로 나온 작품을 강조하여 "잘 만들었다." "잘 그렸다."라는 말을 하지 않는다. "잘……."이란 한 글자만으로도 부담감을 주기에 충분하다.
- 유아의 이야기를 듣기 전에 교사가 속단하여 판단하는 말을 하지 않는다. 유

아들은 자신이 보는 대로 남들도 봐 주기를 기대하기 때문에 교사가 다르게 말하면 미술 표현에 대한 자신감을 잃게 된다.

• 유아들이 표현하는 과정에 관심을 더 보인다. 그러려면 항상 관찰해야 한다.

(7) 미술관련 용어를 사용하며 언어적 상호작용하기

유아의 눈높이에서 유아와 이야기를 나눌 때, 미술의 요소와 미술의 원리를 말해 주어야 한다고 설명한 바 있으나, 미술의 요소나 미술의 원리 이외에도 미술관련 용어를 교사들이 자주 사용하면 좋다. 미술의 요소나 미술의 원리 이외에도 미술 전문가들이 쓰는 특별한 용어를 교사들이 쓰면 유아들이 이를 배워 재미로 쓰는 경우도 있다. 정교한 모양·장식·창의적인 디자인·재료·조각·색환·모빌·스펙트럼·콜라주·도자기·인상파 화가와 같은 용어들이 처음에는 어렵지만 반복해서 듣다 보면 그 의미를 알게 된다. 이탈리아나 프랑스에 사는 젊은이들이 우리나라 젊은이들보다 디자인 감각이나 색감이 좋은 것을 보아서도 환경의 영향을 무시할 수 없음을 알 수 있다. 미술관련 용어들을 배우게 되는 것은 그 유아가 어떤 교사를 만나느냐에 따라 달라진다. 교사가 자연스럽게 미술 용어를 쓰면 된다. 특히 명화감상은 미술관련 용어를 사용하지 않고서는 제대로 감상할 수 없기 때문에 명화감상 시간을 교실에서 많이 갖는 것도 좋은 방법이다. "강한 느낌의 색깔을 쓰는 화가들을 어려운 말로 인상파라고 한단다."라고 말하는 것을 예로 들 수 있다 (Gaitskell & Hurwitz, 1970).

교실에서 유아들과 미술관련 용어들을 자주 사용하려면 무엇보다도 교사들이 미술관이나 박물관을 자주 방문하고 전시회도 자주 가며 미술관련 잡지를 구독하거나 인터넷을 통해 검색을 많이 하여 미술적 소양을 높여야 한다.

4. 동기유발 전략

유아미술교육에서 동기유발이란 유아가 어떤 대상을 그리거나 만들고 싶은 마음을 강하게 갖게 하는 교사의 언행을 말한다. 동기유발은 유아로 하여금 어떤 대상에 대해 좀 더 깊이 느끼고 생각하고 미적 호기심이 일어나게 하지만, 만 4세 후반에서 5세경에 시작할 수 있다. 만 4세 미만의 영유아는 환경과 기회를 마련해 주어 스스로 탐색하고 즐기게 하는 것이 먼저다. 자유롭게 탐색하는 기간이 어느 정도 지나면 스스로 흔적을 남기고 싶은 마음이 일어나므로 발달 특성상 만 4세 이전의 영유아들에게는 자유를 많이 주는 창조주의 교수-학습 방법을 주로 적용해야 한다. 물론 표현의 욕구를 보이는 특출한 영아가 있을 수 있어 균형주의 교수-학습 방법을 적용해야 할 때도 있을 수 있지만 보편적 발달 특성으로 보면 만 4세 미만의 영유아에게는 창조주의 유아미술 교수-학습 방법이 적절하다.

동기가 일어나면 유아들은 어떤 대상에 대해 무언가 강한 느낌을 갖게 되고, 생각이 깊어지며, 지각知覺하는 수준도 향상되기 때문에 대상물의 특징을 구체적으로 그리거나 만들고 싶어 하고 집중력과 작업 시간도 길어진다. 또 자기가 표현하

고 싶은 대로 그리기 위해 의견을 분명히 말하기도 한다. 찬용이는 사람 그림을 그릴 때마다 코를 그리지 않았다. 유아교육과에서 아동미술을 가르치는 엄마가 "네가 그린 사람은 코가 없는데 이유가 뭘까?" 했더니 "엄마, 코를 그리면 미워져요."라고 답했다. 코를 그려 넣어 그림이 미워지는 것이 싫다는 의견을 분명히 말한 것이다.

교사는 언어적 상호작용으로 유아의 동기유발을 도울 수 있지만 다음과 같은 다양한 방법으로도 동기유발을 할 수 있다(Herberholz & Hanson, 1994).

1) 시각 자료 활용하기

시각 자료란 사진·동영상·인터넷 자료 등과 같이 눈으로 보며 이해할 수 있는 것들을 말한다. 시각적 자료는 직접 가 볼 수 없는 많은 곳을 사진이나 동영상 자료로 보는 간접 체험의 교육자료다. 또 과거에 보았던 사물을 사진을 보며 회상해 봄으로써 유아의 뇌에 기록되어 있는 이미지를 보완하여 그리고자 하는 대상의 특징을 구체적으로 표현하는 일이 쉬워진다.

일상적으로 찍었던 사진들을 새·물고기·파충류·동물·곤충·식물·건물·교통기관·도시·풍경화·사람 등과 같은 주제별로 정리해 놓아 유아가 보고 싶을 때마다 찾아보기 쉽게 해 주면 이미지 회상에 어려움이 있을 때마다 도움을 받을 수 있다. 유아들이 생활주제로 '새'를 배우고 있을 때 새에 대한 구체적 정보가 담긴 사진 자료들을 주면 날고 있는 새의 모양, 둥지 속의 새, 나뭇가지에 앉아 있는 새, 깃털, 부리, 날개 등을 클로즈업한 것 등 다양한 그림을 구체적 특성을 살리면서 그릴 수 있을 것이다.

시각 자료를 이용한 동기유발의 장점은, 첫째, 자료를 자세히 살펴보며 질문하거나 토의할 수 있다는 점이다. 자료들을 비교·대비하며 색·점·선·모양·명암·공간·질감과 같은 미술의 요소와 균형·비례·강조·움직임·변화와 통일성·리듬/반복/패턴과 같은 미술의 원리에 대해 이야기 나눌 수 있는 기회를 가질 수도 있다. 둘째, 유아들이 자신의 경험과 생각, 느낌을 회상하며 시각화할 수 있으며, 이러한 생각과 느낌이 더 구체화되어 표현될 수 있다.

최근에는 인터넷을 통해 시각 자료를 쉽게 구할 수 있으며, 잡지나 신문에서 사진이나 그림을 오려서 쓸 수도 있다.

다음의 작품들은 교사가 인터넷에서 찾은 자료로서 하늘에서 본 네덜란드의 꽃밭과 코트디부아르의 목화밭을 찍은 사진이다. 이 두 장의 사진 자료를 유아들에게 보여 주고 다양한 미술 재료를 주었더니 다음과 같은 작품을 만들었다.

꽃밭(네덜란드)   목화밭(코트디부아르)

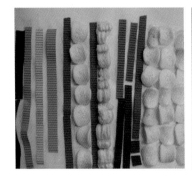 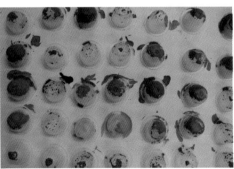

위의 사진을 본 후 유아들이 만든 작품

허버홀츠와 핸슨(1994)의 연구결과에 의하면 연구 대상자의 33%는 시각 자료를 활용할 때 가장 잘 배우고, 24%의 사람들은 청각 자료를 활용할 때 잘 배우며, 29%의 사람들은 시청각 자료를 활용할 때 잘 배운다고 한다. 만일 교사가 유아들에게 '새'를 그리라고 하고 실제로 새를 볼 기회를 주지 않거나 아무런 시각 자료도 주지 않는다면, 그리기를 포기하거나 상투적인 그림을 대충 그릴 것이다. 유아들이 개성 있는 그림을 그리려면 직접 경험해 본 것이 많아야 하고 볼 수 있는 시청각 자료가 있어야 한다.

2) 실물 활용하기

'실물을 활용한 동기유발 전략'은 주위에서 쉽게 볼 수 있는 물건이나 사물을 이용하여 유아들이 관심을 갖게 하는 방법이다. 예를 들면, 나팔, 드럼, 자전거, 장난감 트럭, 좋아하는 인형, 강아지, 고양이, 토끼를 교실로 가져와서 유아들이 흥미를 느끼도록 하는 것이다.

관심을 가지고 자연물이나 사물을 열심히 보는 동안 영유아들의 뇌에는 물체의 특성이나 경관의 특징이 지각되어 상으로 남는다. 뇌에 각인된 상이 명료하면 명료할수록 유아들이 그리는 그림은 구체적 부분까지 표현된다. 이러한 활동은 유아들의 창의성을 발달시켜 주며 자신이 미처 생각하지 못했던 것까지 생각할 수 있도록 도와주고, 이를 표현하는 방법에도 도움을 줄 것이다.

다음의 작품은 교실에서 실물 소화기를 관찰하고 나서 모형 소화기를 이용하여 불을 끄는 놀이를 한 후 소화기를 표현한 것이다.

만 5세 남아

3) 동작 및 신체활동을 한 후 표현하기

이 동기유발 전략은 세 가지로 나눌 수 있다. 첫째, 한두 명의 유아가 몸으로 표현하면 다른 유아들은 동작을 취한 유아들의 움직임을 관찰한 후 그림으로 그리는 것이다. 다른 사람의 행동을 세밀하게 관찰한 후 그림을 그림으로써 더 상세하게 표현할 수 있다. 예를 들어, '달리는 모습'을 그릴 때, 다른 유아가 달리는 것을 보고 머리와 머리카락의 모습은 어떠한지, 팔과 다리는 어떻게 움직이는지를 관찰하고 그리면 그림이 보다 정교해진다.

둘째, 유아가 직접 활동을 함으로써 자신의 몸과 근육들이 어떻게 움직이는지를 느껴 본 후 그림으로 그려 보는 것이다.

셋째, 상상력을 이용하여 자신이 아닌 다른 사람이나 사물이 되어 보는 것이다. 예를 들어, '심청이가 사는 용궁'을 상상하며 물속을 헤엄치는 물고기와 해조류 그리고 바다에 들어갔을 때 어떻게 움직일지 등을 표현해 볼 수 있다.

다음의 작품은 '불꽃놀이' 동영상을 보며 불꽃의 색과 움직임, 변화를 관찰하고 나서 공과 스카프를 이용하여 불꽃처럼 신체표현을 한 후, 다양한 재료를 이용하여 불꽃 모양을 표현한 것이다.

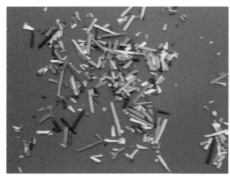 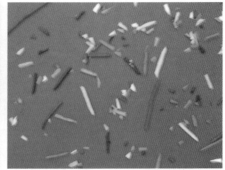

만 4세 유아　　　　　　　　　　　　　만 4세 유아

〈검은 도화지에 화방지/한지 조각으로 불꽃 만들기〉

만 4세 유아　　　　　　　　　　　　　만 4세 유아

〈검은 도화지에 물감으로 불꽃 표현하기〉

4) 동화 · 동시 · 동요 · 노래 · 영화를 활용하기

유아들은 이미지를 떠올리게 하는 노래 · 동화 · 동요 · 동시를 접한 후 그 장면을 상상하게 하는 것을 즐긴다. 유아들은 이들을 보고 들으며 상상의 세계를 넓혀 그림을 그리기도 하고 춤을 만들어 내기도 하고 노래 가사를 만들기도 한다. 다양한 방법으로 상상한 내용을 표현해 봄으로써 보다 넓은 상상의 세계를 표현할 수 있다.

노래 · 동화 · 동요 · 동시 · 영화에는 사람 · 살아 있는 동물 · 상상의 동물 · 장소 · 사건에 대한 이야기가 있어 유아의 상상력을 자극하기에 충분하다. 이때 교사는 주변 어른이 그린 그림이나 삽화를 보여 주지 말아야 한다. 어른의 그림대로 그려야 제대로 그린 그림이라고 유아들이 오해할 수 있기 때문이다. 유아가 상상으로 그림을 그린 다음 다른 친구들이 그린 그림을 보여 주며 "사람마다 느낌과 생각이 다르기 때문에 다른 모양의 그림을 그린단다."라고 말해 주는 것이 좋다. 만일 책에 그려진 그림을 유아들이 보고 싶다고 하면 보여 주면서 "어른들은 너희들이 들은 이 노래/동화/동요/동시를 듣고 이렇게 그렸어. 너희들 그림과 어디가 달라?"라고 질문하여 다른 유형의 그림으로 소개한다. 이어서 그림 그리기에 정답은 없으며 유아 개개인의 그림이 각각 다르고 소중하다는 이야기를 반드시 해 준다.

다음은 '겨울왕국' 영화를 본 후 유아가 그린 주인공 그림과 블럭으로 구성한 영화의 주요 장면이다.

5) 상상과 유머 활용하기

유아의 상상을 일으키는 주제는 비현실적이고, 터무니없고, 꿈과 같아도 된다. 위트가 있고, 익살스럽고, 재미있는 상황을 유아에게 제시하면 할수록 유아들은 흥미를 느낄 것이다. 예를 들어, '마당에 나타난 엉덩이가 아주 큰 동물' '한라산보다 더 크고 높아 등산을 할 수 있는 코' '마법의 꽃' '악어가 운전하는 기차' '걸어 다닐 수 있는 자동차' '얼룩 새' '아주아주 커진 개미' '정글로 바뀐 우리 동네' '오리의 물갈퀴처럼 바뀐 내 발' '점점 작아져서 미니 사람이 된 나' '꽃이 피어나는 신발' '기차 모양의 신발' '나에게 날개가 생긴다면' '도깨비' 등 재미있는 주제가 무궁무진하다. 이러한 상상을 불러일으키고, 유머러스한 주제들은 유아들이 창의적으로 생각하고, 독창적인 방식으로 표현하는 데 도움을 준다.

내가 상상하는 도깨비

다음 그림들은 르네 마그리트의 'The Red Mode'를 감상하며 이 그림에 대해 이야기를 나눈 후, '내가 생각해 낸 이상한 신발'을 유아들이 그림으로 표현한 것이다.

르네 마그리트, The Red Mode, 1935
© René Magritte / ADAGP, Paris － SACK, Seoul, 2015

앞의 르네 마그리트의 작품을 본 후, 만 5세 유아가 그린
'이상한 신발 그림'

6) 작품 감상 후 미술활동하기

같은 주제를 다룬 화가들의 작품을 전시해 놓고 유아들에게 감상하게 하면 그와 유사한 주제의 그림을 그리고 싶어 한다. 예술가들이 똑같은 주제를 각각 다르게 그린 그림들을 감상함으로써 유아는 "나도 내 생각대로 그려도 돼." 하는 생각을 하게 된다. 이런 경험을 하며 유아는 미술의 다양성을 이해하게 되고, 자신감도 갖게 될 것이다. 유아에게 보여 줄 그림들은 주제별로 나누어서 포트폴리오로 만들어 둔다. 포트폴리오의 주제는 '초상화' '동물' '스포츠와 게임' '해바라기' '가족' 등 다양하다. 교사는 이 포트폴리오를 활용해 유아와 감상활동을 한 후, 다양한 재료를 마련해 주고 유아 개인 혹은 소집단으로 이와 유사한 주제로 미술활동을 하게 한다. 다음의 그림들은 고흐, 모네, 클림트의 '해바라기' 그림을 감상하고 유아들이 자신만의 해바라기 꽃을 표현해 본 활동이다.

구스타프 클림트, 해바라기, 1906~1907

클로드 모네, 해바라기가 있는 정물, 1881

빈센트 반 고흐, 해바라기, 1887

빈센트 반 고흐, 해바라기, 1888

- (영유아들에게 명화를 보여 주며) "너는 무엇을 보고 있니?"
- "이 그림에 그려진 모양들은 무엇을 그린 것일까? 색깔은 어떤 색을 섞어서 만들었을까? 눈이 제일 먼저 가는 곳은 그림의 어느 부분일까?"와 같이 그림의 구성이나 특징을 구체적으로 물어본다.
- "이 그림을 보면 넌 어떤 느낌이 들어?"
- "이 그림을 보며 어떤 생각이 들어?"

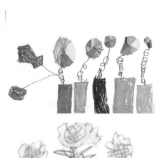

명화들을 감상하고 유아들이 표현한 해바라기 그림

7) 미술관 및 박물관 관람 후 표현하기

미술관이나 박물관을 방문하는 것은 최근 각광받고 있는 동기유발 방법이다. 서울, 부산 등 대도시는 물론 중소도시에도 아트센터가 있고, 개인이 주제별로 운영하는 미술관도 있어 미술활동을 자극할 수 있는 기회로 활용할 수 있다. 어떤 미술관은 유아만을 대상으로 설립되었고, 어떤 전시는 유아들을 위해 기획되기도 한다. 유아기에 미술관과 박물관을 방문해서 얻는 경험은 유아의 표현활동에 동기를 부여해 그림 그리기나 만들기 등 미술활동으로 표현하는 것을 쉽게 해 준다.

관람을 하기 전에 미술관이나 박물관에서 교사와 유아들이 관람을 준비하는 데 도움이 될 안내문을 받아 보는 것이 좋다. 또한 교사는 견학 전에 미리 사전답사를 하여 박물관 관람 시간을 확인하는 것이 좋고 어떤 그림을 보게 할지 사전 방문해서 계획을 세워 놓아야 한다. 유아들은 넓은 박물관을 견학하다 보면 쉽게 지치고, 흥미나 관심도 떨어질 수 있기 때문이다.

중남미 문화원의 '생명의 나무', 2001, 멕시코, 세라믹

관람 전에 유아들이 미술관/박물관에서 지켜야 할 예절에 대해 알려 주고 실제로 관람할 때는 소집단으로 구성하여 다닌다. 특히 박물관의 그림과 조각들이 얼마나 귀중한 것인지 알려 준다. 우리들이 모두 작품을 만진다면 작품이 어떻게 될지 생각해 보게 한 후 우리가 어떻게 행동해야 할지에 대한 규칙도 이야기한다. 손상될 수 있으므로 눈으로만 보아야 한다는 것도 알려 준다. 작품을 감상한 후 전시된 작품의 주제와 같은 주제로 미술활동을 할 기회를 준다. 다음은 중남미 문화원을 방문하여 '생명의 나무'를 감상한 경우다.

중남미 문화원을 방문하여 그곳에서 '생명의 나무'를 감상한 후 유아에게 '나만의 생명의 나무'를 주제로 미술활동을 하게 하였다. 활동 재료는 찰흙, 도화지, 수수깡, 빨대, 단추, 빵끈, 물감, 색연필, 유아용 본드, 나무젓가락, 이쑤시개, 나뭇잎, 나뭇가지, 셀로판 테이프, 일회용 접시였고 교사는 다음과 같은 언어적 상호작용을 했다.

- 우리가 보았던 '생명의 나무'와 어떤 것이 비슷한지 이야기해 볼 수 있겠니?
- 중남미 사람들에게 '생명의 나무'는 어떤 의미일까?
- ('생명의 나무'를 표현한 작품을 사진으로 전시한 것을 살펴보며) 어떻게 만들어진 것일까?
- (각각 다르게 표현된 생명의 나무를 보며) 이 '생명의 나무'는 어떤 재료로 만들었을까?
- 이 '생명의 나무'는 어떤 색을 사용했니?
- 우리가 감상한 '생명의 나무'를 직접 표현해 볼 수 있을까?
- 너희가 '생명의 나무'를 표현한다면…… 너희는 어떻게 할 수 있을까?
- 너희의 '생명의 나무'에는 어떤 재료를 사용하고 싶니?
- 우리의 '생명의 나무'를 어떻게 하면 재미있고 창의적인 생각으로 표현할 수 있을까?

중남미 문화원을 돌아보며 이 같은 질문을 한 후에는 다음의 질문을 하여 유아들이 자기만의 그림을 그릴 수 있도록 했다.

- 너희가 표현한 '생명의 나무'에 대해서 자세히 이야기할 수 있겠니?
- 다른 사람이 만든 '생명의 나무'를 감상하니까 어떤 느낌이 드니?
- 우리도 한번 '나만의 생명의 나무'를 그려 볼까?

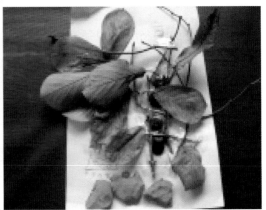

"단추로 땅을 만들었고요. 새와 꽃과 나뭇가지를 　"단풍나무예요."(6세 남아)
만들었어요."(7세 남아)

"반짝거리고 돈 많이 하라고(벌라고) 한 거예요."
(5세 여아)

〈중남미 문화원 관람 후 제작한 유아들의 작품〉

다음은 민속미술관을 방문하여 자화상을 본 후 유치원으로 돌아와 '내 얼굴을 그려요'라는 활동을 해 본 결과다. 활동 재료는 그림 종이, 크레파스, 물감, 붓, 관찰용 거울, 도화지, 연필, 지우개, 먹물, 나무젓가락, 초상화 포트폴리오였다.

활동은 여러 장의 자화상 그림을 보여 주며 그림에 나타난 미적 요소에 대해 탐색과 감상하는 것으로 시작했다. 자화상에 나타난 색·점·선·모양·명암·공간·질감과 같은 미술의 요소에 대해 교사가 질문하고 유아는 대답하는 상호작용의 기회를 가졌다. 그 후 자기의 얼굴을 그려 보는 미술활동을 하였다.

빈센트 반 고흐, Self-portrait, 1887

프리다 칼로, 자화상

윤득서, 자화상, 1710

- 어떤 그림 같아?
- 어떻게 생겼니?
- 우리와 어떻게 달라?
- 어느 나라 사람일까?
- 눈썹은 어떤 모양이야?
- 털이 어떤 모양이니?

• 어떤 부분이 재미있니?

• 이건 뭘까?

• 눈은? 동그라미가 몇 개 있어?

• 이 그림은 무엇으로 그렸을까?

유아 A   유아 B

〈유아들이 그린 자화상〉

8) 미술가와 만나기

예술가의 작업실을 방문하는 것도 유아들의 그리기 욕구를 자극한다. 유아들은 그림을 그리거나 조각을 하는 등 무엇인가 아름다운 것을 생산해 내는 것이 직업인 미술가들을 신기하게 생각한다. 미술가와 만나고, 그들이 작업하는 모습을 보고, 그들이 쓰는 미술 도구를 탐색해 보고, 작가로부터 작품을 완성하기까지의 과정에 대한 설명을 듣는 것은 미술활동을 하고 싶은 유아들의 동기를 불러일으킨다. 이웃이나 직업에 관한 생활주제를 다루게 될 때 소방서·병원·우체국·은행을 방문하는 것처럼, 화가의 작업실을 방문하여 물감 사용하는 모습을 보고, 조각가의 작업실을 방문하여 나무와 돌을 아름답게 조각하는 모습, 공예가가 금속과 열로 보석을 만드는 모습, 베틀을 움직여 천을 짜는 모습, 판화가가 실크스크린을 하는 모습을 보는 일 모두 유아에게 매우 유익한 경험이 된다.

여기서는 미술가와의 만남이 동기가 되어 한 미술활동을 소개하기로 한다. 화가(서양화가)의 작업실을 방문하기에 앞서서, 유아들과 함께 작업실에서 무엇을 볼수 있을지에 대하여 이야기하였다.

작업실은 빛이 잘 들어오도록 한쪽 벽이 큰 창문들로 둘러싸인 곳이었고, 여러 개의 그림이 이젤에 놓여 있었다. 창문 맞은편의 빛이 들어오는 곳에 커다란 캔버스가 있었고 그 옆 작업대엔 물감이 짜인 유리판과 돌 등이 놓여 있었다.

교사가 "여기는 선생님의 작업실이야. 이 선생님은 그림을 그리는 분이셔."라고 소개하자 화가가 "안녕? 여긴 그림을 그리는 곳이고, 여기 있는 그림들은 선생님이나 다른 선생님들이 그린 거야."라고 화답했다.

작업실에는 여러 가지 재료가 있어서 유아들은 그 재료를 자세히 볼 수 있었다. 붓에도 여러 가지 종류와 크기가 있고, 나이프나 다른 도구를 통해 그림을 그릴 수도 있다는 것을 알게 되었다.

교사는 유아들이 화가가 직접 작업하는 모습을 볼 기회가 되었으면 좋겠다는 생각에 화가에게 그림 그리는 모습을 보여 줄 수 있는지 부탁하였다. 화가는 그리

고 있던 큰 캔버스에 물감을 조심히 찍어 그리는 모습을 보여 주었다. 그리고 물감을 섞어서 쓰는 모습도 보여 주었다. 다음은 교사와 화가, 유아들이 나눈 대화다.

> **교사:** 우리, 선생님이 물감을 어떻게 섞는지, 어떻게 칠하시는지 잘 보자.
> **화가:** 여긴 밝고 앞쪽에 있는 곳이라서, 흰 물감을 많이 섞을 거야. 그리고 붓을 돌멩이의 질감에 맞게 움직여서 그리는 거야.
> **유아:** 근데, 여기 돌멩이는 왜 있어요?
> **화가:** 선생님은 지금 돌들이 많은 곳을 그리고 있거든. 그래서 그냥 그리는 것보다 돌을 옆에 두고 관찰하면서 그리면 좀 더 돌처럼 표현할 수 있기 때문에, 돌을 자주 보려고 이 옆에 둔 거야.

유아들은 자신들이 그리던 크레파스나 수채 물감과는 다른 아크릴 물감을 신기하고 재미있어 했다. 또 종이나 스케치북이 아닌 캔버스에 그린다는 것도 호기심을 갖고 직접 해 보고 싶어 하였다. 화가는 아이들에게 캔버스를 꺼내 주며 마음껏 그려 보도록 하였다.

> **화가:** 여기에 물감을 찍어서 한번 칠하고 싶은 곳을 생각한 다음에 칠해 봐.
> **유아:** 우와~ 재밌다……. 너무 재밌다~
> **교사:** 어떤 느낌이 들어?
> **유아:** 음……. 물감이 너무 끈적끈적해요. 그리고 옷에 묻으면 안 지워질 것 같아요.

9) 교실에 작은 미술관 만들기

유치원 교실에 작은 미술관을 만들어 유아들이 자유롭게 작품을 감상하게 하여 자신도 그리고 만들고 싶다는 마음이 들게 자극하는 동기유발 전략이다. 가리개를 'ㄱ' 자로 놓아 양면을 활용하여 그림을 붙인다. 판지를 활용해 전시판을 만들기도 하여 명화 포스터나 엽서를 붙이면 된다. 명화 엽서나 포스터는 미술관의 가게에서 쉽게 구할 수 있다. 그림들은 주제별로 나누어 유사한 주제끼리 붙여 놓는다. 자화상, 추상화, 풍경화 등으로 구분할 수 있고, 비슷한 화법이나 재료로 그린 작품들로도 구분할 수 있다.

교실 미술관을 만들기 위해서는 두 개의 기본 판이 필요하다. 두 개의 판 위에는 엽서 크기의 종이를 열 장 붙이는데, 여섯 장은 명화를 인쇄한 엽서이고, 두 장은 유아들의 작품, 나머지 두 장은 작품에 대한 학습-질문 카드다. 이 학습-질문 카드에는 주제와 관련된 질문이나 내용을 적어 놓는다. 예를 들어, "화가는 사람들이 들판, 호수, 산, 강, 마을 경치를 볼 수 있게 풍경화를 그렸어요. 그림 속 장소 중 어떤 곳을 가 보고 싶나요? 그곳에 가면 어떤 소리가 들릴까요? 그곳에서 무엇을 하고 싶나요? 두 가지 작품을 골라서 비교해 보세요. 실물처럼 그렸나요? 어떤 작품이 가장 비현실적인가요? 지금 그림 속 날씨는 어떤가요? 햇볕이 비치고 있나요? 그림 속에 나타난 동물을 모두 찾아봅시다. 이 그림 속에 있는 모양을 모두 찾아봅시다." 등을 적어 놓을 수 있다.

교실 미술관의 예

10) 게임 및 교구를 이용해 감상하기

게임 및 교구는 오래전부터 사용된 교수 방법이다. 프뢰벨이 세계 최초로 작업이라는 미술활동을 한 것이 바로 그것이다. 게임 및 교구를 이용한 방법은 특히 미술 개념을 가르치는 데 효과적이다. 교구는 유아 혼자서 활동할 수도 있고 소집단으로 함께할 수도 있다. 대부분의 유아들이 독립적으로 놀 수 있기 때문에 교사의 개입은 최소화된다. 몇 가지 예시 활동을 살펴보기로 하자.

(1) 같은 그림 찾기

활 동 명: 같은 그림 찾기

활동목표
- 그림의 장르를 구별한다.
- 선, 색, 모양, 질감 등의 미술 요소에 관심을 갖는다.
- 작가에 따라 그림의 느낌이 다르다는 것을 안다.

활동방법
① 카드를 모두 섞어 책상 위에 뒤집어 놓는다.
② 게임에 참가한 유아들의 활동 순서를 정한다.
③ 2개의 카드를 동시에 뒤집어 같은 그림이면 카드를 가져가고 한 번 더 뒤집는다.
④ 다른 카드가 나오면 다시 뒤집어 놓는다.
⑤ 카드가 모두 없어지면 활동이 끝난다.

(2) 명암 블록

활 동 명: 명암 블록

활동목표: 색의 명암을 안다.

활동방법

① 유아들이 경험한 색의 변화에 대해 이야기 나눈다.

② 명암 블록의 밝은 부분과 어두운 부분을 찾아본다.

③ 흰색에서 검정색으로 이어지는 블록을 조작하면서
   명암의 변화를 느낀다.

④ 여러 가지 색을 이용한 명암의 변화를 관찰하고
   블록을 쌓거나 놓는다.

(3) 조각 그림 퍼즐

활 동 명: 조각 그림 퍼즐

활동목표: 그림의 선, 색, 형태 등의 요소를 고려하여 그림의 전체 형태를 추측하고 짝을 맞출 수 있다.

활동방법

① 몇 조각의 퍼즐만 가지고 게임 방법을 이야기한다.

② 모든 퍼즐을 펼쳐 놓는다.

③ 유아는 퍼즐 한 조각을 선택하여 그림의 한 부분과 맞는 조각을 찾아 맞춰 본다.

④ 퍼즐 사방의 그림에 유의하여 퍼즐을
   완성한다.

⑤ 퍼즐을 완성한 후, 그림을 살펴보며
   이야기 나눈다.

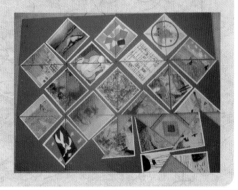

(4) 같은 화가의 그림 찾기

활 동 명: 같은 화가의 그림 찾기
활동목표: 그림의 특성, 색깔, 스타일에 따라 같은 화가의 그림을 분류할 수 있다.
활동방법
① 그림을 감상하면서 같은 작가의
   그림끼리 분류해 본다.
② 분류한 그림들을 친구들에게 보여
   주며 같은 작가라고 생각한 이유를
   이야기 나눈다.

(5) 명화 퍼즐

활 동 명: 명화 퍼즐
활동목표: 퍼즐 맞추기를 통하여 그림을 분석하는 능력을 기른다.
활동방법
① 작품을 살펴보고 작품에 대해 이야기 나눈다.
② 작품의 강조 부분, 특징, 모양, 색, 패턴 등에 관해 말해 본다.
③ 퍼즐을 완성한다.

(6) 미술관 꾸미기

활 동 명: 미술관 꾸미기

활동목표

• 미술관에 대하여 관심을 갖는다.

• 미술 작품을 감상하는 능력을 기른다.

활동방법

① 미술관에 가 본 경험에 대하여 이야기를 나눈다.

② 책상 위에 3개의 명화카드 판을 놓고 돌림판을 가운데 놓는다.

③ 3명의 유아가 각각 화가를 선택한 후 순서를 정해 돌림판을 돌려 자신이 선택한 화가가
나오면 그 화가의 카드를 1장씩 액자에 전시한다.

④ 게임판에 있는 5개의 액자에 그림이 모두
전시되면 게임이 끝난다.

(7) 입체 퍼즐 맞추기

활 동 명: 입체 퍼즐 맞추기

활동목표: 입체적으로 구성된 그림의 조각들을 통합하여 전체를 구성할 수 있다.

활동방법

① 게임을 시작하기 전에 입체 퍼즐에 사용된 그림의 전체적인 모습을 관찰하는 시간을
갖는다.

② 그림의 좌우와 상하, 중심이 되는 요소의
종류와 배치, 사용된 색의 종류와 위치 등에
관하여 이야기한다.

③ 이 활동은 혼자 할 수도 있고, 여러 명의
유아가 함께 할 수도 있다.

(8) 패턴 만들기

활 동 명: 패턴 만들기

활동목표: 카드를 분할하는 선과 색을 이용하여 배열과 조합을 달리함으로써 여러 가지 모양의 패턴을 구성할 수 있다.

활동방법

① 카드를 이용하여 여러 가지 모양과 형태를 만들어 본다.

② 카드를 연결하여 일정한 패턴이 나타나도록 한다.

③ 처음에는 개별적으로 4장의 카드를 이용하여 모양을 만든다.

④ 유아들이 함께 모든 카드를 사용하여 다양한 모양과 패턴을 만든다.

(9) 비슷한 그림 찾기

활 동 명: 비슷한 그림 찾기

활동목표

• 다양한 장르의 그림을 감상해 본다.

• 그림을 장르에 따라 분류해 본다.

활동방법

① 2∼5명의 유아들이 자신이 원하는 장르를 선택한 다음, 순서를 정한다.

② 돌림판을 돌려 자신이 선택한 장르가 나오면 해당 그림 카드를 1장 가져가서 CD케이스에 모은다.

③ 자신의 CD케이스에 5장의 그림 카드를 모으면 게임이 끝난다.

(10) 화가 얼굴 알아보기

활 동 명: 화가 얼굴 알아보기

활동목표

• 화가와 그의 작품에 대해서 관심을 갖는다.

• 수의 크기를 비교해 본다.

활동방법

① 그림카드를 게임판 위에 올려놓은 뒤 게임판을 한 장씩 나누어 갖는다.

② 주사위의 두 가지 색깔 중에 각자 자기 색깔을 정한다.

③ 순서대로 페트병 주사위를 흔든 후, 자신이
   선택한 색깔의 동그라미가 더 많이 나오면
   그림카드를 1장 꺼낸다.

④ 게임판 위의 그림카드를 모두 꺼내면
   게임이 끝난다.

🖌 유아미술교육을 위한 동기유발 전략을 정리해 봅시다

• 유아미술교육에서 동기유발이란 어떤 대상을 그리거나 만들고 싶은 마음을 강하게 갖도록
  돕는 교사의 전략을 말한다. '시각자료 활용하기' '실물 활용하기' '동작 및 신체활동을 한
  후 표현하기' '동화 · 동시 · 동요 · 노래 · 영화를 활용하기' '상상과 유머 활용하기' '화가의
  작품을 감상한 후 미술활동하기' '미술관 및 박물관 관람하기' '미술가와 만나기' '교실에 작
  은 미술관 만들기' '게임 및 교구를 이용해 감상하기' 등의 전략이 있다.

 토의해 봅시다

전문학술지를 찾을 수 있는 사이트(www.riss.or.kr)에서 '유아미술' '미술 교수-학

습 방법'이란 키워드를 치고 어떤 연구물들이 있는지 검색해 봅시다. 검색된 논

문들의 초록 또는 원문을 읽어 보고 최근의 유아미술 교수-학습 방법을 조사해

보세요. 조사한 내용을 다른 친구들과 토의해 봅시다.

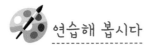 연습해 봅시다

유아 한 명과 친밀감을 형성하여 미술 발달의 수준을 관찰한 후, 창조적 표현주의 교수-학습 방법 또는 균형주의 교수–학습 방법 중 어떤 것으로 시작해야 할지 결정하세요. 결정하기 전에 앞에서 배운 내용을 다시 읽어 보아도 좋습니다. 균형주의 교수–학습 방법으로 해야 한다는 판단이 설 경우, 앞서 배운 언어적 상호작용 방법을 읽어 본 후 유아와 상호작용하며 미술 작품을 그리거나 만들어 봅시다. 상호작용을 시작하기 전의 유아 미술 작품과 언어적 상호작용 후의 작품이 어떻게 변화했는지 그 과정을 사진과 저널로 기록해 봅시다['2. 유아미술 교수-학습 방법'의 '2) 미술 표현에 중점을 둔 교수–학습 방법' 예시 내용 참조].

대상유아명	(남, 여)		연령	
유아의 현재 미술 발달 수준				
시작 계획하기				
상호작용 전 작품			상호작용 후 작품	
상호작용의 내용 및 과정				
상호작용 과정에서 느낀점				

Chapter 5

유아미술교육의 평가

우리나라 유아교사들은 영유아가 그리거나 만든 미술 작품을 평가해야 할지 말아야 할지에 대해 갈팡질팡할 때가 많다. 영유아에게 미술활동은 창의적 과정이어서 평가를 하면 안 된다는 개념을 가진 교사가 많은 편인데 이는 그동안 우리나라의 유아교육계가 광복 후, '자유롭게 표현한 유아의 그림'을 평가하면 안 된다는 개념을 가졌기 때문이다. 1990년대 중반 공립유치원 원장을 겸직했던 초등학교 교장 선생님이 "우리 학교 병설 유치원 교사들은 유아의 작품을 평가해서는 안 된다고 하는데 평가가 없는 교육도 있습니까?"라고 질문해 온 적이 있었다. "영유아의 그림은 평가하면 안 된다."라고 말하는 교사들도 교육현장에서 끊임없이 평가한다. 유아의 그림을 본 후, 유아와 이야기를 나누거나 그리기 자료를 더 준비해 주며 인정과 격려가 필요할 때 적절한 말로 기를 북돋아 주는 교사가 바로 그렇다. 이 교사는 글로 평가 내용을 써 놓거나 검사 점수를 내지는 않았지만 머리에 이미 평가 내용을 기억하고 그렇게 도와준 것이다. 이 교사는 유아가 만들어 내는 작품은 유아의 개성·독창성·미적 안목에 따라 다르게 산출되기 때문에 학급 전체 유아가 그리거나 만든 작품의 우열을 평가하지 않았을 뿐이다. 이런 교사들은 유아와 유

아의 작품을 비교 평가하여 우열을 가리지 않았지만 평가를 훌륭히 수행했다. 물론 본인이 창조주의 미술 교수-학습 방법을 했다고 인지하지 못하고 무의식적으로 평가했을 가능성이 높다. 유아교사들이 유아미술교육에 평가가 필요 없다고 생각한 것은 그동안 우리나라의 초·중·고등학교에서 '평가'라는 용어를 교과교육을 위한 학업성취도 평가로 사용하여 경쟁이나 분류, 선발과 같은 의미로 동일시(황해익, 송연숙, 손원경, 2002)해 왔기 때문이다. 유아교사들은 평가가 초·중등교육에서나 필요하고 유아교육 특히 유아미술교육에는 필요 없다고 생각하게 된 것이다.

평가가 없는 유아교육은 실패한다. 영유아의 마음을 읽고 현장에서 영유아의 활동과 행동을 관찰하는 것도 평가임을 기억하자. 영유아가 그리거나 만든 작품을 적절한 방식으로 평가하고 도와주어야 그들의 아름다움 탐색하기·미술 표현하기·미술 감상 능력이 향상된다. 유아교사들이 모여 앉아 "오늘 기범이가 처음으로 긁적거리며 종이에 무언가를 그렸어요." "민서가 까만색을 칠해 놓더니 마녀인형이라고 하던데요." "오늘 처음으로 밝은 색을 많이 썼어요." "오늘 정연이가 드디어 종이에 그린 그림을 가위로 오렸어요." 하는 것은 이 교사들이 영유아의 미술 표현 능력이 향상되었음을 인지하고 그 진보의 정도를 파악하고 평가했다는 증거다. 따라서 미술활동을 할 때 유아에게 전적인 자유를 보장해 주는 창조주의 미술교육을 하더라도, 평가는 꼭 해야 함을 교사들은 인지해야 한다.

균형주의 미술교육 역시 영유아들의 미술 작품을 평가한다. 영유아들은 무엇인가를 그리거나 만든 후, 부모나 교사들이 어떤 말이건 해 주기를 기대한다. 영유아들은 그들의 미술활동을 관찰하던 교사가 한 명 한 명의 유아가 노력한 정도에 알맞게 칭찬·격려·인정을 해 주면 뛸 듯이 기뻐한다. 따라서 도움이 필요할 때 알맞은 도움을 주어 미적 인식 능력이 진보하도록 돕는 균형주의 미술교육은 평가 없이는 불가능하다. 그림 그리기를 관찰하던 교사가 유아가 미술활동을 하고 있는 바로 그 상황에서 "난 네 그림이 좋다." "잘 그렸어."라고 뭉뚱그려 말하는 것은 비교육적인 평가다. 반면, 구체적으로 "난 네가 네모와 동그라미로 그린 그림이 건물같이 보이는데 네 생각은 무엇이었어?"라고 말하는 것이나 "빨간색을 많이 쓰니 그림이 불붙는 것 같아."라고 하는 등 미술의 요소와 미술의 원리를 연관 지어 구체적으로 말해 주는 것은 긍정적 효과를 주는 평가다.

유아미술 평가의 유형은 '유아에 대한 평가'와 '유아미술 프로그램에 대한 평가'로 나눌 수 있다. 유아에 대한 평가는, 유아들이 미술교육을 받은 후 유아 개개인의 미술 능력, 즉 아름다움을 탐색하는 능력·미술 표현 능력·미술 감상 능력이 과거보다 현재 얼마나 향상되었는지를 알아보는 것이다. 프로그램에 대한 평가는 유아에게 제공한 미술활동의 내용과 교수-학습 방법 등이 효과가 있었는지, 효과가 없었다면 어떤 점을 개선해야 할지를 평가하는 것이다.

1. 유아에 대한 평가

유아교육 효과에 대해 황해익 등(2002)은 유아와 교사의 상호작용을 중요시하고, 학습 과정에 초점을 맞추며, 유아의 발달에 도움을 주는 교수-학습 방법 개선에 초점을 맞추어 평가하는 대안평가를 제시하였다. 지필검사에 의한 평가가 아닌 유아교육의 현장과 영유아 자신의 발달 진보 정도에 초점을 맞추는 평가 방법이 필요하다는 의미다. 이 절에서는 여러 가지 평가 방법 중 영유아미술교육의 특징과 가장 잘 맞는 관찰과 기록, 코멘트, 포트폴리오, 검사 또는 평정척도로 평가하기를 중심으로 알아보고자 한다.

그동안 유아의 미술활동에 대한 평가는 활동 유형이나 교육내용에 상관없이 모두 유아의 전인 발달의 향상 정도에 초점을 맞추어 이루어졌다. 유아가 미술활동을 한 후 유아의 정서가 안정되었는지, 사회성이 증진되었는지, 인성 발달·인지 발달·창의성 발달에 도움이 되었는지 등을 평가하였다. 물론 유아가 미술활동을 하는 동안 정서가 안정되고 인성 발달이 이루어지는 것은 맞다. 그러나 유아미술 교육의 일차적 목적은 유아가 주변에서 아름다운 것을 탐색하고 마음에 느껴지고

생각나는 것을 표현할 수 있으며 아름다운 사물이나 미술 작품을 기초적 수준에서 감상하는 능력이 향상되게 하는 것이므로 이러한 능력이 향상되었는지에 대한 평가를 하여 심미감을 향상시키려는 목적이 달성되었는지를 알아보아야 한다. 그다음에 정서 발달 및 사회성 발달 등이 어떤 영향을 받았는지 살펴보는 것이 순서다.

유아에 대한 평가는 개인 유아의 과거와 현재의 미술 능력이 향상되었는지를 알아보는 것이다. 과거에 비해 유아의 아름다움 탐색 능력·표현 능력·미술 감상 능력의 진보 정도를 파악하면 학급 유아들이 보이는 보편적 능력과 특수한 능력을 알 수 있게 되어 미술교육 프로그램을 구성할 때 활용할 수 있다. 평가가 적절히 되면 미술 재료와 도구·유형별 미술활동·언어적 상호작용의 방향·동기유발 방법 등에 대한 구체적 방안을 정할 수 있다.

미술활동에 대한 평가는 양적 평가가 가능한 검사지로도 할 수 있지만 교실 현장에서 영유아의 활동을 직접 관찰하여 상황 파악이 가능하고, 미술활동 중에 유아와 대화도 나눌 수 있는 대안적 평가 방법이 좋다. 영유아 개개인에 초점을 맞추어 상호작용할 수 있으므로 미술 능력 향상 정도를 파악하는 데 효과적이다.

유아미술교육과 관련하여 유아를 평가하려면 교사는 무엇보다도 먼저 유아의 미술활동에 대한 계획·실행 과정·작품·심리적 상태·기술적 어려움에 대해 관찰하려고 노력해야 한다. 만 6세 정연이에게 선생님이 그리기 활동을 제안하였더니 "난 못해요."라고 했다. 선생님은 "누구든지 못한다고 생각할 때가 있지. 그래도 네가 잘하는 것이 있을 것 아니니? 그것부터 생각해 봐." 했다. 아이는 잠시 생각에 잠기더니 "작전을 잘 짜요." 했다. "그래, 그럼 먼저 네가 무슨 색깔로 그릴지 작전을 짜 보렴." 이 말을 들은 유아는 은빛 회색을 선택해서 그리기 시작했다. 미술활동을 시작하기 전에 아이의 심리 상태를 관찰한 교사와의 상호작용으로 무언가를 시작한 것이다. 유아 개개인에 따라 필요한 부분이 다르기 때문에 교사가 이를 관찰해 내는 것은 중요하다. 미술 이외의 과목들을 교육할 때도 관찰이 필요하지만 미술활동은 더더욱 관찰이 필요한 분야다. 즐거운 마음으로 자신이 탐색하여 경험한 것을 그림으로 표현해 내는 그 자체가 중요하므로 교사는 한 명 한 명을 주의 깊게 살피며 관심과 도움이 필요한 유아, 인정·격려·칭찬이 필요한 유아, 코멘트가 필요한 유아를 파악하여 적시에 적절한 방법으로 도와야 한다.

1) 관찰과 기록

관찰에 의한 평가란, 황해익 등(2002)이 제시한 대안평가 중 직접평가에 해당하며 미술활동의 결과보다 과정에 초점을 맞추어 하기 때문에 역동적 평가의 특징을 갖는다. 유아가 미술활동을 하는 과정이나 그 결과를 통해 유아의 아름다움 탐색능력·미술 표현 능력·미술 감상 능력을 보고 미술의 요소 및 원리를 판단한다는 측면에서 보면 수행평가이기도 하다. 반즈(1987)에 의하면 유아의 미술 능력 발달은 교사의 주관적인 관찰에 의해 평가하는 것이 가장 효율적이다. 유아의 미술 능력이 객관적인 수치가 높아진다고 해서 향상되는 것은 아니기 때문이다. 유아의 미술활동을 관찰할 때 교사가 유의할 사항은 다음과 같다.

첫째, 유아의 미술활동을 관찰하는 동안 중요한 특징이나 유아의 언어적 표현은 요점만 간단히 메모하였다가 유아들이 귀가한 후 기록한다. 유아미술활동을 관찰하고 이를 기록으로 남기는 것은 힘든 일이지만, 교육적 가치는 크다. 학급당 유아들이 많아 기록해 두지 않으면 사례 내용이 섞여 유아에게 인정·격려·칭찬을 적절하게 할 수 없기 때문이다. 스마트폰의 메모 기능을 활용해도 되고 장착된 카메라로 현장을 찍어 두거나 녹음하였다가 나중에 기록으로 남겨도 된다. 경력 교사들의 제안에 의하면 하루에 4명 정도의 유아를 관찰하면 부담이 되지 않는다고 한다. 하루에 4, 5명을 관찰하면 일주일에 한 학급의 모든 유아를 관찰할 수 있다. 간단히 메모할 때도 유아의 이름과 날짜는 써 둔다. 유아의 행동이나 표현은 언제 어떻게 나타날지 예측하기 어려우므로 교사는 관찰과 기록이 가능하도록 마음의 준비는 물론 포스트잇 등 작은 메모 수첩을 마련하여 목에 걸고 다니거나 포켓에 넣고 다니면서 수시로 메모한다.

둘째, 당일 관찰하고 있는 유아의 미술활동을 방해하지 않도록 노력한다. 되도

록 있는 그대로의 상황을 관찰하기 위해 교사는 관찰 대상 유아가 눈치채지 못하게 조심한다. 관찰되고 있는 것을 알게 되는 순간부터 유아는 잘 보이려고 꾸밀 것이기 때문에 관찰의 의미를 잃게 된다. 유아가 유치원에서 생활하는 동안 자연스럽게 있는 그대로의 모습과 말, 행동을 관찰할 수 있을 때 유아의 진보 정도, 문제점, 도와주어야 할 부분이 분명해진다.

셋째, 관찰하려는 것이 무엇인지 분명히 한다. 유아의 미술활동에 대한 평가는 미술에 대한 유아의 관심은 어떠한지, 아름다움을 탐색하는 능력·표현 능력·감상 능력은 어느 정도인지, 어떻게 진전되고 있는지, 미술활동이 유아의 미술 능력 발달에 어떤 도움이 되었는지, 교실의 미술 영역이나 활동에 자주 참여하는지, 미술의 요소나 원리들을 기초적 수준에서 경험하고 있는지 등을 파악하며 관찰하여 기록해야 한다. 예를 들어, "오늘은 유아가 미술 영역에 내놓은 미술 재료에 흥미를 보이는지를 본다." "유아의 미술 작품에 미술의 요소와 원리에 대해 알고 있는 것은 무엇이고 보완해 주어야 할 내용은 무엇인가?" "어제 또는 지난주의 미술활동과 비교해 볼 때 재료 사용이나 그림의 주제가 구체적으로 되었는가?" "그림의 발달 단계는 어느 단계쯤일까?"와 같이 관찰해야 할 내용을 미리 생각하고 이를 적어 놓았다가 관찰하는 동안 발견되면 기록해 둔다. 유아들이 사용하는 미술의 요소와 미술의 원리에 관한 용어·기술·태도·미술활동에 대한 유아 스스로의 평가 및 설명도 관찰하여 기록해 둘 내용이다. 그러나 선택한 관찰 내용에 얽매여서는 안 된다. 이 내용을 집중적으로 보되 유아가 보이는 말이나 행동이 이와 다를 때에는 있는 그대로 기록한다. 또 유아가 이야기하고 행동하고 표현한 것뿐 아니라 얼굴 표정, 몸짓과 같은 비언어적인 단서도 관찰하여 기록한다.

넷째, 되도록 객관적으로 자주 관찰하려고 노력한다. 유아의 발달 특성으로 인해 발달 수준의 변화를 객관적으로 관찰하는 일은 대단히 어렵지만 유아가 하는 말과 행동, 일어난 일을 있는 그대로 듣고 보려고 노력하면 가능해진다. 관찰하면서 교사가 느끼는 것을 첨언하다 보면 교사의 주관적 해석이나 분석이 가미되어 편견을 가질 수 있다. 그러나 교사의 경험이 축적되어 유아의 발달에 대한 혜안이 생기고 유아미술에 대한 지식이 향상되면 편견은 많이 줄일 수 있다. 교사도 유아처럼 성장한다. 유아의 미술 능력 발달에 대한 전반적인 윤곽은 관찰 자료가 축적되면 자연히 떠오르게 되므로 매번 관찰할 때는 있는 그대로 보고, 들으며, 관찰해서 기록해 놓는다. 완벽하지 않아도 된다. 최선의 노력으로 좋은 유아교사가 될 수 있다.

다섯째, 유아에 대한 관찰평가를 할 때는 목적에 따라 이야기로 쓰기 · 저널 쓰기 · 시간표집 · 사건표집 · 평가척도 등의 다양한 방법을 활용한다. '이야기로 쓰기'와 '저널 쓰기'는 연필과 종이만 있으면 어디에서나 할 수 있지만 교사들의 시간과 노력이 많이 드는 방법이다. 시간표집 · 사건표집 · 평가척도는 일과가 끝난 후 유아들이 귀가하면 일괄적으로 할 수 있으며 유아 간 발달의 비교가 가능한 방법이다. 교사의 시간과 노력이 많이 들면 들수록, 다양한 방법을 쓰면 쓸수록 유아의 미술 능력을 다각도로 평가할 수 있는 이점이 있다.

'시간표집 방법'은 한 유아의 미술활동 참여 형태를 알아보기 위해 주 단위/시간별로 주제 하나를 정해 관찰할 때 쓸 수 있는 방법이다. 〈표 5-1〉에서 볼 수 있듯이 한 명 한 명의 유아가 미술 영역을 방문하는 횟수를 알아보고 싶을 때 표를 만들어 가지고 다니다가 표시하는 방법이다. 만일 하루에 네 명의 유아를 관찰한다면 네 장의 시간표집 관찰표를 가지고 다니다가 유아가 미술 영역을 방문하는 것을 관찰할 수 있을 때마다 〈표 5-1〉과 같이 표시한다.

〈표 5-1〉 유아미술평가의 시간표집 관찰표

미술 영역 방문 횟수 – 이름: ○○○ (관찰날짜: 년 월 일~ 월 일)					
	월	화	수	목	금
10 : 00 ~ 10 : 10					
10 : 10 ~ 10 : 20	/	/	/	/	/
10 : 20 ~ 10 : 30		/	/	/	
10 : 30 ~ 10 : 40				/	
10 : 40 ~ 10 : 50					
특장: ○○○이는 미술 영역을 거의 매일 방문하였다.					

'사건표집 방법'은 사건, 즉 미술활동 유형을 기간을 정해 관찰하여 기록하는 것이다. 〈표 5-2〉와 같이 평면 그리기, 물감 그림, 점토, 콜라주, 협동화를 하루 일과 중에 언제 몇 번 했는지를 알아보는 것이다. 사건표집 관찰법은 단 한 번의 자료로는 유아의 미술 능력 발달에 대해 판단을 내리는 것이 힘들다. 판단은 사건표집 방법으로 하는 관찰 자료가 얼마간 축적된 후에 하는 것이 좋다. 사건표집 관찰은 유아의 흥미 · 집중시간 · 선호하는 미술활동 · 미술 작품에 나타난 미술의 요소와 미술의 원리를 알아보고 싶을 때도 사용할 수 있다. 관찰 기간 내에 제공되는 미술활동을 바꾸어 가며 기록하고 그 빈도를 체크하면 유아들이 참여하는 미술활동 범위도 알 수 있다.

만약 유아의 미술 작품에 나타난 미술의 요소와 미술의 원리의 빈도수를 알고 싶다면, 활동 유형에 해당되는 칸에 '평면 그리기, 물감 그림' 대신 '색, 점, 선, 모양, 명암, 공간, 질감'과 같은 미술의 요소나 '균형, 비례, 강조, 움직임, 변화와 통일성, 리듬/반복/패턴'과 같은 미술의 원리를 기록하고 빈도를 기록한다.

〈표 5-2〉 활동 유형별 관찰 빈도를 기록하는 사건표집 기록표

활동 유형 표집 관찰 – 이름: ○○○ (관찰날짜: 년 월 일~ 월 일)					
	평면 그리기	물감 그림	점토	콜라주	협동화
월	//				
화					
수	/				
목			/		
금	/				
교사의 분석: 새로운 유형의 활동을 시도하지 않는 경향이 있다. 친구들과 협력하여 작업을 하지 않았다.					

2) 코멘트

유아들의 미술활동을 관찰하는 과정에서 반응을 보여 줘야 할 때 교사가 그 즉시 상황에 알맞게 언어적 상호작용을 하는 것이 '코멘트'로 평가하기다. 코멘트는 간단하지만 유아들의 미술활동 과정을 지켜보던 교사가 '지금 바로 여기서here and now' 원칙에 의해 평가하기 때문에, 유아들에게는 가장 이득이 되는 평가방법이다. 유아들의 미술활동 과정 중에 교사가 미술의 요소 및 미술의 원리와 관련된 정보를 구체적으로 파악하면 유아의 미술 능력, 특히 표현 능력은 많이 향상시켜 줄 수 있다고 반즈(1987)는 보았다. 구체적인 정보는 주지 않고 "좋은 그림이구나." "난 네 그림이 좋아." "잘했어." "예쁜데." "멋진데."라며 추상적으로 코멘트하면 유아들은 미술활동을 대강대강 할 가능성이 높아진다. 이런 평가는 하지 않은 것과 같다. 유아들은 교사의 코멘트가 형식적이라고 느끼거나 때우기식 평가를 하고 있다고 여기고 "내가 잘못 그렸나 봐."라며 왜곡 해석하거나 대강 그리기도 한다. 교사가 할 수 있는 코멘

트는 대략 다음과 같다.

- 그림이나 입체물에 나타난 유아의 상상 중 재미있는 것, 특징적인 것에 대해
- 진행된 정도에 대해
- 더 확장시켜 줄 수 있는 내용에 대해
- 유아의 그림 내용 중 색, 점, 선, 모양, 명암, 공간, 질감과 같은 미술의 요소나 균형, 비례, 강조, 움직임, 변화와 통일성, 리듬/반복/패턴과 같은 미술의 원리에 대해
- 크기 · 규모 · 디자인 등에 대해
- 사용한 재료와 기술에 대해
- 친구와 작업한 태도에 대해
- 유아들이 쏟은 노력과 아이디어에 대해
- 심화 · 확대할 수 있는 방법에 대해

3) 포트폴리오

우리나라 유아교육기관에서는 처음으로 유치원이 한반도에 소개되었을 때부터 포트폴리오를 사용해 왔다. 1900년대 초반에 이미 유치원에서 프뢰벨의 11종 작업을 하게 한 후 이를 책으로 모아 가정으로 보내곤 했었다. 그 후 정부가 수립되고 유아의 자유로운 표현을 강조하게 되었고 유아의 그림을 수집해 '나의 그림책' '○○의 작품집'이라고 써 주었다. 서구 유치원에서는 아직도 'children's art files/folders' 또는 '○○의 그림모음'이라고 하며 최소 일주일에 유아의 작품 한 가지 정도는 수집해서 가정으로 보낸다. 미술활동 중심의 유아 교수-학습 방법으로 세계에 알려진 이탈리아의 '레지오 에밀리아 프로그램'이 우리나라에 소개되기 시작한 1990년 중반부터 기존의 '유아 그림 모음집' 명칭이 '포트폴리오'로 바뀌었다. 우리나라 유아교육기관에서 많이 사용하고 있는 포트폴리오는 '개개인의 파일에 유아의 작품이나 유아에 대한 기록물을

모으는' 그림 모음 수준이다. 이는 황해익 등(2002)이 권장하는 '포트폴리오 평가'와는 다르다. 황해익 등은 포트폴리오 평가란 유아의 그림 등을 단순히 수집하여 책으로 만드는 것이 아니라 '수집된 기록물들을 근거로 유아들의 학습 및 수행력을 향상시키거나 모니터하는 것으로 보다 전문적인 판단을 필요로 하는 방법이다.

폴슨, 폴슨과 마이어(Paulson, Paulson, & Meyer, 1991)를 인용한 황해익 등(2002)은 유아의 작품수집물인 포트폴리오에 유아 자신의 평가 내용도 첨부해야 한다고 하였다. 즉, 유아 자신이 미술활동에 얼마나 적극적으로 참여했는지, 작품을 그리거나 만들 때 무슨 생각을 했는지, 무엇을 더 하고 싶은지, 힘들었던 것은 무엇이고 가장 재미있던 것은 무엇인지, 노력이 더 필요한 부분은 무엇인지 등에 대해 유아의 이야기를 듣고 기록해 두는 것이 필요하다는 것으로, 중요한 권고다. 유아 자신도 학급 친구들이 그리거나 만드는 작품을 보고 자신의 작품을 평가한다. 교사가 조심하며 비교 평가하지 않아도 유아들은 친구의 그림 색깔이 조화롭게 보이는지, 움직임을 보다 잘 표현했는지 나름대로 판단한다. 자신감이 없거나 자신은 다른 사람보다 훨씬 못하는 사람이라는 감정(I'm not OK.)을 갖고 있는 유아들은 더더욱 자신의 미술 작품을 낮게 평가한다. 그래서 유아기에 일관적인 검사로 유아의 미술 작품을 평가하여 비교하지 말아야 한다. 항상 유아 한 명 한 명의 마음을 헤아리며 인정·칭찬·격려를 알맞게 하려는 태도를 갖고 관찰하고 포트폴리오도 만들어야 한다.

유아의 미술 작품을 일정 기간 수집하여 유아의 미술 능력 향상의 정도를 판단하는 포트폴리오 평가는 미술 능력 발달의 진보 과정 및 진보의 정도를 알 수 있어 그 유아에게 어떤 도움을 주어야 할지 알게 해 준다. 또 포트폴리오 평가는 유아교육기관과 가정이 소통할 수 있는 훌륭한 의사소통 자료가 된다. 부모와 유아에 대해 개인 상담을 할 때 자료로 사용하면 학부모의 신뢰를 더 받을 수 있으므로, 시간이 많이 들고 노력이 필요한 일이지만 포트폴리오를 마련해 줄 것을 교사들에게 부탁하고 싶다.

작품집/포트폴리오 제작 지침

- 포토폴리오를 놓아둘 선반을 확보한다. 한 학급 유아의 수만큼 포트폴리오가 있어야 하므로 선반의 크기는 유아교육기관, 학급 영유아의 수, 파일의 크기에 따라 다르다. 공간이 부족하면 큰 상자에 함께 넣어 두었다가 꺼내 쓴다.
- 파일에 유아의 이름을 각각 적은 후 앞면과 옆면에 붙여 포트폴리오를 꺼낼 때 유아와 학부모들이 보기 편하게 한다.
- 최소 일주일에 유아의 작품 한 가지 정도를 수집하여 유아의 미술 능력 발달 과정을 파악하는 것이 좋다. 그러나 형편이 어려울 때는 최소한 학기 초/학기 중/학기 말에 수집하여 유아의 진보 상황을 알아볼 수 있도록 자료를 모은다. 그러나 유아에게 특별한 의미가 있는 작품은 수시로 수집하여 철하도록 한다. 제시 순서는 학년 초 작품을 앞에 철하기 시작해서 학년 말 작품은 맨 뒤에 철한다.
- 포트폴리오 수집 기준은 미술 능력의 진보 정도 · 미술 재료의 사용 능력 정도 · 사진자료 등의 매체 사용 능력에 따라 할 수도 있고, 아이디어 · 개념 · 느낌을 표현하는 정도를 기준으로 수집할 수도 있다. 이때 유아의 전반적인 발달과 미술 능력의 연관성을 고려하며 한다.
- 포트폴리오 겉장에 유아의 이름을 쓰는 것은 물론 수집하는 유아의 작품마다 만들어진 날짜를 반드시 기록한다. 나중에 기록하려 하면 기억의 혼돈으로 잘못 기록할 수 있기 때문이다. 이름을 쓸 때 어디에 써야 할지에 대해 유아 본인에게 물어보면 유아는 존중받는다는 느낌을 받는다.
- 작품은 잘된 작품을 선택할 것이 아니라 유아의 미술 능력 발달 상황을 보여 주는 것으로 한다. 특히 미술의 요소나 미술의 원리를 보여 주는 작품을 선택한다.
- 유아에게 어떤 작품을 넣고 싶은지 의견을 물어도 좋다. 왜 좋은지, 어떤 색깔을 썼는지, 어떻게 만들었는지 이야기하게 하면 포트폴리오 평가가 쉬워진다.
- 유아의 작품을 소중히 다루는 모습을 보여 유아의 자신감이 증진될 수 있는 기회로 삼는다. 포트폴리오에 대해 유아들과 이야기를 나누어 자신의 작품을 소중히 다루어야 하는 이유를 알게 한다.
- 입체 작품이나 협동 작업으로 만든 작품은 사진으로 찍어 철하고 설명을 써 놓는다.
- 유아의 작품이 돋보이는 방법으로 만든다.

4) 검사 또는 평정척도

　학급 담임으로 영유아들을 가르치고 평가하는 일은 쉬운 일이 아니다. 발달 특성상 자기만을 바라보고 자기 이야기만 들으라고 선생님 팔을 끌어당기는 영유아가 25명 있다고 생각해 보자. 아직 결혼 전이어서 유아발달에 대한 지식도 없고 현장경험이 없어 교수-학습 방법이 낯선 초보 교사에게 적절한 말을 골라 코멘트해 주라거나 주의 깊게 관찰할 것을 요구하고 포트폴리오를 준비하라고 하는 것은 고역일 것이다. 그래서 미술교육 평가를 쉽게 할 수 있는 방법을 꿈꾸게 된다. 유치원이나 어린이집에서 근무한 유아교사치고 '미술교육전문가가 체계적으로 만든 검사척도로 좀 더 쉽게 평가할 수는 없을까? 관찰해서 기록하거나 포트폴리오를 만드는 것과 검사척도로 평가하는 것이 영유아의 미술 능력 발달에 대해 같은 정보를 주는 것은 아닐까?' 이런 생각을 하지 않은 사람은 없을 것이다.

　레센-파이어스톤(Lessen-Firestone, 1995)은 영유아를 대상으로 표준화된 성취도 검사를 하는 것은 부적절하고 때에 따라서는 도리어 해가 될 소지도 있다고 하였다. 검사 결과를 신뢰할 수 없을 때가 많고 타당성이 없는 것이 그 이유이지만, 더 큰 문제는 영유아 자신에게 있다. 영유아들은 스스로 검사 문항에 정확히 답할 기술이 아직 없을 뿐 아니라, 자신이 느끼고 생각하고 표현하는 것을 효과적으로 답할 수 없기 때문이다. 영유아들은 자신이 알고 할 수 있는 것을 검사항목에서 요구하는 대로 답할 수는 없지만, 놀이나 일상생활을 하는 중에는 있는 그대로의 모습을 보인다. NAEYC(1991)는 일찍이 "영유아를 검사척도로 평가하지 말아야 하며 할 필요도 없다."라고 한 바 있다. 그리고 우리가 지필시험 방식의 검사지로 평가하지 말아야 하는 이유는 그 무엇보다도 영유아기는 아름다움 탐색 능력 · 미술 표현 능력 · 미술 작품 감상 능력이 가장 기초적인 수준에서 서서히 형성되는 과정이어서 검사척도에 표시할 만큼 분명히 나타나지 않을 때가 많기 때문이다.

　미술의 요소와 미술의 원리를 검사하기 위해 유아의 작품을 수집한 후 그림에 나타난 내용을 분석하여 검사척도에 표시를 할 수는 있지만, 이것도 조심해서 활

용해야 한다. 다음의 〈표 5-3〉은 탐색·표현·감상으로 나누어 미술의 요소와 미술의 원리를 중심으로 평가하는 검사척도다.

〈표 5-3〉 미술 요소 중심의 평가검사척도

평가항목		①	②	③	④	⑤	평가내용
1. 미적 아름다움을 탐색하는 능력							
자연물, 사물, 미술 작품에 나타난 색·점·선·모양·명암·공간·질감의 차이점을 느끼고 이를 그림에 사용하는가?							
자연물, 사물, 미술 작품에 나타난 균형·비율·강조·움직임·변화와 통일성·리듬/반복/패턴을 탐색하고 발견하고 즐기는가?							
미술 작품이나 자연물에 나타난 미술의 요소와 미술의 원리의 미술용어를 사용하려고 노력하는가?							
2. 표현 능력							
태도	창의적이고, 아이디어가 많은가?						
	작업할 때 호기심과 흥미를 보이는가?						
	작업 시, 인내심을 가지고 집중해서 일하는가?						
	다른 유아와 협력해서 작업을 자주 하는가?						
선	선의 길이가 다양한가?						
	선의 방향이 다양한가?						
	선의 종류가 다양한가?						
	선의 사용이 자유로운가?						
색	색의 사용이 다양한가?						
	색의 사용이 자유로운가?						
	색의 사용이 조화로운가?						
	자신의 감정과 정서에 따라 색을 사용할 수 있는가?						

모양	주제에 따른 특정한 형태를 잘 묘사하는가?							
	형태가 생동감이 있는가?							
	대상을 세부적으로 묘사하는가?							
	사물의 표현이 자유로운가?							
명암	그림을 그릴 때 그림자를 표현하는가?							
	한 가지 색으로 진하게 또는 연하게 명암을 다르게 하여 그리는가?							
	그림에서 밝고 어두운 부분을 표현하는가?							
공간	멀리 있는 것은 작게, 가까이 있는 것은 크게 그리는가?							
	멀리 있는 것은 흐리게, 앞에 있는 것은 진하게 그리는가?							
	내부와 외부의 공간을 구분해서 그리는가?							
	기저선을 활용하여 공간을 구분한 후 그림을 그리는가?							
	선이 점으로 만나는 소실점을 그려 공간을 표현하는가?							
질감	사물이 가지고 있는 질감을 표현하는가?							
균형	좌우 또는 위아래 대칭을 이루는 작품을 만드는가?							
비례	실제의 비율과 비슷하게 사람과 사물을 그리는가?							
	감정이나 생각을 표현하기 위해 왜곡되거나 과장된 비율로 그림을 그리는가?							
강조	색, 크기, 명암, 구도 등을 통해 강조하고 싶은 부분을 두드러지게 표현하는가?							
움직임	움직이는 사람과 사물을 표현하는가?							
리듬/ 반복/ 패턴	색, 점, 선, 모양 등을 반복해서 사용함으로써 작품에서 리듬과 패턴을 만들어 내는가?							
	장식적인 그림을 즐겨 그리는가?							

분류	항목					
변화와 통일성	한 작품에 같은 모양, 색, 선, 질감을 반복 사용하여 통일감이 느껴지는가?					
	작품이 지루하지 않으면서도 안정감이 느껴지는가?					
화면 구성	전체적인 구도가 안정적인가?					
	부분, 전체 화면이 제대로 마무리되었는가?					
	대상의 크기가 조화롭게 배치되었는가?					
	대상의 위치가 조화롭게 배치되었는가?					
주제 표현	주제에 따른 특징이 잘 나타나 있는가?					
	주제와 관련된 내용이 풍부하고 적절한가?					
	주제와 관련된 연상, 상상이 잘 나타나 있는가?					
	주제에 대한 독창성이 있는가?					
3. 감상 능력						
	작품을 볼 때 공감하는가?					
	작가의 아이디어와 경험을 알아내 말로 할 수 있는가?					
	작품에서 볼 수 있는 것들을 자기 방식대로 그리거나 만들 수 있는가?					
	작품을 보고 작가의 표현의도를 설명할 수 있는가?					
	작품에 대한 자신의 느낌을 설명할 수 있는가?					
	작품에서 미술의 요소/미술의 원리를 발견하고 이야기할 수 있는가?					
4. 전체적으로 영유아의 미적 인식이 향상되고 있는가?						

① 전혀 그렇지 않다. ② 대부분 그렇지 않다. ③ 보통이다. ④ 대부분 그렇다. ⑤ 매우 그렇다

이 외에도 허버홀츠와 핸슨(Herberholz & Hanson, 1994)은 다음과 같은 내용으로 유아의 미술활동을 관찰하고 심미적 성장을 평가할 수 있다고 하였다.

- 유아가 사물의 색, 점, 선, 모양, 명암, 공간, 질감의 차이점이나 비슷한 점을 감각을 통하여 깨닫거나 이에 대해 민감한 반응을 보이는가?
- 유아가 사물의 균형, 비례, 강조, 움직임, 변화와 통일성, 리듬/반복/패턴을 찾아낼 수 있는가?
- 미술 작품이나 자연물을 언어로 표현하는 데 있어 미술용어를 사용하는가?
- 유아들이 실험을 즐겨하며 미술 자료에 대해서 다른 접근법을 시도하는가?
- 남들과는 다르게 창조적으로 그리고 만드는가?
- 문제, 자료, 상황에 맞추어 그의 상징이나 상상을 변화시키는가?
- 지구력이 있는가?
- 독창적이고 상상력이 풍부한가?
- 소재가 충분한가?
- 감동을 주는 느낌이 있는가?
- 자신감을 가지고 자신의 느낌과 생각을 표현하는가?
- 호기심과 열망이 있는가?
- 다양한 도구와 자료를 능숙하게 다룰 수 있는가?
- 다양한 주제를 사용하는가?
- 집단 구성원으로 협력하며 작업하는가?
- 다른 유아들을 방해하지 않고 활동하는가?
- 창작활동을 하는 데 즐거움을 느끼며 그것에 가치를 부여하는가?
- 자유롭게 선택할 수 있는 상황에서나 집단 밖에서 미술 자료를 가지고 자주 노는가?
- 표현의 속도는 어떠한가? 빨리 해치우는 편인가? 몰입해서 작업하는가?
- 미술 자료를 아끼고 소중히 하며 정리정돈 시간에 협력하는가?

그 밖에 미술교육과 관련된 연구를 위해 검사척도가 필요할 때는 목적에 알맞도록 제작할 수 있고, 다음의 참고문헌에서 선택하여 사용할 수 있다.

- **표현 능력을 평가할 때**
  - 장순미(2008)의 연구: 내용의 적절성, 세부적 묘사, 독창성, 재료와 도구의 적절성, 조화로운 화면 구성의 항목으로 구성된 평가도구
  - 홍미숙(2001)의 연구: 선, 색, 형, 화면 구성, 주제 표현으로 구성된 평가도구
  - 이고은(2007)의 연구: 기본 도형과 선의 병합, 다양한 색채, 세부적 묘사, 조화로운 공간 구성, 다양한 형체, 주제관련 표상 정도, 표상의 독특성, 그림의 완성도로 구성된 평가도구
- **감상 능력을 평가할 때**
  - 정미경(1999)의 연구: 유아의 자신감, 미적 요소, 미적 느낌, 감상 태도, 주제 정하기 등의 문항으로 구성된 평가도구

2. 유아미술 프로그램에 대한 평가

유아교사로서 자신이 수행한 프로그램을 평가할 때 최대의 적은 교사 자신인 경우가 많다. 영유아에게 미술활동을 준비해 주고 관찰하거나 코멘트하는 것도 힘든데 자신의 미술 프로그램을 평가받는 것이 기분 좋은 일은 아니기 때문이다. 이는 영유아 미술교육에 대한 교사의 좌절감과 스트레스 수준을 높일 수 있다. 그러나 교사인 우리 자신에 대해 조용히 생각해 보면 그 어떤 교사도 완벽한 교육을 하는 사람이 없을 것이고 실수를 하지 않는 사람도 없을 것이다. 30여 년 이상을 유아교육과 학생, 원장님, 학부모를 가르쳤던 교수도 수업이나 강연이 끝나고 나면 종종 아쉬워한다. "아! 이런 내용을 준비할걸……" "사례를 더 많이 들고, 미술활동

은 영유아 입장에서 생각하고 마련해 주라고 할걸." "실습실에서 미술활동을 대학생들끼리 하게 할 것이 아니라 유치원 현장에 직접 가서 하라고 할걸." 등 후회를 많이 한다. 또 경험이 많은 제자가 유치원이나 어린이집 현장에서 하는 미술교육의 실제를 보거나 들으면서는 "교수가 가르친 것보다 훨씬 훌륭한 미술활동을 영유아들에게 하고 있군."이라고 생각하며 자랑스러운 때도 많다. 교사가 될 우리들은 자신이 앞으로 취업한 후 경험이 많은 선배 교사들이나 원장님들로부터 유아미술 프로그램에 대한 평가를 받을 때 두려워하거나 스트레스를 받지 않도록 해야 한다. "평가를 받는다는 것은 내가 마련해 준 유아미술 프로그램에 들어 있는 교육적 가치관이 상대방에게 어떻게 보이고 있는가를 알 수 있는 기회가 되겠군." 해야 할 것이고 혹시 경험이 많아 젊은 교사들의 유아미술 프로그램을 평가할 기회를 갖게 되는 교수 및 원장들은 "평가란 교사들과 내가 유아미술교육에 대해 갖고 있는 긍정적인 측면을 찾아내는 것이다."라는 태도를 가져야 한다. "실수하니까 인간이다."

유아교사의 유아미술 프로그램에 대한 평가는 부정적이기보다는 긍정적 측면에서, 과거에 한 미술활동에 대한 평가라기보다는 미래에 더 나은 유아미술 프로그램을 수행하기 위해 어떤 점을 수정·보완해야 할 것인가에 초점을 맞추어야 한다. 이렇게 함으로써만 미래를 보는 눈으로 과거에 한 프로그램을 더 좋은 방향으로 변화시킬 수 있다. 과거에 교사가 교육한 내용에 대해서만 평가하면 프로그램에 대한 평가는 쓸모 없어진다. 과거에 교사가 한 프로그램에 대해 객관적 평가는 할 수 있지만 미래를 향한 지표 마련에는 실패한다.

그러므로 유아들에게 얻은 평가내용과 교사의 프로그램 평가에 대한 내용은 미래지향적 프로그램 개선 자원으로 활용되어 유아미술 교수−학습 방법의 변화로 이어지고, 가정과 유아교육기관에서 영유아를 행복하게 이끄는 교육으로 바뀌어야 한다. 교사의 영유아미술교육에 대한 평가는 두 가지 측면에서 이루어진다. 하나는 유아가 미술활동에 참여하는 동안 즉시적으로 이루어지는 코멘트와 같은 평가로서 이는 '유아에 대한 평가'로 앞에서 이미 설명하였다. 다른 하나는 미술활동

이 끝난 후 교사 스스로 또는 동료교사나 원장님에 의해 평가가 이루어지는 것으로서 '프로그램에 대한 평가'다. 그러나 유아에 대한 평가와 프로그램에 대한 평가는 상호 유기적 관계를 가지며 서로 영향을 주기 때문에 이 둘의 구분은 편의를 위한 것일 뿐이다. 전문가들(이미옥, 2009; 이정욱, 임수진. 2012; Barnes, 1987)은 유아미술 프로그램을 평가할 때는 다음과 같은 내용을 평가해야 한다고 하였다.

- 미술활동에 사용한 재료와 도구들은 안전하였는가?
- 미술의 요소에 대하여 탐색하고 사용해 볼 기회를 주었는가?
- 미술의 원리에 대해 탐색하며 느끼고 생각해 볼 기회를 주었는가?
- 탐색 · 표현 · 감상의 기회를 충분히 주었는가?
- 음악, 동화, 동작, 과학, 수학 등 타 분야의 교육내용과 통합해서 미술활동을 제공하려고 노력했는가?
- 생활주제와 연관 지어 미술활동을 하려고 노력했는가? 좋았던 점은 무엇이고 보완해야 할 점은 무엇인가?
- 미술활동에 대한 영유아들의 호기심, 관심을 일으키고 이를 확대해 볼 기회를 주었는가?
- 유아의 생각과 느낌을 자유롭게 표현할 수 있었는가?
- 유아들이 지금까지 해 오던 방법과 다르게 생각해 보며 그리고 만들어 볼 기회를 주어 창의성을 기를 기회를 주었는가?
- 혼자서 하는 미술활동 외에 협동활동을 마련하여 함께할 때에도 미술활동의 즐거움을 느끼게 했는가?
- 미술활동을 하기 전 주제, 재료에 대해 생각해 보고 계획-수행-자기평가의 과정을 경험하게 하였는가?
- 유아들의 작품을 그때그때 전시하여 유아들의 성취감을 돋우어 주었는가?

유아미술교육의 평가에 대해 정리해 봅시다

- 유아미술교육의 평가 유형은 '유아에 대한 평가'와 '유아미술 프로그램에 대한 평가'로 나눌 수 있다.
- 유아미술에 대한 평가는 관찰과 기록, 코멘트, 포트폴리오, 검사 또는 평정척도에 의한 방법으로 이루어질 수 있다.
- 미술 프로그램에 대한 평가는 미래에 더 나은 유아미술 프로그램을 수행하기 위해 어떤 점을 수정 · 보완해야 할 것인가에 초점을 맞추어야 한다.

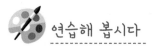 연습해 봅시다

다음의 포트폴리오 양식에 근거해 포트폴리오를 기록해 봅시다. 작품에 대한 유아의 반응은 유아의 입장이 되어 상상하여 기록해 보고, 그림의 발달 수준과 그림에 표현된 내용, 그림의 특징 등에 대한 내용은 교사 의견란에 기록해 봅시다.

날짜	년 월 일
이름	김가윤(만 3세 여아)
관찰내용	
1. 무엇을 그린 그림인가요?	
2. 왜 이 그림을 그렸나요?	
3. 가윤이는 이 그림에서 어떤 부분이 마음에 드나요?	
교사 의견	

Chapter 6

유아미술교육을 위한 물리적 환경 구성

1. 미술 영역 구성

  유아교육기관의 교실은 유아의 흥미에 따라 미술 영역, 음악 영역, 수 영역, 쌓기놀이 영역, 조작 영역, 언어 영역, 과학 영역, 역할놀이 영역, 책보기 영역, 목공놀이 영역, 모래놀이 영역, 물놀이 영역 등으로 구분하여 환경을 구성하고, 교재와 교구 등 놀잇감을 준비하여 활동하게 한다. 이 구분된 구역을 흥미 영역interest corner이라고 하며 이를 학습 영역, 활동 영역, 흥미코너, 활동코너라고 부르기도 한다. 우리나라에 흥미 영역 이론이 처음 소개된 것은 1981년 새세대육영회(현 '아이코리아')가 '복지사회와 유아교육의 발전방향'이라는 세미나를 개최했을 때였다. 이론으로 소개되기는 하였으나 실제로 구분해 놓은 유치원이 없어 현장적용이 되지 못하다가 인천시 부평에 있었던 '찬혜 유치원'이 처음으로 한 학급 단위의 흥미 영역을 구분하여 운영함으로써 전국 유치원 교사의 참관지가 되었다(당시의 원장은 현 한국교원대학교의 노영희 교수; 이원영, 1981, pp. 57-76; 이기숙, 1981, pp. 79-93). 유아들은 유아교육기관에 준비된 흥미 영역에서 다양한 활동을 할 수 있는데 대부분의 유아교육기

관에는 미술 영역이 설치되어 있다. 그만큼 미술은 유아들의 흥미와 관심을 끄는 활동 영역이다.

미술활동은 미술 영역에서만 이루어지는 것은 아니다. 교사와 유아가 계획하는 것에 따라 다른 영역과 공간을 터서 소집단 활동으로 작품을 만들 때도 있고, 교실 전체를 사용하며 활동할 때도 있으며 미술활동 영역에서 개별 유아가 할 수도 있다. 여기서는 유아 개개인이 미술 영역을 방문해서 그리고 오리고 붙이는 등 자신이 하고 싶은 미술활동을 하는 영역을 구성하는 곳으로 가정하고 설명하였다. 이를 위해 미술 영역의 구성 조건, 미술 영역 운영의 실제를 나누어서 알아보고, 미술 영역에 준비할 다양한 재료에 대해서도 살펴보도록 하자.

1) 미술 영역의 구성 조건

미술 영역은, 첫째, 햇빛이 잘 드는 곳에 배치한다. 미술 영역은 소근육을 이용한 세밀한 작업이 많이 진행되고, 색에 대한 개념을 알아 가는 공간이기 때문에 채광이 매우 중요하다. 또한 밝지 않은 곳은 덜 매력적인 공간으로 보이기 때문에 유아들의 참여가 저조할 수 있으므로 자연광선이 잘 들어오는 창가에 위치하는 것이 가장 좋다. 그런 곳에 배치할 수 없을 때에는 인공조명으로 대체해서 충분히 밝은 공간에서 작업할 수 있도록 해야 한다.

둘째, 교실의 주된 동선에서 벗어나 있어야 한다. 다른 영역으로 가려는 유아들이 미술 영역을 통로로 사용하게 되면 이곳을 택한 유아들이 미술 작업에 몰입할 수 없기 때문이다.

셋째, 3, 4명의 유아가 동시에 미술 작업을 할 수 있도록 공간이 충분히 넓어야 한다. 미술 영역이 좁으면 유아들이 손과 팔을 크게 움직이며 그릴 수 없고 서로 부딪치며 싸움이 일어나기 때문이다. 그래서 어떤 유아교육기관에서는 독립된 공간을 별도로 마련해 미술활동방으로 두는 곳도 있다.

넷째, 공동작업이나 냉장고 박스 등을 이용한 큰 작업일 경우 옆의 흥미 영역과 공간을 터서 쉽게 확장시킬 수 있어야 한다.

다섯째, 쉽게 물을 쓸 수 있는 곳이어야 한다. 물감 그림 그리기 등을 할 때 물이 필요하기 때문이기도 하고 미술활동으로 더럽혀진 손을 닦거나 더러워진 미술 영역을 청소하기 위해서이기도 하다. 미술 영역에 유아의 키에 맞는 싱크대가 있으면 이상적이지만 교실에 수도를 마련하기 힘들 경우에는 세면대, 화장실 등 물이 있는 곳 가까이에 미술 영역을 둔다. 교실에 싱크대가 없거나 화장실 근처에 영역을 배치할 수 없는 교실 조건이면 커다란 그릇에 물을 담아 놓고 대야도 놓아 두어 싱크대 대신 사용한다.

여섯째, 가장 중요한 조건은 바닥이 미끄럽지 않아야 하는 것이다. 물이나 물감을 쓰기 때문에 바닥이 물에 젖으면 유아들이 미끄러져서 안전사고가 날 수 있기 때문이다. 아무리 미술 영역을 훌륭하게 운영한다 해도 안전이 보장되지 않으면 소용없다. 유치원이나 어린이집을 설계할 때부터 미술 영역으로 쓸 곳을 정해 놓고 상하수도 시설을 설치하고 싱크대를 마련해 주며, 미끄러지지 않는 바닥재로 시공하는 것이 가장 좋다.

2) 미술 영역의 운영

미술 영역은 시각적으로 매력적인 공간이어야 한다. 유아가 자발적이고 적극적으로 활동하고 싶도록 흥미를 끌 수 있는 곳이어야 하기 때문이다. 미술 영역을 쳐다보기만 해도 무언가 마음대로 재미있는 활동을 할 수 있는 공간이라는 생각을 유아가 하게 된다면 대성공이다. 유아의 흥미를 끌 만한 그림이 미술 영역의 벽면에 걸려 있고, 무언가를 창의적으로 해내느라 들리는 소리가 있어서 유아들의 마음을 끄는 장소가 되면, 유아들은 앞다투어 미술 영역을 선택해 작업할 것이다. 미술 영역의 벽에 배지背紙를 댄 유아들의 작품은 물론이고, 미술과 관련된 화보나 포스터, 인쇄물, 명화엽서 등을 전시하면 유아들의 미적 감수성을 키워 줄 수 있고, 미술활동을 하고 싶은 동기를 일으킬 수 있다.

미술 영역의 전경

　　미술 영역에 있는 책상이나 선반 위에 그날 또는 그 주에 할 미술활동 방법을 그림으로 설명해 놓은 안내판을 놓아 준다. 글을 읽지 못하는 유아를 위해 활동과정을 그림이나 사진들로 활용하여 그려 놓으면 유아들이 좀 더 빨리 이해할 수 있다. 유아가 그날 그 작업을 해야 한다면 근처에 필요한 자료들을 함께 준비해 주어 많은 유아가 미술 영역을 다녀갈 수 있게 한다.

　　우선 미술 영역의 재료들은 종류별, 용도별로 구분하여 교구장에 정리해 놓는다. 유아들이 재료를 사용하려 할 때마다 교사에게 어디에 있는지 물어보지 않아도 되고, 재료를 찾는 데 시간을 허비하지 않아도 될 것이다. 재료를 담는 상자는 안의 내용물이 보일 수 있도록 투명한 것을 선택하는 것이 좋다. 유아가 일일이 상자를 꺼내 재료를 확인하지 않더라도 쉽게 내용물 확인이 가능하기 때문이다.

미술 영역의 재료장

또한 미술 도구들과 재료에는 라벨을 붙인다. 라벨을 붙임으로써 유아들은 미술활동 시 재료를 쉽게 찾을 수 있을 뿐만 아니라 사용 후 어느 자리에 갖다 놓아야 하는지도 알게 된다. 어린 유아들은 재료의 그림이나 사진을 붙일 수도 있는데 문자를 병행할 경우 문해력에 도움을 줄 수 있다. 이러한 방법은 유아 스스로 사용하고 정리하는 책임감을 길러 주고, 미술 영역의 많은 재료를 정리해야 하는 교사의 불편도 상당 부분 감소시켜 준다. 질서와 책임감은 한 번에 이루어지는 것이 아니라 수차례 반복하여 익숙해진 후에 생긴다.

미술 영역에서 지켜야 할 약속과 규칙은 유아들과 함께 정한다. 미술 영역은 다른 사람과 공동 작업해야 할 때가 많고, 도구와 재료를 여러 명이 나누어 사용해야 하므로 반드시 규칙이 있어야 한다.

라벨을 붙인 정리장

🎨 미술 영역에서 지켜야 할 질서와 규칙

- 첫째, 미술 영역에서 활동할 수 있는 인원수를 정한다. 미술 영역에 '참여 체크판'을 걸어 놓고 3～5개의 찍찍이를 붙여 놓는다. 자리가 없으면 다른 영역에서 놀며 차례를 기다린다.
- 둘째, 모든 미술 재료와 도구는 함께 사용하는 것임을 알고 서로 양보한다. 스테이플러, 화판, 붓, 물감, 펀치, 풀, 본드 등은 공유해야 한다는 것을 알아야 한다.

- 셋째, 다른 사람의 작품은 조심해서 다룬다. 자기의 작품이 소중하듯 다른 사람의 것도 소중히 다룬다. 다른 유아의 작품에 낙서를 하는 등의 행동은 물론이고, '이게 뭐야.' '못 그렸어.' '무슨 사람이 이렇게 생겼냐.' 등의 비난하거나 비웃는 말과 행동은 하지 않는다.
- 넷째, 재료를 아낀다. 유아들과 수시로 종이를 아끼는 방법, 풀, 본드, 재료 등의 사용법에 대해 이야기를 나눈다. 가령, 풀은 뚜껑을 닫은 후 정리함에 넣어 두고 스틱형 풀의 경우 풀을 완전히 집어넣은 후 뚜껑을 닫아야 하는 것을 반복해서 알려 준다. 재료는 적당량만을 주고 부족한 양만큼 교사가 채워 준다.
- 다섯째, 활동할 때 가운을 입는다. 헌 셔츠의 팔과 길이를 잘라 입힐 수도 있다. 활동을 마친 후에는 가운을 개어 선반 위에 정리해 놓는다.
- 여섯째, 미술활동을 마친 후에는 스스로 정리한다. 사용했던 재료들을 다시 재료장과 교구장에 정리하고, 자기가 앉았던 자리 주변은 다음 사람을 위해 깨끗이 치운다.

미술 영역은 가위, 스테이플러 등 잘못 사용하면 위험한 것들이 많으므로 특히 안전에 유의하도록 한다. 바닥에 물이 떨어지면 그 즉시 닦아 내는 것은 교사는 물론이고 유아가 뛰다가 넘어지지 않게 한다. 또한 미술 영역에서 가위나 칼 등을 휘두르며 장난하지 않는 것은 유아들이 몸에 익혀야 할 중요한 습관이다. 교사들은 항상 미술 영역을 관찰하며 위험한 일이 발생하지 않도록 조심해야 한다.

미술활동은 미술 영역에서만 할 수 있는 것은 아니다. 쌓기놀이 영역이나 역할놀이 영역과 합쳐서 확대 활동으로 할 수도 있다. 날씨가 따뜻할 때나 자연 관찰 후 그림을 그리게 해야 할 필요가 있을 때는 미술 영역을 바깥에 마련하여 할 수도 있다. 미술 영역을 운영할 때 융통성 있게 하면 유아들의 표현 욕구가 커져 곤충, 동식물, 하늘, 해님, 돌 등을 다양한 방법으로 그리거나 입체물로 만든다. 실외에서는 아주 큰 박스를 이

실외에 설치된 미술 영역

용해 건물을 협동 작업으로 만들 수도 있고 공룡을 꾸며 볼 수도 있다. 폐타이어나 통나무 등을 놓아 두면 바깥 놀이터 한 구석에서, 한 학기 내내, 모든 유아가 한 번 또는 여러 번에 걸쳐 큰 붓으로 색칠하며 즐거운 시간을 보낼 수 있을 것이다.

3) 미술 영역에 준비할 재료

우리 주변에서 발견할 수 있는 다양한 재료는 영유아의 미술활동 욕구를 자극한다. 계절에 따라 꽃잎, 물, 나뭇잎, 눈도 미술 재료가 될 수 있고, 장소에 따라 조개껍질, 모래, 돌, 풀, 나무도 미술 재료가 될 수 있다. 재활용품도, 먹을 수 있는 식자재도 미술활동을 위한 재료가 된다. 물론 물감, 점토, 파스텔처럼 상점에서 구입할 수 있는 재료들도 너무나 많다.

다양한 미술재료

미술 영역은 유아의 발달에 적합한 미술 재료와 도구들이 비치되어 있어야 한다. 크레파스, 물감, 펜, 마커 등은 기본 재료로 언제든 사용할 수 있어야 하고, 콜라주 재료, 폐품 등의 소모품들은 종류를 달리해서 자주 바꿔 준다. 스팽글이나 눈알, 장식소품 등의 재료는 값도 비싸지만 유아들이 계획 없이 모두 사용해 버리는 등 창의적인 활동에는 도움이 되지 않는다. 유아의 연령을 고려해서 유아 스스로 조작할 수 있는 재료들만을 비치하고, 위험요소가 있는 재료나 도구는 필요할 때 교사의 지도하에 사용한다.

(1) 그리기를 위한 재료

〈그리는 재료〉
크레파스, 크레용, 오일 파스텔, 파스텔, 물감(수채 물감, 아크릴 물감, 포스터컬러, 템페라 물감), 목탄, 연필, 색풀, 볼펜, 사인펜, 유성매직, 분필, 색연필, 스탬프, 립스틱, 먹물, 래커, 양초, 락스 등

〈그릴 수 있는 면〉
종이류: 도화지, 색상지, 색지, 습자지, 주름지, 신문지, 포장지, 색종이, 한지, 골판지, 마닐라지(마분지), 머메이드지, 트레싱지, 냅킨, 하드보드지, 전지, 소포지, 복사지, 사포, 먹지 등
기타: 쿠킹호일, 나무, 나뭇잎, 돌, 조개껍질, 코팅지, 모래나 흙, 김 서린 창문 등

① 크레용 · 크레파스 · 오일 파스텔

유아에게 가장 익숙한 재료는 크레파스와 크레용일 것이다. 크레파스는 크레용과 파스텔의 합성어로서, 크레용보다 무르고 문지르면 파스텔처럼 색이 번지는 그리기 재료다. 크레용은 크레파스와 색연필의 중간 정도로 색이 크레파스만큼 진하지 않다. 그러나 크레파스처럼 손에 색이 많이 묻어나지 않고, 가루도 떨어지지 않으며, 딱딱하기 때문에 유아들이 사용하기에 편하다. 요즈음은 크레파스를 색연필처럼 플라스틱용기에 넣어 돌려 쓰게 하는 제품이 나와 손에 묻지 않아서 유아들이 좋아한다.

두껍고 끝이 둥근 크레파스는 사실적인 형태나 세부적인 묘사를 할 때에는 적합하지 않다. 따라서 밑그림을 그릴 때는 연필처럼 선이 얇게 그려지는 재료로 그린다. 연필이나 볼펜 등으로 세부적인 표현을 한 후에는 크레파스보다는 색연필이나 크레용이 괜찮다.

색이 있는 종이에 크레파스나 크레용을 칠하며 색의 변화를 비교해 볼 수도 있다. 원래의 색과는 다른 색이 나타나기 때문에 다양한 색의 종이에 그림을 그려 보게 함으로써 색에 대한 감각을 키워 줄 수 있다.

크레용과 크레파스의 주원료는 기름성분이므로 물과 섞이지 않는다. 이를 반발성이라 하는데, 반발성으로 인해 크레파스로 그린 그림 위에 물감으로 바탕을 칠하는 것이 가능하다.

② 사인펜

수성 사인펜은 물이 묻으면 색이 번지는데, 광택이 있는 표면에는 사용할 수 없다. 유성 사인펜이나 매직은 색이 번지지 않고 코팅지나 비닐과 같은 광택이 있는 표면에도 그려진다. 수직으로 펜을 잡고 그리면 가는 선을 표현할 수 있고, 비스듬히 눕혀서 그리면 두꺼운 선이 그려진다.

③ 연필, 볼펜

연필과 볼펜은 세밀한 표현을 하는 데 아주 좋다. 심이 가는 연필이나 연필을 뾰족하게 깎을 경우 쉽게 부러지기 때문에 유아에게는 심이 굵은 연필이 더 적합하다. 위험도 줄일 수 있다. 볼펜은 부러질 염려가 없고 부드럽게 그려지는 재료이나, 그림을 그리는 도중 연필은 수정이 가능한 데 반해 볼펜은 고칠 수 없는 단점이 있다.

④ 물감

물감에는 수채화 물감, 포스터컬러, 아크릴 물감, 템페라 물감 등이 있다. 이 중에서 일반적으로 많이 사용하는 물감은 수채화 물감과 포스터컬러다. 크레파스로 그림을 그린 후 배경을 칠할 때 사용할 수 있다. 찰흙과 같은 입체물을 만든 후 수채화 물감으로 채색을 하는 경우도 있지만, 손에 묻어나고 물이 튀었을 때 색이 지워진다. 이런 경우에는 아크릴 물감을 사용하는 것이 좋다. 아크릴 물감은 마르면 지워지지 않기 때문에 물감을 칠한 후 니스나 바니시 같은 정착액을 바를 필요가 없다. 그러나 아크릴 물감을 묻힌 붓도 물감이 마르면서 금방 굳어 버리기 때문에 그때그때 세척해야 한다.

여러 종류의 붓

물감으로 색을 칠하는 데 사용하는 종이는 붓질을 할 때 찢어지지 않을 정도로 두꺼워야 한다. 붓도 물감을 사용하는 용도에 맞게 선택해야 하는데, 넓은 면을 칠할 때는 넓은 붓을, 그림을 그릴 때는 작고 짧은 붓을 사용해야 한다. 물감을 사용할 때는 유아용 비닐 앞치마나 낡은 셔츠 등을 입게 하여 마음껏 활동할 수 있도록 한다.

이젤(화판)을 사용할 경우 물이 많이 섞인 물감은 흘러내리기 때문에 적합하지 않다. 템페라 물감과 같이 흘러내리지 않는 물감을 사용해야 한다. 가루물감을 사용할 때에는 물의 양으로 농도를 조절하면 된다. 또 물감 사용법에 대한 주의사항을 자세히 알려 주어 활동이 제대로 이루어지게 한다. 물감을 묻힌 붓을 들고 흔들어 물감이 튄다든지, 종이 위에 물감을 계속 칠하여 종이가 찢어진다든지 하는 일이 생길 수 있다. 어린 유아들의 경우 물감을 담은 용기에 스펀지를 깔

유아용 미술 가운을 입고 활동하는 모습

아 붓에 물감을 묻힐 때 튀지 않도록 할 수 있다. 또 물감의 색이 서로 섞이지 않도록 팔레트 하나에 여러 색의 물감을 함께 짜 놓지 말고, 색깔별로 용기를 달리 해서 유아들이 보다 편하게 사용하도록 하는 것이 좋다.

템페라 물감은 우리나라에서는 많이 사용하지 않지만 서구 유아교육기관 및 초등학교에서는 오래전부터 사용해 오고 있는 필수 재료다. 가루 템페라는 유해성분이 들어 있지 않고 값도 저렴해서 많은 유아가 사용하기 좋다. 큰 통에 템페라 가루와 물을 붓고 걸쭉하게 될 때까지 저어 준 후 물을 조금씩 더 넣으면서 농도를 맞춘다. 붓에 물감을 찍어 종이에 칠했을 때 흘러내리지 않고 농도가 진한 느낌이 들어야 알맞다. 템페라는 광택이 있는 매끄러운 표면에도 그려지므로 유리, 비닐, 스티로폼 등에 그리는 활동도 할 수 있다.

⑤ 파스텔

파스텔은 그림을 그리는 재료라기보다는 넓은 부위를 연하게 칠할 때 사용하는 재료다. 파스텔 용도에 대한 설명을 해 주지 않고 사용하게 하면, 유아들은 크레파스처럼 파스텔로 그림을 진하게 그리려 하거나 파스텔을 세로로 세워 그림을 그린다. 파스텔을 사용한 그림은 손에 많이 묻어나기 때문에 픽사티브나 투명 래커 같은 정착액을 뿌려 보관한다.

⑥ 그리기를 위한 종이 모양과 크기의 변화

그림을 그릴 때는 대부분 유아들에게 스케치북과 같은 흰색 8절 도화지를 제공한다. 그러나 그림을 그릴 수 있는 재료를 다양하게 제공하듯 그림을 그리기 위한 종이도 다양해야 한다.

- **색이 있는 종이**: 같은 색의 크레파스로 그림을 그리더라도 흰색의 종이와 색이 있는 종이에 그릴 때 나타나는 색은 느낌이 많이 다르다. 또한 그림의 주제에 따라 색이 있는 종이를 사용해야 하는 경우도 있는데, 가령 흰색 크레파

스로 새를 그릴 경우 흰 종이보다 하늘색이나 초록색 등의 색이 있는 것이 바탕종이로 적합하다.

- **질감이 있는 바탕:** 사포 등 거친 느낌의 바탕이나 비닐, 유리 등 매끄러운 표면에도 그림을 그릴 수 있다. 바탕이 되는 면의 재질에 따라 같은 재료라도 표현되는 느낌이 다르다.
- **가로로 긴 종이:** 기차, 가게들, 바닷가, 뱀 등을 그릴 때 사용할 수 있다.
- **세로로 긴 종이:** 높은 빌딩, 기린, 잭과 콩나무, 나무 등을 그릴 때 사용할 수 있다.
- **원형 종이:** 연못, 수영장, 똬리를 튼 뱀 등을 그릴 수 있다.
- **커다란 종이**(전지)**:** 여러 유아가 공동 작업을 할 때 사용할 수 있다.

(2) 찢기, 자르기, 붙이기를 위한 재료

유아들은 종이를 자르기 어렵기 때문에 찢기부터 하게 되고, 종이를 찢음으로써 즐거움을 느낀다. 처음에는 자신이 찢거나 자른 종이를 풀로 붙이는 것보다 단순히 나열해 보거나 찢는 활동 자체만으로도 만족감을 느낀다. 찢기와 자르기의 경험을 많이 한 유아들은 시각과 소근육의 협응력이 발달되기 때문에 찢거나 자를 수 있는 연습을 많이 해야 한다. 찢거나 자르는 활동은 이후에 자신이 자른 모양을 붙이는 활동으로 확장된다. 그리고 붙이는 활동은 종이뿐만 아니라 모래, 자연물, 천 등 다양한 재료도 함께 사용하는 콜라주로 이어진다.

① 찢기 재료

종이를 찢는 활동은 유아들의 에너지와 스트레스 등을 표출하는 데 매우 효과적이다. 시지각과 소근육 운동을 발달시켜 주며, 형태와 크기 등의 미술적 요소를 인식하게 해 준다.

찢기를 위한 재료는 잡지나 휴지, 신문지, 광고지 등을 활용할 수 있고, 종이를 마음껏 찢는 것에서부터 가로 길이로 찢거나 세로 길이로 찢어 보기, 크기를 다르게 찢어 보기 등 난이도를 높여 가며 다양하게 찢어 본다.

처음에는 손으로 찢기만 하다가 차차 자신이 찢은 종이를 풀로 붙이고 응용해서 그림으로 표현하는 활동을 하게 한다.

② 자르기 재료

종이를 자르기 위해서는 연습을 많이 해야 한다. 가위를 사용할 때는 친구를 향해 휘두르지 않는 등 주의사항을 철저히 일러 준다. 가위를 처음 사용하는 유아는 허공을 자르는 듯 흉내를 내며 연습을 하게 한다. 가위의 날을 얼굴 쪽으로 가져가지 않도록 하고 가위의 끝은 항상 아래로 향하도록 한다.

유아가 사용하는 가위는 질이 좋아야 하고, 끈적이는 것이 없도록 항상 관리를 해 주어야 한다. 또한 오릴 종이 역시 가위질이 쉽게 되는 종이를 사용한다.

처음에는 아이들이 원하는 대로 자유롭게 종이를 자르도록 하고, 그런 다음 자신이 선을 그리거나 그림을 그린 후 그 모양을 따라 자르도록 한다. 어른이 그려 준 그림이나 인쇄물을 자르는 것보다 자신이 그린 그림을 자르는 연습을 하게 한다. 종이로 충분히 연습한 유아는 천, 질감이 있는 종이, 비닐, 빨대 등 다양한 재료를 자르는 경험도 하게 한다.

③ 붙이기 재료

평면에 각종 재료를 붙이는 것을 '콜라주'라고 한다. 이는 불어의 coller, 즉 풀칠하기와 반죽하기를 의미하는 단어에서 유래되었다. 콜라주의 재료는 각종 종이에서부터 단추, 계란껍질, 모래, 천 등 무엇이든 붙일 수 있는 것이면 된다.

종이를 붙일 때는 우선 풀 사용법을 자세히 일러 주어야 한다. 설명을 제대로 하지 않을 경우 풀을 과도하게 사용할 수가 있다. 고체형 풀의 경우 적당한 길이와 사용 후 뚜껑을 닫을 때 등의 유의사항을 알려 주고, 액체형 풀은 적당한 양을 짜는 요령과 많이 짤 경우의 문제점 등에 대해 이야기한다.

종이 외의 재료를 붙일 때는 접착제의 종류와 사용법에 대해서 설명해야 한다.

본드의 사용법, 주의사항, 테이프의 사용법 등을 자세히 알려 준다.

〈접착제류〉
풀(물풀, 딱풀, 화이트풀, 밀가루풀), 본드(오공본드, 우드락본드, 일반본드), 테이프(투명테이프, 색테이프, 청테이프) 등

〈콜라주 재료〉
각종 종이류, 천, 계란껍질, 여러 종류의 실, 빨대, 노끈, 단추, 마카로니, 수수깡, 톱밥, 나뭇잎, 씨앗, 솜, 뽕뽕이, 조개껍질, 곡식류, 모래, 색모래, 커피, 자갈, 백업, 말린 식물, 성냥, 스팽글, 타일조각, 과자, 잡지, 사진, 나뭇가지, 자투리종이, 휴지, 코르크, 병뚜껑, 인조털, 호일, 과자봉지, 껌종이, 사포, 가루, 동물의 뼈, 땅콩껍질 등

(3) 찍기(판화) 재료

무엇인가를 찍어서 같은 형상을 만들어 내는 것을 '판화'라 한다. 단순하게는 모래밭에 신발 밑창의 자국이 나는 것도 판화의 일종이고, 고무나 나무에 새겨서 콜라주를 한 후 찍는 것, 직접 그림을 그린 후 찍는 것, 금속을 부식시켜서 찍어 내는 것 등 판화의 종류는 다양하다.

판화는 하나의 원판으로 반복해서 여러 화면을 만들 수 있기 때문에 패턴을 만들어 낼 수가 있다. 보통 판화용 잉크를 롤러에 묻혀서 찍어 내지만, 일반 물감으로도 판화의 효과를 낼 수가 있기 때문에 유아들과의 활동에서 잉크 대신 물감을 사용해도 좋다. 그러나 물은 거의 섞지 않은 상태로 사용해야 한다.

(4) 빚기 재료

빚기와 만들기는 모두 3차원의 입체물을 만드는 활동이다. 2차원의 평면 작품만 경험한 유아들은 입체물을 많이 다루어 본 아이들보다 3차원적인 세계를 이해하기가 힘들다. 미술의 요소와 원리는 평면 작품에서보다 입체물에서 더 쉽게 경험할 수 있다. 특히 평면 작품으로 자신의 생각을 표현하는 데 어려움을 겪는 유아

들은 점토를 주무르거나, 입체물을 구성하면서 즐거움을 느낀다. 그러나 입체물만을 만드는 것도 유아의 미술 발달을 지연시킬 수 있으므로 평면활동과 입체활동은 함께 병행되어야 한다.

① 점토류 재료

점토를 마음껏 두드리고, 굴리고, 뭉치는 과정에서 유아들은 스트레스와 긴장감, 적대감 등을 표출하며 풀 수 있다. 점토는 일반적으로 두 가지, 즉 '물을 기초로 하는 점토'와 '기름을 기초로 하는 점토'로 나눌 수 있다. 물을 포함하는 점토는 말랐을 때 수분이 빠져나가 딱딱해지는 찰흙, 지점토 등이 있으며, 기름을 포함하는 점토는 공기 중에 노출되어도 굳지 않아 재사용이 가능한 고무찰흙, 유점토, 컬러믹스 등이 있다. 따라서 점토 영역에는 유아들이 반복해서 사용할 수 있도록 기름이 섞인 유점토 종류를 놓아두어야 한다.

유아들은 점토를 주물러 보거나 뜯거나 책상 위에 굴리는 등의 단순한 활동을 시작으로 점토를 두드려 평면으로 만들기, 비벼서 길게 늘이기, 조각칼로 자르거나 구부리기 등의 활동을 한다. 그런 다음 이러한 기본적인 동작들을 응용하여 다양한 모양을 만들 수 있다.

- **찰흙**: 찰흙과 같이 말려서 굳혀야 하는 점토는 그늘에서 천천히 말려야 금이 덜 간다. 찰흙이 마르면 아크릴 물감으로 색을 입힐 수 있다. 일반적으로 유아들이 사용하는 찰흙은 대부분 마르면 금이 가기 때문에 찰흙 대신 도자기를 만드는 청자토를 사용할 수 있다.
- **지점토**: 찰흙보다 단단하고 금방 굳어 버리기

미술 영역의 점토들

때문에 유아들이 사용하기에 쉬운 재료는 아니다. 흰색이라 채색할 때 용이하다.

- **밀가루 점토**: 따뜻한 물에 소금 약간과 식용색소를 넣어 녹인다. 소금은 점토가 상하는 시기를 지연시켜 준다. 밀가루와 식용유 몇 방울을 넣고 밀국수 반죽 또는 만두피 반죽 정도로 반죽한다. 식용유는 손에 점토가 붙지 않게 해 준다. 밀폐용기에 넣어 냉장고에 보관하며 여러 번 사용한다.
- **유점토**: 마르거나 굳지 않고 갈라지지 않는다. 혼색이 가능하고 반영구적이다.
- **인조점토**: 가볍고, 손에 묻어나지 않으며, 부드럽다. 또한 혼색이 가능하다.
- **컬러믹스**: 만들고 난 후 삶거나 찌거나 오븐에 140도 온도로 10분간 구워 내면 지우개와 같이 단단해진다.
- **고무찰흙**: 컬러믹스와 비슷하지만 열을 가해도 굳지 않는다.
- **쿠키 반죽**: 쿠키 반죽으로 유아들이 자유롭게 모양을 만들도록 한다. 인형을 만들고 눈, 코, 입 등을 초콜릿이나 견과류 등으로 꾸밀 수 있다. 어린아이들은 동그랗게 뭉쳐 손바닥으로 누른 후 그 위를 견과류로 장식하게 한다. 과자 종이에 올려 놓고 오븐에 구워 간식으로 먹을 수 있다.
- **종이죽**: 잘게 찢은 종이를 큰 냄비에 가득 담고 물을 부어 담가 놓는다. 종이를 넣은 냄비를 불에 얹고, 약한 불에서 20분가량 끓인다. 잘 끓인 종이를 채나 여과기에 걸러 물을 뺀다. 너무 짜서 푸석푸석한 덩어리가 되지 않도록 한다. 공예 풀을 넣고 잘 섞는다. 가볍게 섞으면서 펄프가 미끌미끌한 농도가 될 때까지 풀을 넣는다. 완성된 종이죽은 비닐봉지에 넣어 냉장고에 보관하며 사용한다.

② **석고류 재료**

석고는 빚을 수 있는 점토의 종류는 아니다. 그러나 일부 석고조형 시 찰흙과 같이 사용해야 할 경우가 있고, 굳어져서 완성된 결과물이 점토가 굳고 난 후의 결과물과 유사하기도 하다. 활용 방법은 석고가루와 물을 섞은 후 그 반죽을 틀에 부어 굳혀서 형태를 만드는 것인데, 석고가루와 물의 비율은 약 2:1 정도의 걸쭉한 상태로 사용해야 한다. 석고는 건조되는 시간이 무척 빠르기 때문에 활동을 위한 준비를 완벽히 한 상태에서 신속히 진행해야 한다.

(5) 만들기 재료

무엇인가를 만들기 위해 사용할 수 있는 재료는 무한하다. 종이에서부터 나무토막, 철사, 자연물, 빈 박스, 병뚜껑 등 어떤 것이든 만들기를 위한 재료가 될 수 있다. 유아들은 이렇듯 다양한 재료 중에서 자신이 원하는 것을 선택하여 만든다. 때로는 성인들이 생각지도 못한 재료로 작품을 만들기도 하고, 재료를 이리저리 배치해 가며 자신이 만들고자 하는 대상을 완성해 간다.

큰 재료들을 보관하는 보관함

입체 작품을 구성하고 있는 유아

만들기 역시 3차원의 입체적 활동이기 때문에 유아들은 만들기 활동을 통해 입체에 대한 개념을 발달시켜 나간다. 만들기도 많은 연습과 경험이 필요하다. 무엇인가를 만들고 꾸미는 경험을 많이 한 유아는 재료를 응용하며 자신이 원하는 대상을 만들 수 있지만, 경험이 부족하고 재료를 많이 다루어 보지 못한 유아는 단순히 재료를 나열하거나 붙이는 탐색활동으로만 끝나게 된다.

(6) 바느질과 짜기 재료

유아들은 바늘을 이용해 실을 엮을 수 있다. 처음에는 마카로니나 빨대 조각, 구멍 뚫린 블록 등을 실에 꿰어 넣는 것부터 시작하여 차츰 2개 이상의 구멍에 실을 꿰맬 수 있게 된다. 그다음에는 종이에 곡선, 직선 등의 선을 펀치로 뚫은 뒤 실을 꿰매는 활동에서 다양한 형태를 자유롭게 바늘로 꿰맬 수 있는 단계까지 발전된다. 이때 바늘은 바늘귀가 큰 것으로 하고 매듭은 실의 양끝을 묶어 바늘을 잃어버리지 않게 한다.

가장 쉽게 할 수 있는 짜기 활동은 서로 다른 종이를 엇갈리게 엮는 것이다. 네모난 종이를 같은 간격으로 자르고, 이와 같은 크기의 다른 색종이를 그 사이사이에 끼워 짠다. 짜기는 프뢰벨의 종이 매트 짜기에서 시작되어 개선된 활동으로 그 역사가 깊다. 요즘은 섬유 조직이나 다양한 끈을 서로 얽히게 하면서 짜기도 한다.

바느질 재료

2. 유아의 작품 전시

1) 전시의 중요성

전시의 사전적 의미는 '여러 가지 물품을 한곳에 벌여 놓고 보인다.'이다. 그러나 유아교육기관에서의 전시란 단순히 영유아들의 작품을 한곳에 펼쳐 놓고 보이는 것에 그치는 것이 아니라 교육적 의미, 미적인 아름다움, 평가 자료 등 다양한 역할을 한다.

전시의 대상은 영유아들의 평면 작품, 입체 작품들뿐만 아니라 주제와 관련된 화보·사진·실물 자료들, 가정에서 보내온 자료 등이 모두 포함된다. 이러한 전시물은 영유아의 흥미를 이끌고, 다양한 정보를 제공하며, 주제에 대한 이해 정도를 높이는 등 교육적인 효과가 있다. 또한 영유아가 학습한 것을 확인하고 새로운 학습의 동기를 유발하는 재순환의 계기가 되기도 한다.

다양한 전시물 중 유아교육기관에서 가장 많은 비중을 차지하고 중요하게 여기는 것은 영유아들의 작품이다. 영유아들은 자신의 작품과 다른 유아의 작품을 감상할 기회를 가지면서 자기평가를 할 수 있고, 사람들의 생각과 표현이 서로 다를

수 있음을 알게 된다. 자기가 그린 그림에 자신감이 없는 영유아들은 자신의 그림도 다른 친구들의 작품과 함께 전시가 되고, 각각의 그림은 서로 다르고 저마다의 의미가 있어 모두 소중하다는 것을 인정하게 될 것이며 이는 매우 가치 있는 경험이 된다. 이를 통해 영유아는 성취감과 자신감을 갖게 되는데 특히 전시 과정에 영유아가 참여한다면 이러한 효과는 더욱 커질 수 있다.

영유아들은 전시 방법이나 형태에 따른 새로운 미적 체험을 할 수 있으며, 감상이라는 것을 미술의 한 부분으로 자연스럽게 인식할 수 있다. 또한 전시된 다른 사람들의 작품을 감상한 후 자신의 미술활동 과정에 응용할 수도 있다는 점에서 교육적 효과가 있다.

2) 전시의 원칙

효과적인 전시는 매력적인 환경을 만들어 줄 뿐만 아니라 영유아들에게 동기유발과 즐거움을 주지만, 잘못된 전시는 영유아들에게 오히려 부정적인 영향을 끼칠 수 있다. 따라서 유아교육기관의 교사들은 전시를 할 때 많은 것을 고려해야 하며 세심한 주의를 기울여야 한다. 다음은 유아교육기관에서의 전시를 위한 기본 원칙들이다. 이는 효과적인 전시를 위한 도움이 될 것이다.

- **유아교육기관에서의 전시는 유아중심적이어야 한다.** 즉, 영유아의 눈높이에 맞아야 하며, 영유아들이 보기 편해야 하고, 유아의 작품이 돋보이는 곳에 위치해야 한다. 예를 들어, 만 2세 전후의 영아 그림은 조금 더 낮게 전시하는 것이 좋은 보기다.
- **전시물의 수는 적당해야 한다.** 한정된 공간에 지나치게 많이 전시할 경우 오히려 혼란스럽고 집중할 수 없는 분위기가 되고 만다. 특히 영유아의 참여가 배제된 상업적인 게시물들의 경우는 더욱 그러하다.
- **전시공간은 영유아의 작품으로 채워져야 한다.** 일반적으로 게시판은 대부분의

유아교육기관에서 전시 공간이라 정해 놓은 곳이지만, 많은 기관에서 게시판을 교사의 작품으로 채우는 경향이 있다. 교사의 작품은 영유아들에게 교육적인 도움도 주지 못할뿐더러 자칫 위화감을 갖게 할 소지가 있다. 영유아의 작품을 돋보이게 하기 위한 방법으로 교사가 꾸며 줄 수는 있지만 게시판 전체를 교사의 솜씨자랑 코너로 삼을 필요는 없다.

- **전시공간을 교실 벽면으로 제한할 필요가 없다.** 벽면이 모자라 영유아들의 작품을 다닥다닥 붙여 놓는 것은 오히려 미적으로 보기 좋지 못하다. 복도, 화장실 등은 물론 화창한 날에는 실외 공간도 사용할 수 있다. 천장도 전시물에 따라 전시공간이 될 수 있고, 교실의 한쪽 코너에 커다란 입체물을 놓을 수도 있다.

- **영유아들의 작품이 더 돋보일 수 있도록 전시해서 영유아들 스스로가 자신의 작품이 소중히 다루어졌음을 느낄 수 있게 한다.** 작품에 배지背紙를 대는 것은 작품을 돋보이게 만들어 준다. 배지는 작품에서 사용된 색들 중 한 가지를 택하여 작품보다 조금 크게 잘라 뒷면에 덧붙인다. 작품과 동떨어진 색, 형광색, 여러 가지 색이 혼합된 배지는 산만한 느낌을 주고, 작품보다 배지가 더 눈에 들어올 수 있으므로 피한다. 배지의 색은 영유아들마다 다르게 할 수 있지만 함께 전시할 경우 어느 정도는 통일성이 있어야 전체적으로 편안하고 매력적으로 보인다. 따라서 몇 가지의 배지 색을 정하여 사용하고, 작품마다 각각 다른 색의 배지를 대는 등 지나치게 많은 색의 사용은 피하도록 한다. 배지는 작품을 돋보이게 하기 위한 가장 간단한 방법 중 하나이고, 배지 대신 액자와 같은 틀을 만들어 전시한다면 영유아의 그림을 훨씬 더 근사한 작품으로 만들어 줄 수도 있다.

작품 옆에 유아의 이름을 붙여 준다든지 그림에 대한 설명을 붙여 줌으로써 영유아 스스로 자신의 작품에 대한 소중함, 자부심을 갖게 해 줄 수도 있다. 다른 영유아의 작품에 대한 설명을 읽음으로써 나와는 다른 그림, 생각들을 접하게 되고 이를 통해 잘하고 못하고가 아니라 생각이 서로 다를 수 있음

을 알게 된다. 스스로 자신의 그림에 대한 자부심이 없는 영유아일 경우 이러한 전시활동만으로도 자신감을 가질 수 있을 것이다.

- **평면 작품과 함께 입체 작품도 전시해야 한다.** 전시는 평면 작품만 가능한 것이 아니다. 함즈와 클리포드(Harms & Clifford, 1989)는 유아교육기관에서의 가장 바람직한 전시환경에 대해 개별화된 영유아의 작품, 입체 작품이 평면 작품과 함께 전시된 것, 영유아들에게 흥미 있는 작품이 그들의 눈높이에 쉽게 접근할 수 있는 곳에 전시된 것이라 하였다. 교실 공간이 충분하다면 낮은 책상을 배치하여 입체물을 전시할 공간을 만들어 줄 수 있다. 그러나 공간이 충분치 않다면 영유아들의 사물함 위를 전시공간으로 사용할 수 있다. 또 다목적 영역을 만들어 때로는 전시공간으로 사용하고, 때로는 활동 영역으로 사용하는 방법도 있다.

- **매력적으로 보일 수 있게 전시해야 한다.** 전시를 할 때 모든 영유아의 작품을 한 공간에 전시해야만 한다는 강박관념으로 미적인 부분을 염두에 두지 못할 수도 있다. 그러나 전시도 미술의 한 부분인 만큼 미적인 부분을 고려해야 한다. 배지의 색과 작품의 색이 어울려야 하며, 작품들 간에는 어느 정도의 거리를 두어 개개의 작품에 집중할 수 있도록 하고, 작품들이 한쪽 면에만 치우치지 않도록 균형을 주어야 한다.

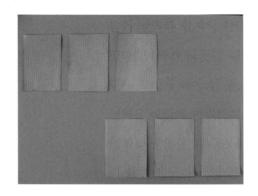

기본적으로 게시판과 그림이 평행이 되도록 전시하면 정돈되어 보이고 그림에 집중할 수 있게 된다.

변화를 주는 것은 좋지만 아무런 규칙성 없이 복잡하게 전시하는 것은 혼란을 주고 그림에 집중할 수가 없다.

기본적으로 게시판과의 평행은 유지하되 크기나 형태, 위치에 변화를 주면 단조로운 느낌을 피할 수 있고 재미를 줄 수 있다.

균형은 미적인 전시를 위해 필수다. 위의 왼쪽 사진처럼 형식적 균형에 맞게 전시할 수도 있지만, 오른쪽 사진처럼 비형식적 균형으로 전시할 수도 있다.

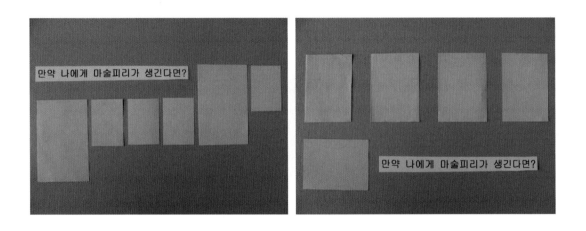

전시물 중간에 글자를 넣어야 할 경우, 글자의 크기는 분명히 알아볼 수 있도록 커야 하며 지나치게 화려하여 그림을 압도해서는 안 된다. 글자를 사선방향으로 쓰거나 위에서부터 아래로 읽게 하는 방법은 좋지 못하다. 영유아들이 알아보기 쉽게 쓰도록 하고, 글자의 수는 가급적 적은 것이 좋다.

• **생활주제에 맞게 전시해야 한다.** 현재 교실에서 진행되는 주제와 관련된 작품들을 위주로 전시함으로써 영유아들이 주제에 더욱 집중할 수 있도록 한다. 가령, '공룡'이라는 주제가 진행된다면 커다란 공룡 입체물을 구석 공간에 전

시하고, 벽면에는 영유아들이 그린 공룡 벽화를 붙이며, 사물함 위에 찰흙으로 만든 공룡을 전시할 수 있다. 또 다른 벽면 공간에는 공룡의 특징에 대한 화보나 자료를 전시함으로써 교실 전체에서 진행되는 주제를 접할 수 있도록 한다.

- **수업 중에 한 영유아의 작품을 전시할 경우 모든 영유아의 작품을 전시하도록 한다.** 일부 유아의 작품만 전시함으로써 전시되지 못한 영유아들에게 실망감을 주어서는 안 된다. 공간이 모자랄 경우 복도를 이용해서라도 모든 영유아의 작품을 함께 전시하도록 한다.
- **영역에 따라 전시물의 종류를 달리해야 한다.** 영유아들의 작품을 활동적인 영역이나 물이 많이 튀는 곳에 전시한다면 쉽게 망가져 버릴 것이다. 전시물의 내용이 과학에 관련된 것이라면 수·과학 영역 근처에 전시하는 것이 효과적일 것이고, 언어에 대한 것이라면 언어 영역 근처에 전시해야 할 것이다.
- **전시물은 일정 기간이 지나면 교체해 준다.** 정해진 시기는 없으나 영유아들이 더 이상 흥미를 보이지 않거나 주제가 바뀌는 등 기존의 전시물이 더 이상 의미를 갖지 못할 때 새로운 전시물로 바꿔 주어야 한다.

3) 배색 원리를 활용한 심미적 전시

유아작품을 전시하기 위해 기본 원리를 익힌 후에는, 보다 심미적이고 효과적인 전시를 위해 배색의 원리를 알아야 한다. 배색color scheme이란 목적과 기능에 알맞고 유아의 작품을 더 아름답게 보이도록 여러 색을 맞추는 것이다. 어떤 색을 사용해 배치하였는지, 크기는 어떻게 잘라 배치하였는지에 따라 전시가 아름답게 보이기도 하고 그렇지 않기도 하기 때문이다. 배색은 개인이나 그룹의 기호에 영향을 받는다. 그러나 색채이론에 근거하여 모든 사람이 보편적으로 아름답다고 생각하는 배색이 있다. 전시를 할 때 배색이 잘못되면 심리적 불쾌감을 줄 수 도 있고 목적에 맞는 배색이 이루어지면 미적효과가 극대화될 수도 있다. 따라서 배색을 할

때는 사용목적과 주위환경을 고려해야 하며, 색상, 명도, 채도 그리고 색조tone를 생각하며 한다. 또 전시할 작품의 재질과 형태 그리고 면적 등도 고려한다.

　이제 본격적으로 배색의 방법을 소개하기 전에, 배색에서 고려되어야 할 색의 주요요소인 색상, 채도, 명도에 대해 그림을 통해 알아보자. 색은 색상, 채도, 명도로 구성되는데, 다음의 그림과 같이 대표적인 20개의 색이 있다. 색입체의 수직단면의 그림을 살펴보면 빨강이 명도와 채도에 따라 선명한vivid 빨강, 흐린soft 빨강, 진한deep 빨강, 연한pale 빨강, 밝은light 빨강, 어두운dark 빨강, 탁한dull 빨강 등 다양한 색으로 구분된다.

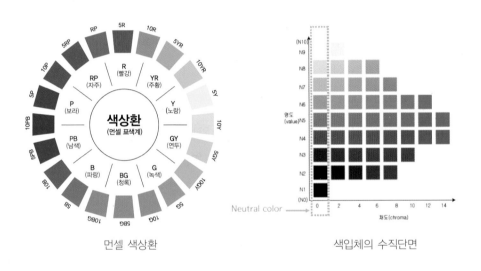

| 먼셀 색상환 | 색입체의 수직단면 |

　빨강뿐 아니라 색상환의 다른 모든 색을 색입체의 수직단면 위에 다시 적용해 보면 다음과 같은 그림이 되는데, 다음의 그림을 중심으로 조화롭게 느껴지는 배색의 방법을 소개하고자 한다.

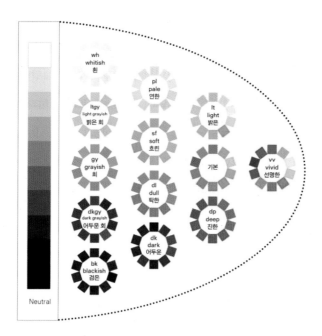

색상환 색입체 수직단면

(1) 색상을 활용한 배색

색상, 명도, 채도의 세 속성 중에 색상에 중점을 두고 배색하는 경우를 말하는데, 동일색상 배색, 유사색상 배색, 반대색상 배색이 있다. 동일색상 배색은 같은 색상이나 다른 명도와 채도를 가진 색으로 배색을 하는 것을 말하는데 한 색상이 가진 통일성으로 인해 부드럽고 은은하며, 차분하고 정적인 느낌이 난다. 예를들어, 같은 자주이지만 밝은 자주와 어두운 자주를 기본 자주와 같이 배색하는 것이다.

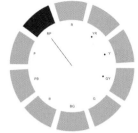

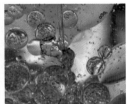

유사색상 배색은 색상환에서 옆에 인접한 색상으로 배색하는 것인데, 색상차가 적기 때문에 자연스럽고 명쾌한 분위기를 연출할 수 있다. 근접한 색상의 활용으로 협조적이고 온화하며 상냥하고 건전한 느낌을 준다.

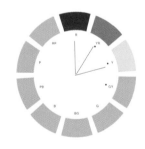

반대색상 배색은 색상환에서 서로 마주 보고 있는 색상으로 배색하는 것으로 강조나 명쾌함을 줄 때 주로 사용한다. 유사한 색이 사용되지 않아 강한 대비효과가 나타나므로 강렬하고 동적이며 자극적이고 화려하며 개성적인 대담한 이미지가 느껴진다.

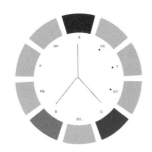

(2) 명도를 활용한 배색

명도란 색의 밝고 어두운 정도를 말하는데 명도를 기준으로 한 배색은 색상과 상관없이 명도의 차이를 두어 선정하는 배색을 말한다. 밝은 느낌의 고명도 배색, 중간 정도의 명도를 주로 사용하는 중명도 배색, 어두운 톤 위주의 저명도 배색이 있는데 명도에 따라 다른 느낌을 주며 어우러진다.

고명도 배색은 주고 밝은light, 연한pale, 흰whitish 느낌이 드는 명청明淸계열의 색을 조합하는 것으로 고명도 위주의 톤을 사용하여 맑고 깨끗하면서 부드러운 느낌을 준다.

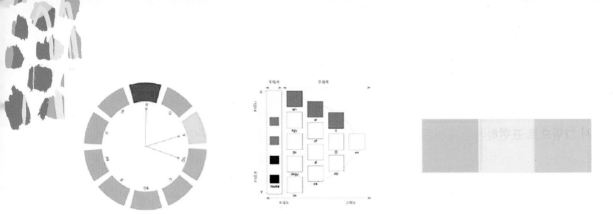

중명도 배색은 중간 정도의 명도를 주로 사용하는 배색인데 안정되고 차분하며 편안한 느낌을 준다. 중채도, 중명도인 중간 색계의 덜dull톤을 사용한 배색기법을 토널배색이라고 하는데 고명도, 고채도에 비해 소극적인 인상을 준다.

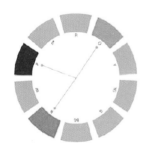 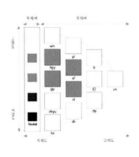 

진한, 어두운, 검은 톤 위주의 배색을 저명도 배색이라고 하는데 이러한 배색은
어둡고 딱딱하면서도 무거운 느낌을 준다.

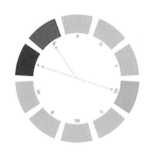
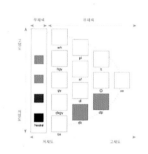

(3) 채도를 활용한 배색

채도란 색상의 진하고 엷음이라고 할 수 있는데, 아무것도 섞지 않아 맑고 깨끗하며 원색에 가까운 것을 채도가 높다고 하고, 무채색을 많이 섞었을 때 채도는 낮아진다. 채도가 가장 높은 색을 순색이라고 하며 흰색과 검은색은 채도가 없어 무채색이라 한다. 무채색 축에서 멀리 있는 색일수록 채도가 높아 화려한 이미지의 표현에 적당하고 저채도의 색들은 소박하고 수수한 인상을 준다.

고채도 배색은 채도가 높은 선명한vivid 톤 위주의 배색을 말하는데 화려하고 자극적이며 때로는 산만함을 줄 수도 있다. 다이나믹하고 장식적인 느낌을 주는 배색이다.

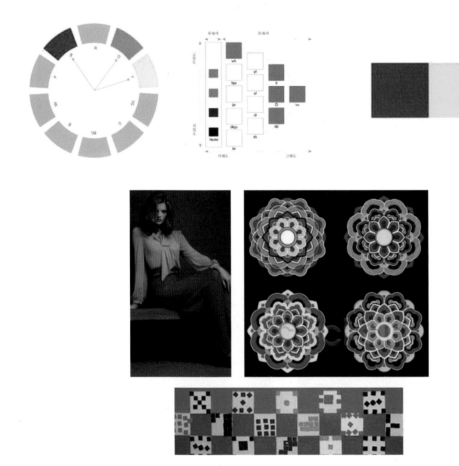

중채도 배색은 탁하거나 밝은 톤 위주의 배색으로 차분하고 안정된 느낌을 준다.

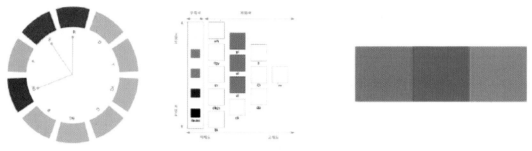

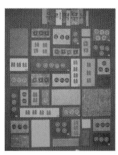

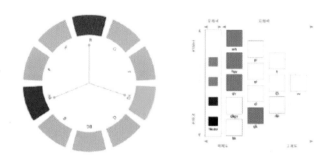

저채도의 배색은 회색 톤 위주의 배색으로 심플하고 은은하며 정적인 느낌의 배색이 된다.

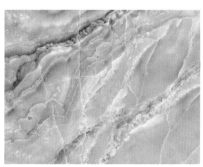

(4) 색조를 활용한 배색

색조tone는 명도와 채도의 복합개념으로 색조를 활용한 배색으로 동일색조, 유사색조, 반대색조 배색이 있다. 동일색조 배색은 동일한 색조 안에서 색상만 변화를 주어 통일감을 주는 배색을 말한다. 동일색조 배색을 같은 톤 안에서의 배색이라 하여 톤인톤tone in tone이라고 한다.

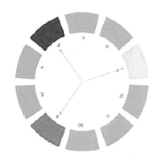
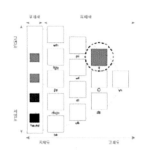

유사색조 배색은 톤의 위치에서 인접한 색조를 중심으로 한 배색으로 안정된 느낌을 준다.

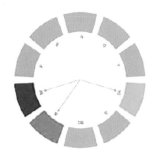
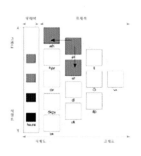

반대색조 배색은 톤의 위치에서 반대편에 위치한 색조의 배색으로서 명쾌하고
분명한 느낌을 준다.

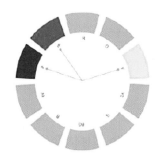
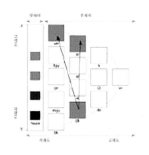

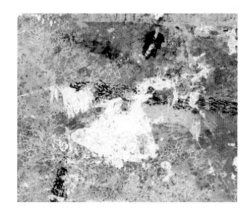

(5) 연속효과 배색

점진적으로 자연스럽게 색상, 명도, 채도, 색조를 배색하는 것인데, 세 가지 색 이상의 배색에 이와 같은 효과가 나타나는 것을 그라데이션 배색이라고 한다. 자연을 관찰해 보면 이러한 연속적인 채도와 명암의 조화가 나타나는 배색을 쉽게 발견할 수 있다.

그라데이션 배색을 색의 속성별로 나누면 색상 그라데이션, 명도 그라데이션, 채도 그라데이션, 색조tone 그라데이션이 있다.

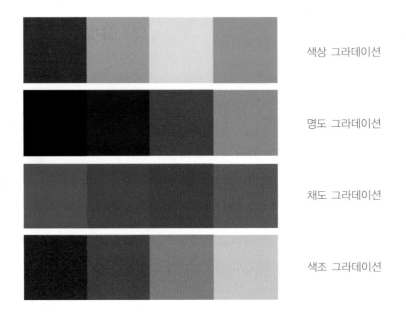

색상 그라데이션

명도 그라데이션

채도 그라데이션

색조 그라데이션

(6) 분리효과 배색

분리효과 배색이란 두 가지 색 또는 많은 색의 배색에서 그 관계가 모호하서나 대비가 너무 강한 경우 접해진 두 색을 분리하기 위해 분리색을 삽입하며 조화롭게 하는 배색방법을 말한다. 예를 들어, 색상이나 톤이 비슷한 배색이어서 애매하고 뚜렷하지 않은 인상을 줄 때 두 가지 색 사이에 분리색을 넣어 명쾌한 느낌을 주는 것이다. 분리색은 주로 무채색을 사용하는데 금속색을 쓰는 경우도 있다.

(7) 강조효과 배색

강조효과 배색이란 단조로운 배색에 대조적인 색을 소량 첨가하며 배색에 초점을 주어 전체의 상태를 보다 돋보이게 하는 배색의 방법이다. 강조되는 색은 주조를 이루는 색과 대조적인 색상, 명도, 채도, 색조 등을 사용하여 주목성을 부각시킨다. 예를 들어, 전체가 어두운 색조로 되어 있다면 소량의 고명도의 색을 강조로 사용하고, 전반적으로 무채색이나 저채도의 색이 사용되었다면 고채도의 색을 사용하여 강조하는 것이다. 또는 보색이나 반대에 위치한 색상을 사용하여 강조할 수도 있다.

(8) 반복효과 배색

반복효과 배색은 두 가지 이상의 색을 사용하여 일정한 질서를 반복하여 조화를 주는 방법이다. 예를 들어, 두 색의 배색을 하나의 단위로 하여 그것을 되풀이하면서 통일감을 이루는 배색인데, 타일이나 체크무늬 배색에서 볼 수 있다.

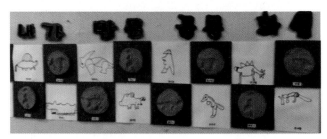

(9) 비렌의 삼각형 배색

파버 비렌Paber Birren은 미국의 색채전문가로서 색채 응용 분야의 뛰어난 이론가이며 실천가였다(문은배, 2011). 비렌은 색채의 미적효과를 나타내는 데는 톤tone, 하양white, 검정black, 회색gray, 순색color, 틴트tint, 셰이드shade라는 7개의 용어가 필요하다고 하였다. 비렌은 다빈치, 렘브란트 등 화가의 훌륭한 배색 원리를 찾아 자신의 색 삼각형Birren color triangle에서 보여 주었으며, 색채조화의 원리가 색 삼각형 내에 있음을 보여 주었다.

삼각형의 각 꼭지점에 순색color, 검정, 하양을 넣고 순색과 하양을 섞어서 나오는 색을 순색과 하양의 중간에, 하양과 검정을 섞어 나오는 회색을 그 중간에, 순색과 검정을 섞어 나오는 색을 순색과 검정에 넣은 후, 다시 순색과 회색을 섞어 나오

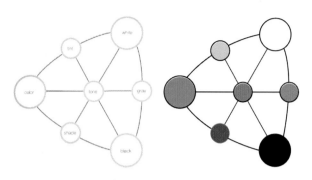

비렌의 개념도

는 색도 순색과 회색 사이에 배치하면 비렌의 삼각형이 완성이 된다. 비렌의 배색은 삼각형에서 직선위치에 있는 색은 서로 조화를 이룬다는 원리를 가지고 있는데, 다음의 그림과 같이 삼각형에서 직선에 있는 색들이 서로 조화로운 색이며, 이는 어떤 순색color에서도 모두 적용될 수 있다.

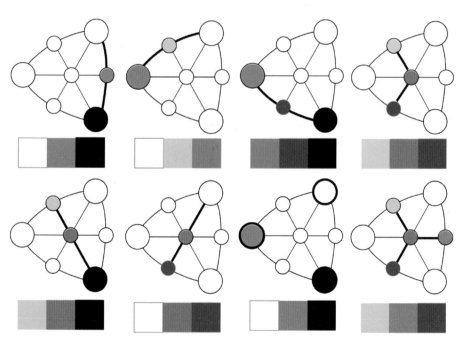

비렌의 조화도

(10) 루드의 자연 색채 배색

루드Ogden Nicholas Rood는 미국의 자연과학자로서 그의 저서『현대 색채학 (Modern Chromatics)』(1879)에서 색상의 자연스러운 연속성에 주목하고, 이 질서를 기초로 '자연적 조화natural harmony'의 배색을 주창하였다. 즉, 자연 속에는 보색, 유사색, 반대색, 그리고 점진적인 명도, 채도의 배색이 가장 아름답게 제시되었다고 하였다. 따라서 다음의 사진과 같이 아름답게 느껴지는 자연의 한 장면을 보고 그 장면에서 사용된 색을 추출하여 배색하는 것이 가장 자연스럽고 조화로운 배색이 된다는 것이다.

PART

2

유아미술교육의
실제

PART **2**

유아미술교육의
실제

Chapter 7

미술의 요소와 미술의 원리에 기초한 활동

1. 미술의 요소를 경험해요

1) 선

(1) 선을 찾아보아요

활동 1. 교실에서 찾은 선

우리들이 조금만 열심히 찾아보면 주변에서 다양한 종류의 선을 찾을 수 있다. 유아들과 함께 낯익은 교실에서 선을 찾아본다. 책, 책상, 이젤, 카펫, 블록, 피아노 등에서 찾을 수 있는 직선과 인형, 옷걸이, 미끄럼틀, 역할 소품 등에서 찾을 수 있는 곡선 등 다양하게 나타난 선을 찾고 비교해 본다.

- 교실에 있는 선을 찾아보자.
- 선생님과 선 찾기 놀이를 해 볼까?
- 곧은 선을 가지고 있는 것은 무엇일까?

- 구불구불한 선이 있는 곳을 짚어 보자.

- 옆으로 그어진 곧은 선이 있는 물건을 한 개씩 찾아와 보자.

- 제일 굵은 선이 있는 곳을 짚어 보자.

- 교실에 있는 물건을 이용하여 제일 긴 선을 만들어 보자.

 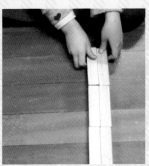 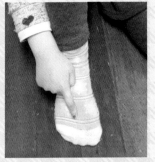

활동 2. 자연에서 찾은 선

유아들과 바깥활동을 하며 선을 찾아본다. 나뭇가지와 나뭇잎, 꽃, 잔디, 실외 놀이 기구, 하늘 등에서 어떠한 선을 찾을 수 있는지 이야기 나눈다.

- 나무에는 어떤 선들이 있니?

- 나뭇가지(나뭇잎)에 있는 선들을 찾아보자.

- 하늘에서도 선을 찾을 수 있을까?

활동 3. 자연에서 찾은 선으로 표현한 또 다른 선

바깥활동 중 나뭇가지, 풀 등 선을 표현할 수 있는 재료들을 찾아 다양한 방법으로 선을 재구성해 본다.

- 이 나뭇잎에는 어떤 선들이 있을까?

- 옆으로 뻗은 선이 많을까? 비스듬한 선이 많을까?

- 이 나뭇잎 선의 굵기를 알아보자. 어떤 것이 굵니? 어떤 것이 가느니?

활동 4. 재미있는 선-옵아트(op art)

선만으로도 재미있는 그림을 그릴 수 있음을 이야기하며 옵아트 작품을 소개한다. '옵아트op art/optical art'는 반복적으로 선이나 동심원 등을 그림으로써 착시를 일으켜 마치 그림이 움직이고 있는 듯한 느낌을 갖게 그리는 것이다.

- 어떤 그림이니?
- 무엇을 그린 것일까?
- 한참 동안 그림을 보자. 그림이 어떻게 되는 것 같니?
- 왜 이런 그림을 그렸을까?

브리짓 라일리, Cataract 3, 1967

활동 5. 다양한 선을 찾아보아요

고흐의 드로잉을 보며 다양한 선을 찾아본다.

- 직선을 찾아보자.
- 곡선을 찾아보자.
- 가장 긴 선이 무엇인지 찾아볼까? 가장 짧은 선은?

빈센트 반 고흐, 드로잉, 1800년대 후반

＼활동 6. 선으로만 그린 그림

화가들은 선으로만 그리기도 한다. 색을 칠하기 전에 밑그림으로 그릴 수도 있지만 때로는 선만으로 그림을 멋지게 그린다. 유아들과 함께 고흐와 모네의 드로잉 작품을 보며 이야기 나눈 후 연필 또는 펜 등으로만 그림을 그려 본다.

빈센트 반 고흐, Gachet, 1890

클로드 모네, 생 라자르역, 1877

- 화가들은 선으로만 그림을 그리기도 한단다. 고흐의 그림에서 선을 찾아보자.

  제일 많이 보이는 선은 어떤 것이니?

- 모네의 그림과 고흐의 그림을 잘 보자. 두 화가가 그린 선에 다른 점이 있니?

- 고흐(모네)는 무엇으로 선 그림을 그렸을까?

- 우리가 선으로만 그림을 그린다면 어떤 선으로 그리고 싶니?

크레파스로 그린 그림

물감으로 그린 그림

먹물로 그린 그림   목탄으로 그린 그림

활동 7. 다양한 선과 함께 놀기

교실 한쪽 천장에 금박 종이띠, 비닐, 노끈, 털실 등을 붙여 늘어뜨린다. 또는 커다란 박스나 프레임에 위의 재료를 붙여 늘어뜨린 후 유아들이 왔다 갔다 하며 다양한 놀이를 할 수 있다. 놀이 과정 속에서 선을 느끼게 되고, 여러 가지 재료와 선을 연관시켜 생각해 볼 수 있다. 놀이를 통해 접한 다양한 재료를 종이에 붙이며 선을 직접 표현해 본다.

- 줄 사이를 지나가 보자.
- 우리가 놀았던 줄을 이용하여 그림을 그려 볼까?

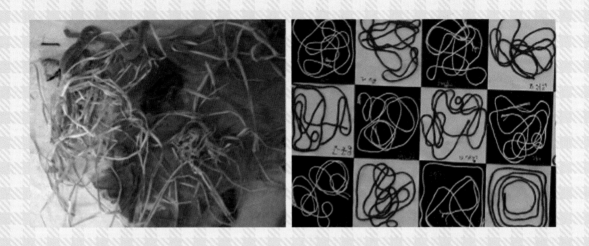

(2) 선을 표현해 보아요

활동 8. 긴 선과 짧은 선

털실이나 노끈을 긴 것, 중간 정도 긴 것, 짧은 것으로 다양하게 잘라 놓는다. 긴 선과 짧은 선을 비교하며 탐색한다. 긴 선으로 표현할 수 있는 것과 짧은 선으로 표현할 수 있는 것을 생각해 본다. 각각의 종이에 긴 선과 짧은 선으로 표현해 본다.

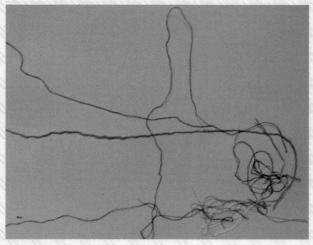 

＼ 활동 9. 구슬이 만드는 선

　　종이를 바닥에 깔아 놓고 옆에 물감을 푼 그릇을 준비한다. 구슬을 그릇에 담아 물감을 묻힌 후 종이 위에 굴리며 구슬이 만들어 내는 선을 관찰한다. 구슬이 휘어지면서 만드는 곡선과 똑바른 직선 등 다양한 선을 탐색한다.

- 물감을 묻힌 구슬을 굴리면 어떻게 될까?
- 어떤 선들이 보이니?

 전지를 벽면에 붙여 놓고, 다양한 색의 물감을 푼 통에 붓을 담가 묻힌 후 종이 위에 붓을 살짝 누른다. 물감물이 흐르며 다양한 색의 선이 그려지는 과정을 탐색한다. 물감끼리 만나면서 선이 굵어지기도 하고, 색이 혼합되기도 할 것이다. 물감이라는 재료만이 표현할 수 있는 선을 탐색한다.

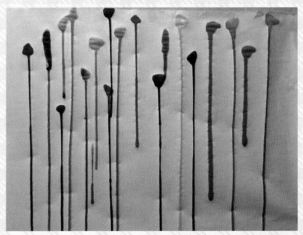

- 물감이 흘러내리면서 만들어지는 선을 보자.
- 어떤 색의 선이 만들어지고 있니?
- 색이 서로 섞이기도 하네.

활동 11. 붓으로 물감 뿌리기

벽에 전지를 붙여 놓거나 바닥에 깐다. 물감과 물을 푼 통에 붓을 담근 후 빼서 종이 위에 세게 뿌린다. 붓이 지나가는 방향에 따라 물감이 떨어지며 점과 선을 표현하게 된다. 그 과정을 탐색하면서 방향과 속도를 조절하며 붓을 뿌려 본다.

 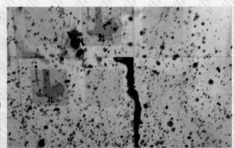

- 붓을 세게 뿌려 보자. 어떤 선이 그려지니?
- 붓을 가볍게 뿌릴 때는 어떠니?
- 점이 나타나기도 하네. 점들이 모여서 선이 된 곳도 있니?

활동 12. 여러 가지 색 선-몬드리안

몬드리안의 작품을 감상한 후 몬드리안처럼 선을 붙여 표현해 본다. 몬드리안은 세 가지 색을 이용해서 작품을 구성하였지만 유아들은 각자 원하는 색의 선을 선택하여 표현해 본다.

색 테이프를 이용해서 표현할 수도 있다.

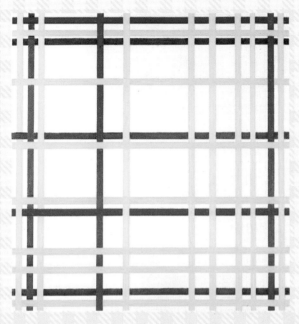

피에트 몬드리안, New York City, 1942

• 몬드리안의 작품에서 똑바로 서 있는(옆으로 누운) 선을 찾아보자.

• 몬드리안은 무슨 색의 선으로 작품을 만들었니?

• 몬드리안의 작품을 보니 생각나는 것이 있니?

• 우리도 몬드리안처럼 작품을 만들 수 있을까?

• 우리는 무엇으로 선을 표현하면 좋을까?

활동 13. 거미줄 만들기

거미줄을 만들어 보기로 한다. 거미줄을 만들기 위해서 어떠한 재료가 필요할지 생각해 본다. 유아들이 생각해 낸 다양한 재료로 거미줄을 표현한다. 털실, 나뭇가지, 노끈, 철사 등 다양한 재료로 선을 표현한다.

- 거미줄을 자세히 보자.
- 어떤 선들이 보이니?
- 거미줄을 만든다면 무엇으로 할 수 있을까?

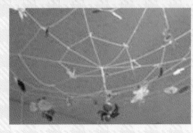

2) 색

(1) 어떤 색이 있을까?

활동 1. 색깔 찾기 놀이

우리 주변에 어떤 색이 있는지 생각해 본다. 교사가 말하는 색의 물건을 교실에서 찾아오는 게임을 할 수 있다.

잡지에서 비슷한 색깔의 그림이나 사진을 오려 붙이기 활동을 한다.

- 색 찾기 놀이를 해 보자. 친구의 옷에서 빨간색을 찾아보자.
- 교실에 있는 물건 중에서 노란색이 제일 많은 물건을 찾아보자.
- 파란색이 제일 많은 그림이 있는 책을 찾아보자.
- 초록색이 있는 물건을 모두 찾아와 보자.

활동 2. 자연에서 찾은 색

실외활동을 하며 자연에서 볼 수 있는 색에 대해 이야기한다. 하늘의 색, 구름의 색, 나무의 색, 꽃의 색, 돌의 색, 흙의 색 등 자연에도 많은 색이 있음을 알 수 있다. 교실에 돌아와서 자기가 찾은 자연의 색에 대해 이야기하거나 사진을 촬영해 올 수도 있다.

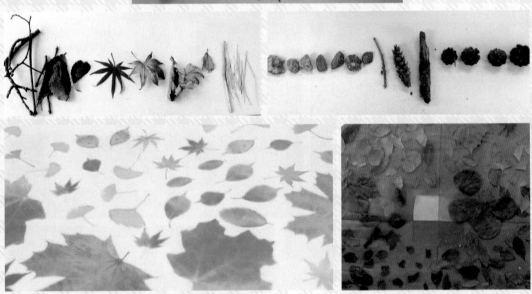

- 주변을 둘러보자. 무슨 색들이 보이니?

- 나뭇잎만 모아 보자. 나뭇잎에서 찾을 수 있는 색을 모두 이야기해 보자.

- 제일 진한 색부터 옅은 색까지 순서대로 놓아 보자.

- 하늘을 잘 보자. 하늘에는 무슨 색이 보이니?

- 하늘은 어떤 색이니?

- 하늘은 항상 같은 색깔이니?

- 구름에서 찾을 수 있는 색을 모두 이야기해 보자.

활동 3. 내가 좋아하는 색

자신이 좋아하는 색에 대해 이야기한다. 어떤 색을 좋아하고 왜 좋아하는지 발표하며, 다른 사람의 이야기도 들어 본다.

- 내가 좋아하는 색을 소개해 보자. 왜 좋아하는지 이야기해 보자.

- 내가 좋아하는 색이 들어 있는 물건을 모아 보자.

활동 4. 색 섞기

물감으로 여러 가지 색을 섞어 본다. 물감끼리 혼합할 수도 있고, 물감 찍은 붓을 물통에 풀며 색을 섞어 볼 수도 있다. 핑거페인팅처럼 물감을 종이 위에 덜고 손으로 문지르며 혼합되는 과정을 관찰할 수도 있다.

- 두 가지 색을 골라 섞어 보자.
- 어떤 색으로 바뀔까?
- 두 색 중 한 가지 색을 점점 많이 섞어 보자.

활동 5. 따뜻한 색과 차가운 색

따뜻하게 느껴지는 색과 차갑게 느껴지는 색에 대해 이야기한다. 붉은색과 노란색 계통의 크레용을 모아 놓은 통과 푸른색 계통의 크레용을 모아 놓은 통을 분리해 놓고, 한 가지 통을 선택하여 그림을 그리게 한다. 다른 친구들의 그림을 보며 어떻게 다른지, 느낌이 어떠한지 이야기 나눈다.

- 여기에는 어떤 색들이 모여 있니?
- 여기에 있는 색들로만 그림을 그리면 어떤 느낌일까?
- 무슨 그림을 그려 보고 싶니?
- 친구는 어떤 색으로 그림을 그렸니? 친구의 그림을 보니 어떤 느낌이 드니?

활동 6. 색의 날

'빨간색의 날'처럼 색을 정하여 빨간 옷을 입고 오는 날을 정한다. 한 가지 색으로 제한하는 것이 어렵다면 빨간색, 노란색, 파란색 또는 난색, 한색 등 범위를 넓힐 수도 있다. 교실도 그날의 색에 맞춰 꾸미고, 정한 색과 관련된 활동을 계획해 본다. 유아들이 '색'이라는 주제에 더욱 관심을 갖고 즐거움을 느낄 것이다.

(2) 색으로 놀아요

활동 7. 한 가지 색으로 그리기

한 가지 색을 정해서 그 색으로만 그림을 그리기로 한다. 가령, 빨간색이라면 빨간 크레용, 크레파스, 색연필, 펜 등으로 그림을 그리고 빨간 물감으로 배경을 칠할 수 있다. 배경과 같은 색으로 그림을 그리면 그림이 잘 보이지 않기 때문에 배경을 칠하는 물감은 물을 많이 넣어 연하게 칠한다.

• 내가 제일 좋아하는 색으로 그림을 그려 보자.
• 크레파스, 색연필, 물감, 사인펜, 파스텔 모두 내가 좋아하는 색 한 가지를 정해 그 색으로만 그려 보자.
• 그림을 보니 생각나는 것이 있니?
• 여러 가지 색으로 그렸을 때와 한 가지 색으로 그렸을 때 느낌이 어떻게 다르니?

활동 8. 번지는 색

종이에 분무기로 물을 분사한 뒤 물감을 떨어뜨려 물감이 번지는 과정을 관찰한다. 여러 가지 색의 물감을 떨어뜨려 색끼리 혼합되는 과정을 관찰할 수도 있다. 또는 분무기에 색을 섞은 물감 물을 넣은 후 종이나 흰 천에 분사하며 색끼리 섞이고 물드는 과정을 볼 수도 있다. 색과 색이 섞일 때, 색깔은 같은데 채도가 다른 색을 서로 섞을 때, 다른 두 가지 색이 섞일 때, 세 가지 색이 섞일 때 어떻게 달라지는지 볼 수 있다.

- 종이에 분무기로 물을 뿌리고 물감을 떨어뜨리면 어떻게 될까?
- 물감이 어떻게 되고 있니?
- 물감이 번지는 모습을 보니 생각나는 것 있니?
- 물감이 번지면서 물감의 색이 어떻게 달라지고 있니?
- 옆에 있는 색들과 서로 섞이는 모습을 보자.

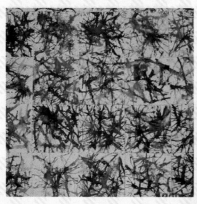

활동 9. '에릭 칼' 콜라주 따라 하기

에릭 칼의 동화에 나오는 등장인물과 배경은 그림을 그린 것이 아니라 색이 있는 종이를 오려 붙인 콜라주다. 색종이는 일반 색종이가 아닌 물감으로 다양한 색과 무늬를 넣어 그린 종이다.

에릭 칼의 콜라주처럼 아이들과 흰 종이에 원하는 색으로 물감을 칠하고 무늬를 그리는 활동을 한다. 물감이 다 마르면 종이를 오려 콜라주로 또 다른 작품을 만들어 본다.

- 동화의 그림을 보니 느낌이 어떠니?
- 우리도 동화의 그림처럼 만들어 보자.
- 흰 종이에 무슨 색을 칠하고 싶니?
- 너희가 색칠한 종이를 오려서 모양을 만들어 보자.

에릭 칼 지음, 이희재 옮김, 더큰컴퍼니, 2007　　에릭 칼 지음, 오정한 옮김,
　　　　　　　　　　　　　　　　　　　　　　더큰컴퍼니, 2010

에릭 칼 지음, 김세실 옮김,
더큰컴퍼니, 2005

수채화물감을 칠한 후 굵은 소금을 뿌려 말린 종이를 이용하여 에릭 칼의 다른 동화의 기법을 따라 해 볼 수 있다.

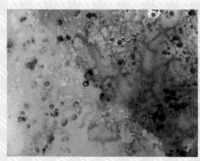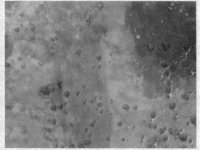

물감을 칠한 후 소금을 뿌린 것

활동 10. 색 소금 놀이

소금에 파스텔 가루를 뿌려 문지른다. 파스텔의 부드러운 색감이 소금에 입혀지는 과정을 탐색하며 즐긴 후 자신이 원하는 색을 골라 음료수 병에 순서대로 담아 본다. 파스텔톤 색의 조화와 부드러운 질감, 무늬를 느껴 본다.

3) 빛과 그림자(명암)

(1) 빛과 그림자는 친구

╲ 활동 1. 그림자 밟기 놀이

구름이 적고 맑은 날 그림자 밟기 놀이를 한다. 누구의 그림자가 가장 큰지, 그림자 모양은 어떤지 탐색한 후 서로의 그림자를 밟고, 또 밟히지 않기 위해 피하는 놀이를 한다. 그림자 밟기 놀이를 통해 그림자에 관심을 가질 수 있다.

- 내 그림자를 찾아보자. 어디에 있을까?
- 내 그림자는 어떤 모양이니? 색깔은? 크기는?
- 내 그림자를 더 크게 만들 수 있을까? 내 그림자를 제일 크게(작게) 만들어 보자.
- 내 그림자를 밟을 수 있을까? 내 그림자는 왜 밟지 못할까?
- 친구의 그림자를 보자. 친구의 그림자는 어떤 모양이니? 색깔은? 크기는?
- 친구의 그림자는 밟을 수 있을까? 친구의 그림자를 밟아 보자.
- 내 그림자를 없앨 수 있을까? 어떻게 하면 없어질까? 내 그림자를 숨겨 보자.

\ 활동 2. 그림자 모양 탐색

교실 한쪽을 어둡게 해 놓고 스탠드를 켜 놓는다. 스탠드 앞에 여러 가지 물건을
이리저리 놓아 보며 스탠드의 빛으로 어떠한 그림자가 생기는지 탐색해 본다.

- 여기에 있는 물건들의 그림자를 만들어 보자.
- 그림자를 만들 수 있는 방법은 무엇일까?
- 어디에 그림자가 생길까?
- 그림자의 모양은 실제 물건과 어떤 점이 다를까? 크기는? 색깔은?
- 물건을 앞으로(뒤로) 옮기면 그림자는 어떻게 될까?

활동 3. 그림자 따라 그리기

종이 위에 과일이나 물건 등을 올려놓고 스탠드를 켠다. 스탠드 빛에 의해 생긴 그림자를 탐색한 후 펜으로 따라 그린다. 스탠드에서 멀리, 가까이 옮겨 보며 변하는 그림자도 따라 그려 본다.

- 종이 위에 물건을 올려놓아 보자.
- 불빛을 비추면 어떻게 될까? 어디에 그림자가 생길까?
- 그림자의 모양을 따라 그려 보자.
- 물건을 옮겨 보자. 그림자가 어떻게 달라졌니?
- 달라진 그림자의 모양을 그려 보자.

활동 4. 그림자가 생길 곳을 예측하여 그리기

    종이 위에 물건을 올려놓고 그림자가 어떻게 생길지 이야기해 본다. 상상하는 그림자를 종이 위에 표현해 본다. 스탠드를 켜고 실제 그림자가 어떻게 생기는지 관찰해 본다.

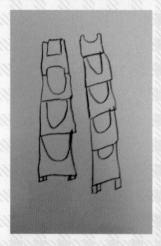  

- 빛을 비추면 어디에 그림자가 생길까?
- 그림자의 모양과 크기는 어떨까? 그림자의 모습을 생각해 보고 그려 보자.
- 빛을 비추어 보니 그림자의 모양이 생각했던 것과 같았니?
- 어떤 점이 다르니?

활동 5. 내 얼굴의 그림자

렘브란트의 작품을 보며 빛과 그림자에 대해 이야기 나눈다. 빛이 있으면 그림자가 생기게 된다는 것과 얼굴에 빛을 비춰도 그림자가 생긴다는 것에 대해 이야기한다. 얼굴 그림에 나타난 그림자에 대해 이야기 나눈다. 그 후에 자신의 얼굴 그림자를 관찰해 보기로 한다. 스탠드를 얼굴 옆쪽에서 비추고 앞에는 거울을 보며 그림자가 어떻게 생기는지를 관찰해 본다.

렘브란트, 자화상, 1659

렘브란트, 자화상, 1628

- 그림의 얼굴에서 어둡게 보이는 곳이 있니?
- 왜 어둡게 보일까?
- 빛이 어느 쪽에서 비치고 있을까?
- 우리들의 얼굴에도 빛을 비추면 그림자가 생길까?
- 우리들의 얼굴에 그림자가 생기는 모습을 볼 수 있는 방법은 무엇일까?
- (스탠드를 얼굴 옆쪽에서 비추고 거울을 보며) 얼굴에 그림자가 생기는 모습을 볼 수 있니?
- 어느 부분에 그림자가 생기고 있니? 그림자가 없는 얼굴과 다른 점이 있니?

(2) 색이 있는 그림자

활동 6. 움직이는 색 그림자

마분지로 다양한 모양을 자른 후 가운데를 뚫어 셀로판지를 붙인다. 실에 연결한
후 햇빛이 들어오는 창가에 걸어 둔다. 셀로판지가 만들어 내는 다양한 색 그림자를
탐색한다.

- 뚫린 모양에 셀로판지를 대어 보자. 어떻게 보이니?
- 빛이 드는 창가에 매달아 두고 셀로판지가 내는 색을 보자.

활동 7. 실물화상기에 셀로판지로 모양 만들어 비추기

비닐이나 OHP 필름에 유성매직으로 그림을 그리거나, 투명한 색깔 모양 플라스
틱을 실물화상기 위에 올려놓고 벽면에 그림이 나타나게 한다. 각자 그린 그림을 소
개할 수도 있고, 계절이나 상황 등을 표현한 그림을 배경으로 역할 놀이를 할 수도
있다.

- 비닐에 그린 그림을 이 기계 위에 놓고 빛을 비추면 어떻게 될까?
- 너희들이 그리고 싶은 그림이 있니?
- 자신이 그린 그림을 비추어 보면서 친구들에게 소개하자.
- 우리가 활동할 동극을 위하여 '거인의 정원'을 만들어 볼 수도 있을까?

   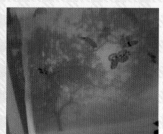

활동 8. 야광 그림 그리기

검정 종이에 야광펜으로 그림을 그리거나 야광 스티커로 모양을 구성한 후 빛이 비치는 곳과 어두운 상자에 놓고 비교해 본다.

- 그림을 빛에 비추어 보자. 무엇이 보이니? 왜 그럴까?
- 이 그림을 잘 볼 수 있는 방법은 무엇일까?
- 깜깜한 곳에서 보니 그림이 어떻게 보이니?

 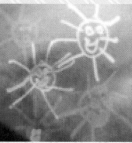 

4) 질감

(1) 질감을 느껴요

\ 활동 1. 담, 벽 만져 보기

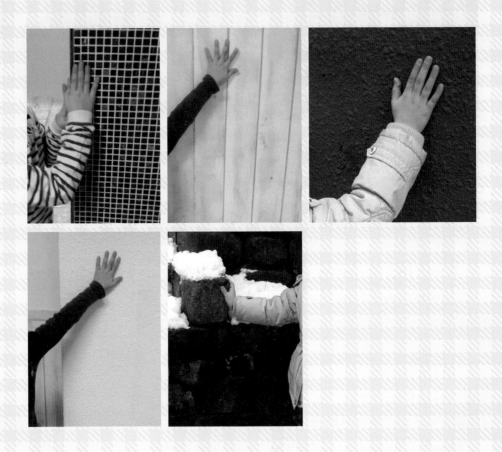

- 이런 담을 본 적이 있니?

- 무엇으로 만든 담일까?

- 이 담을 손으로 만지면서 걸어간다면 어떤 느낌일까?

- 교실의 벽을 만져 볼까? 어떤 느낌이 드니?

- 유치원/어린이집의 담장을 만지며 걸어 볼까?

- 유치원/어린이집 주변에는 어떤 담과 벽이 있을까?

- 기대고 싶은 담이 있니? 담에 기대어 사진을 찍어 볼까?

- 어떤 모습으로 찍을까?

유치원/어린이집에 돌아와 촬영한 사진을 프로젝션으로 보며 담장에서 느낀 질감에 대하여 이야기 나눈다.

그 밖의 다양한 재질의 질감을 느껴 본다.

활동 2. 흙벽에 그림 그리기

토분과 오공본드를 3:1로 섞고 물을 약간 붓는다.

작은 비닐장갑을 끼고 섞은 흙을 판에 골고루 펴 바른 후 흙이 마르기 전에 나무 막대나 나무젓가락으로 그림을 그리고 포스터컬러나 아크릴 물감 또는 수채화 물감으로 색칠한다. 통풍이 잘되는 그늘에 말린다.

그림이 마르면서 달라지는 흙의 질감을 느껴 본다.

- 그림을 만져 보자. 어떤 느낌이 드니?
- 처음 그림을 그릴 때와 어떻게 다르니?
- 주변에서 이런 느낌을 만져 본 적이 있니?

유치원/어린이집/동네의 다른 벽이나 면에도 그려 본다.

활동 3. 다양한 길 걸어 보기

유치원/어린이집이나 근처 공원을 맨발로 산책하며 발에서 느껴지는 차이를 느끼고 이야기해 본다.

활동 4. 생활 속의 질감 느끼기

2명의 유아가 마주 앉아 작은 물건(열쇠, 머리핀, 밤, 풍선, 빨래집게, 동전, 네모난 초콜릿 등)을 보이지 않게 친구의 손에 쥐어 준다.

- 받은 물건을 눈으로 보지 않고 손으로 무엇인지 알아맞혀 보자.
- 손에 있는 것을 주의 깊게 만져 보고 어떤 모양일지 그려 보자.
- 자신이 그린 그림과 실제 물건을 비교해 보자.
- 다른 친구의 그림과 실제 물건도 함께 놓고 감상해 보자.

활동 5. 질감이 느껴지는 그림 감상하기

질감이 느껴지는 그림(유스티니아누스 황제 부분도)을 감상하고, 핸디코트에 모자이크를 구성해 본다.

유스티니아누스 황제 부분도, 547년경   핸디코트에 모자이크하기

- 작품을 자세히 보자.
- 무엇이 보이니?
- 어떤 방법으로 이 작품을 만든 것 같니?
- 이 작품은 만지면 어떤 느낌이 들 것 같니?
- 왜 그런 생각이 들었니?

(2) 질감이 달라요

활동 6. 다양한 질감의 화질에 그림 그리기

질감이 다른 그리기 재료와 도구를 제공하고 영유아들이 질감의 차이를 탐색하도록 한다. 재료의 질감에 어울리는 그리기 재료와 도구를 선택하여 그림을 그린 후 감상한다.

비닐에 그리기

돌멩이에 그리기

사포에 그리기

재생종이에 그리기

조개껍질에 그리기

캔버스에 그리기

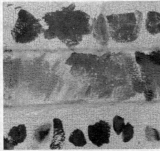
압박붕대에 그리기

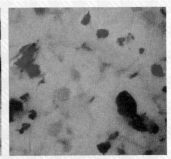
솜에 그리기

CD에 그리기

나무도시락에 그리기

유리병에 그리기

수세미에 그리기

나뭇잎에 그리기

▍활동 7. 다양한 재료로 찍어 질감 표현하기

다양한 찍기 재료를 탐색한 후 자유롭게 찍어 보고, 나타나는 질감을 느끼며 찍기 활동을 한다.

신문지 뭉쳐 찍기

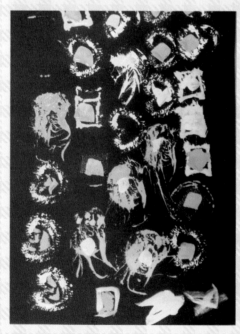

모루로 찍기

스펀지로 찍기

- 어떤 재료로 찍었니?

- 찍은 후의 느낌은 어떠니?

- 부드러운(거칠거칠한, 울퉁불퉁한) 느낌이 드는 재료는 무엇이니?

활동 8. 자연물 탁본 뜨기

영유아들과 실외에 나가 여러 가지 자연물을 수집한 후 수집한 자연물의 질감을 느껴 본다. 준비한 탁본 재료를 이용하여 탁본을 뜨고 자연물이 남긴 흔적의 차이를 비교해 본다.

- 나무껍질에 찰흙을 올려 놓아 보자.

- 방망이로 두드려 나무껍질의 무늬를 살펴보자.

- 나무껍질은 찰흙 위에 어떤 느낌의 무늬를 만들어 냈니?

찰흙으로 나무껍질 탁본 뜨기

나뭇잎과 꽃잎 탁본 뜨기

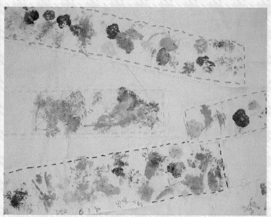

나뭇잎과 꽃잎 탁본 뜨기

- 나뭇잎과 꽃잎은 어떤 색을 만들까?
- 꽃잎을 밑에 놓고 돌멩이로 가볍게 두드려 보자.
- 나뭇잎과 꽃잎 자국은 어떤 느낌이 드니?

활동 9. 다양한 질감의 재료로 표현하기

① 거품 그림

촉감 동화 〈뽀글뽀글 목욕하자〉를 들으며 목욕할 때 거품이 주는 느낌을 이야
기 나눈 후 거품비누의 촉감을 느낄 수 있는 미술활동으로 연결한다.

용기에 거품비누와 식용색소, 물을 섞은 후 샤워 수건을 용기에 넣고 거품을 내
어 거품의 촉감을 느껴 보게 한다.

거품을 도화지 위에 떨어뜨리거나 거품으로 그림을 그려 본 후 시간의 경과에
따른 질감의 변화를 느껴 본다.

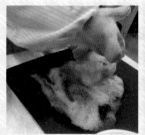  

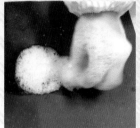 

- 거품을 만져 보자. 어떤 느낌이 드니?
- 거품이 마른 후에 색과 모양이 어떻게 달라질까?
- 거품이 마른 후에 느낌이 어떻게 달라졌니?

② **철사로 조형물 구성하기**

볼펜, 굵은 막대기, 가위 등에 철사를 감아 다양한 굵기나 모양이 나올 수 있도록 한 후 철사의 질감을 느껴 본다.

- 철사를 만지면 어떤 느낌이 드니?
- 동그랗게 말린 철사는 어떤 느낌이 드니?
- 철사를 구부려 보자.

③ 모빌 감상 후 만들기

미국의 조각가인 '알렉산더 칼더'의 모빌 작품을 감상한다.

- 무엇처럼 보이니?
- 무엇으로 만들었을까?
- 만지면 어떤 느낌일까?
- 바람이 불면 어떻게 될까? 움직임은? 소리는?

재료의 질감을 느껴 본 후 다양한 재료를 이용하여 모빌을 만들어 본다.

- 무엇을 만들었니?
- 모빌이 흔들릴 때 어떤 느낌이 드니?

지금까지 살펴본 미술의 4가지 요소(선, 색, 빛과 그림자, 질감) 외에 점, 모양, 공간
요소에 대해서는 뒤에서 소개되는 미술의 원리와 관련된 활동에서 부분적으로 다
뤄지고 있다.

2. 미술의 원리를 경험해요

1) 균형

▌활동 1. 접은 그림

종이를 반으로 접어 한쪽 면을 실, 색종이 등을 붙여 꾸민다. 나머지 한쪽 면은 색연필, 사인펜 등으로 먼저 꾸민 면과 같은 모양이 되도록 표현해 본다. 두 면이 재료는 다르지만 거의 유사한 색과 모양으로 표현이 되어 대칭을 이루게 된다.

- 종이를 반으로 접어 보자.
- 어떤 모양으로 꾸밀지 생각해 보자.
- 종이 한쪽에 꾸며 보자. 다른 쪽에는 그림으로 그려 보자.

▌활동 2. 자연물로 표현하는 비대칭적 균형

두 장의 종이 또는 두 개의 접시 중 한 곳에 커다란 돌, 나뭇가지, 나뭇잎 등을 올려놓고, 나머지 한 장 또는 한 개의 접시에 작은 돌, 나뭇가지, 나뭇잎 등을 올려

놓아 양쪽의 무게를 같게 만들어 본다.

2) 비례

▌활동 1. 이상한 사람 그리기

목이 긴 사람, 팔이 긴 사람, 다리가 짧은 사람 등 신체 비율을 늘이거나 줄이는 등 마음대로 표현해 본다. 또는 동물을 표현해 볼 수도 있다.

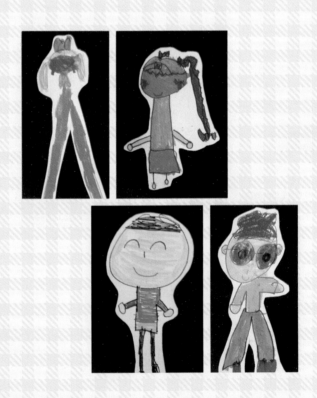

활동 2. 사람 또는 동물 표현하기

잡지나 색종이 등을 마구 찢어 놓는다. 찢은 종이로 얼굴, 몸, 팔, 다리 등을 표현해 본다. 비율이 맞지 않아도 괜찮고, 더 재미있는 표현을 해 보게 한다.

3) 강조

활동. 원하는 곳 강조하기

검정, 회색 등의 무채색으로만 그림을 그려 본다. 그렇지만 가장 중요하다고 생각하거나 가장 색을 칠하고 싶은 부분은 유채색을 사용한다. 작품을 완성하고 나면 유채색을 사용한 부분은 눈에 가장 먼저 들어와 강조가 된다.

4) 움직임

활동 1. 움직이는 입체물

발, 풍경, 모빌 등을 만들어 걸어 놓고 움직임을 감상한다.

| 발 | 풍경 | 모빌 |

활동 2. 한지 불어 날리기

한지를 작게 찢거나 자른다. 종이에 풀을 칠해 놓고 한지에 바람을 불어 종이 위에 붙게 한다.

활동 3. 마블링

마블링 물감을 물 위에 몇 방울 떨어뜨린 후 입으로 분다. 물감이 바람에 따라 움직이는 모양을 종이로 찍어 낸다.

 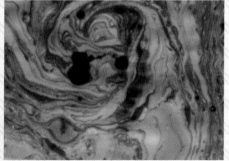

마블링

5) 변화와 통일성

활동 1. 유사 색으로 그리기

붉은색 계통이나 푸른색 계통 등 유사한 색으로만 그림을 그린다.

활동 2. 점묘법 따라하기

조르주 쇠라의 작품을 감상한 후 점으로만 표현해 본다.

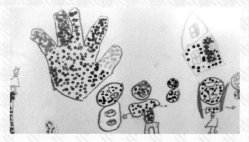  

활동 3. 다양한 선 표현하기

두꺼운 선과 가는 선을 종이로 자르거나 털실 등을 이용해 붙여 본다.

미술 기법 및 재료를 활용한 활동

유아가 할 수 있는 미술 기법에는 그리기, 찢기, 자르기, 붙이기, 빚기, 만들기 등이 있는데 우리나라의 유아교육 현장에서는 다양한 미술 기법이나 재료를 활용하기보다는 크레파스와 스케치북을 이용하여 그리기를 많이 하는 경향이 있다. 교사는 다양한 미술 기법과 재료를 숙지하고 있다가 생활주제를 전개할 때나 유아들이 궁금해할 때 다양한 미술 기법과 재료를 소개하여 유아들이 미술활동을 즐겁게 할 수 있도록 도와야 한다.

1. 그리기

영유아의 그리기는 손가락을 움직여 흔적을 만들 수 있을 때부터 시작된다. 가령, 모래 위에 앉아 손가락을 휘저어 흔적을 남긴다든지, 유리 테이블 위에 흘린 물을 문지르는 동안 모양이 달라진 것을 경험하는 것이 그리기의 시작이다. 영유아들은 말로 표현하는 것보다 크레파스나 색연필 등으로 그림을 그림으로써 자신의 느낌이나 생각을 더 잘 표현할 수 있다. 그렇기 때문에 아주 어릴 때부터, 예컨대 흔적 남기기 단계부터 기회를 많이 갖는 것은 영유아의 미술 능력 발달에 중요하다.

무엇인가를 그리기 위해서는 그릴 대상이 있어야 하고 영유아의 머리에 그릴 대상에 대한 이미지가 선명하게 떠올라야 한다. 사물에 대한 이미지가 선명할수록 영유아들은 그림 그리기가 즐겁고 쉽게 느낀다. 그림을 그려야 하는데 이미지가 떠오르지 않으면 그 과정 자체가 스트레스가 되어 아예 그림 그리기를 회피할 수도 있다. 이미지를 머리에 떠올리며 그림을 그리는 방법에는 관찰, 기억, 상상이 있다.

'관찰'은 사물·동식물·주변 환경·사람의 모양이나 특징을 탐색하는 과정에서 영유아가 느끼고 생각한 이미지를 그리는 데 도움이 되는 방법이다. 가령, 생활주제가 계절이면 영유아들은 그 생활주제에 알맞은 식물의 색·점·선·모양·명암·질감·공간과 같은 미술의 요소를 살펴보거나 미술의 원리도 살펴보면서 그림을 그릴 수 있다. 이 경우 교사는 영유아들과 함께 공원에서 산책을 하거나 뒷산에 올라가서 떨어진 나뭇잎들을 모아 교실에 가져올 수 있다. 그런 다음 각각의 나뭇잎들을 비교해 보며 이야기를 나눈다. 나뭇잎의 종류에 따라 잎의 모양이나 색깔 등이 어떻게 다른지 같은 점은 무엇인지 등을 살펴볼 수 있도록 교사는 "잘 보자." "어떤 점이 같으니?" "어떤 점이 다르니?" "네가 살펴본 것을 그림으로 그려 보자." "만들어 보자." "가위로 오려 보자." "풀로 붙여 보자."와 같은 질문을 하여 관찰의 과정이 심화되도록 도와야 한다. 관찰의 과정이 심화된다는 것은 사물·동식물·주변 환경·사람의 모양이나 특징을 대충 보는 것이 아니라 자세히 보는 것을 말한다. "배운다는 것은 잘 보는 것에서부터 시작된다." 영유아들에게 자세히 관찰할 수 있는 능력이 생기면 뇌에 기억되는 이미지도 점점 세밀해져서 대충 보았을 때 가졌던 희미한 이미지를 그릴 때와는 확연한 차이가 날 것이다.

'기억'은 영유아들이 보고 경험했던 사람·자연·건물·물건·사건에 대한 느낌이나 생각이 뇌에 이미지로 이미 입력되어 있는 상태를 말한다. 유아들이 기억에 의존해서 그림을 그린다는 것은 과거에 경험한 그 어떤 것이 뇌에 입력되어 이미지화되고 그것을 떠올리며 그리는 것이다. 어떤 이미지는 강렬해서 실체에 가깝게 기억되지만, 어떤 이미지는 왜곡되어 기억되기 때문에 실체와는 전혀 다른 이미지가 된다. 보고 경험한 시기가 길어질수록 이미지는 희미해지고 많이 왜곡되기 때문에 "지난주에 갔던 동물원에 대해 그려 보자."라고 요구하는 것은 아주 어려운 작업이 될 수도 있다. 그러나 "지난주에 보았던 동물원 동물에 대해 그려 보자. 똑같은 모습으로 그리지 않아도 된단다. 제일 생각나는 것, 기억에 제일 많이 남는 부분들을 네 생각대로 그리면 돼."라며 자유를 주면 부담감 없이 그리기를 할 수 있다. 유아들은 과거에 경험한 것을 똑같이 그리라고 해도 그릴 수가 없다. 실제와 똑같이 그리라는 요구를 받으면 유아들은 '난 못해' 하며 포기한다. 반면, 유아들은 자신에게 의미 있고, 강렬한 인상을 주었던 대상의 이미지는 그림으로 쉽게 표현한다. 꼬리를 흔드는 강아지를 신기하게 생각한 유아는 강아지 꼬리를 진하고 길게 그려 강조하거나, 여러 개를 그려 강조하기도 한다. 친구의 썩은 이를 보고 놀란 유아가 그 친구를 그릴 때 입을 커다랗게 그리고 그 큰 입속에 까만 이를 가득 그려 넣은 것은 좋은 예다.

'상상'은 실제로 보거나 관찰하지 못하는 또는 관찰할 수 없는 대상이나 장면을 꾸며서 그리는 것이다. 상상하며 그리는 그림은 창의적이고 기발한 장면을 표현할 수 있어 재미있는 그림이 된다. '만약 ~라면?'과 같은 질문으로 유아들과 이야기를 나눈 후 그림을 그린다면 상상하는 장면에 대한 이미지가 더 명확해질 수 있다. "만일 네 코가 점점 커져서 에베레스트 산처럼 높아진다면 어떤 일이 일어날까?" "어떤 일을 할 수 있을까? 그림으로 그려 보자." "우리 몸이 자꾸자꾸 작아져서 개미만큼 작아지면 어떤 일이 일어날까? 어떤 일을 할 수 있을까?" 유아들이 기억, 관찰, 상상한 것을 단순히 크레파스나 연필로 그릴 수도 있으나 이와 같이 상상력을 자극하고 다음과 같은 다양한 미술 기법을 적용한다면, 표현하고자 하는 주제성을 더욱 다채롭게 나타낼 수 있을 것이다.

• 반발성을 이용한 그림

크레용이나 크레파스로 그림을 그린 후에 물감을 붓에 묻혀 그 위에 칠한다. 크레용이나 크레파스로 진하게 그림을 그려 놓아야 물감을 칠해도 그림이 보인다. 반발성 그림을 그릴 때는 물감에 물을 많이 섞어 연하게 한다.

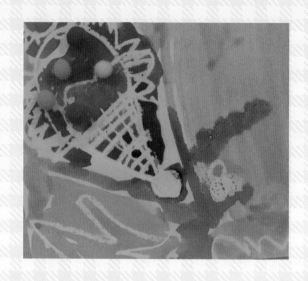

• 비밀 그림

흰 종이 위에 흰색 크레파스나 양초로 그림을 그리고 그 위에 물감을 칠하면 그림이 나타난다.

비밀 그림

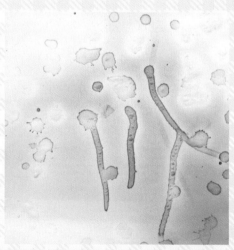

레몬즙 비밀 그림

• 크레파스 긁기

여러 색의 크레파스로 색을 칠한 후 검정 크레파스로 그 위를 덧칠한다. 뾰족한 도구로 덧칠한 크레파스 위에 그림을 그린다. 검정 크레파스가 벗겨지면서 밑에 칠한 색이 나타난다.

•크레파스 가루 그림, 크레파스 녹인 그림

작아서 못 쓰는 크레파스를 칼로 긁어 가루를 낸다. 종이나 코팅지에 올려놓고 그 위에 신문지를 덮은 다음 다리미로 다린다. 크레파스를 녹여 그려 본다.

크레파스 녹인 그림

나뭇잎 모양으로 오려 나무를 구성한
크레파스 가루 그림

•크레파스나 색연필로 문지르기(프로타주)

종이 밑에 질감이 있는 물체를 놓고 크레파스를 측면으로 문지르면 물체의 질감이 표현된다. 동전, 나뭇잎, 나무껍질, 조개껍질, 골판지 등을 이용할 수 있다.

나뭇잎 프로타주

문지르기(프로타주)

• **사포 그림**

사포에 크레파스나 크레용으로 그림을 그리면 종이에 그렸을 때보다 훨씬 색이
진하게 표현된다.

사포 그림

• 사인펜 번지기

종이에 사인펜으로 그림을 그리고 분무기를 뿌리면 사인펜으로 그린 부분의 색이 번지게 된다.

• OHP지 위에 그리기

코팅지나 OHP지에 유성매직으로 그림을 그린다. 코팅지와 OHP지의 투명성을 이용해 몇 장의 그림을 겹쳐 표현할 수도 있다. 가령, 꽃 그림과 비 오는 장면 두 장을 겹쳐서 비가 오기 전과 후를 표현한다. 또 OHP 기계를 이용해 벽면에 그림을 띄워 주어 그림에 대해 이야기를 나누거나 극놀이 시 배경으로 사용할 수도 있다.

OHP지 위에 그리기

• CD 위에 그리기

CD 위에 유성매직으로 그림을 그린다. 작품이 완성되면 유아들의 작품을 모아서 창문에 길이를 달리하며 매달아 전시한다.

CD 그림

• 확대해서 보기

현미경이나 확대경으로 새로운 세계를 관찰해 본다. 가령, 겨울에 눈을 현미경으로 관찰하며 다양하고 아름다운 모양을 직접 경험해 본다.

• 데칼코마니

종이를 반으로 접어서 편 후 한쪽 면에 여러 색의 물감을 짠다. 그런 다음 양면을 다시 접어 손바닥으로 문지르고 펴면 종이의 양쪽 면에 무늬가 대칭으로 나온다.

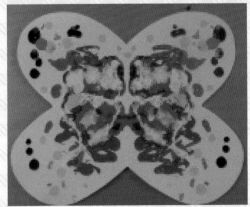

데칼코마니

• 실 그림

종이를 반으로 접어서 펴고, 물감에 실을 적신 후 종이의 한쪽 면에 올려놓는다. 이때 실의 한쪽 끝은 밖으로 약간만 빼놓는다. 종이를 다시 접은 후 종이를 살짝 누른 상태에서 실을 잡아 빼며 무늬를 만든다. 다시 종이를 펴고 다른 색의 물감에 적신 실을 올려놓고 활동을 반복한다.

 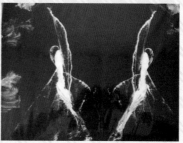

• 구슬 그림

상자에 종이를 깐다. 물감 통에 구슬을 담갔다 뺀 후 상자 위에 올린다. 상자를 기울이며 물감이 묻은 구슬이 여러 방향으로 굴러다니도록 한다. 구슬이 굴러가며 만든 물감 선들이 추상적인 그림을 만들어 낸다.

구슬 그림

• 물들이기

한지나 티슈를 여러 겹으로 접어 네 면을 각각 다른 물감에 담근 후 편다. 접은 면의 수에 따라 색 패턴이 다양하게 나타난다. 한지를 말린 후 오려 붙이는 활동으로 확장할 수도 있다.

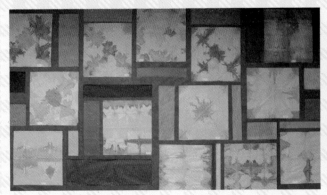 

한지 물들이기

• 빨대 그림

빨대로 물감을 살짝 빨아들인 후 빨대 위를 손가락으로 막아 종이 위에 떨어뜨린다. 그리고 빨대를 불어 떨어진 물감 방울이 퍼지도록 한다. 빨대를 사용하지 않고 입으로 불 수도 있다.

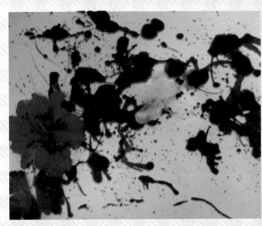 

빨대 그림

• 물감 떨어뜨리기

유리컵에 물을 담고 물감을 한 방울씩 떨어뜨리며 퍼지는 모습을 관찰한다.

물감 떨어뜨리기

• 물감 번지기

물에 적신 종이에 물감을 떨어뜨리거나 그림을 그려 번지는 모습과 색이 서로 섞이는 모습을 관찰한다.

물감 번지기

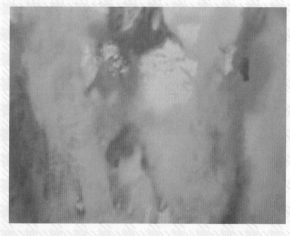

• 스펀지 그림

물을 많이 섞지 않은 물감을 스펀지에 묻혀서 찍어 표현하는 활동이다. 붓으로
칠했을 때와는 느낌이 다르다.

스펀지 그림

• (밀가루) 풀 그림

물에 밀가루를 넣고 걸쭉해질 때까지 끓인다. 그런 다음 물감이나 식용 색소를
넣어 섞고, 유리나 비닐 장판 등에 올려놓고 손으로 그림을 그린다.

밀가루 풀 그림 활동 과정

• 칫솔분사 그림

마분지로 모양을 만들어 자른 후 흰 종이 위에 올려놓는다. 접시에 물감을 짜서
물과 섞어 놓는다. 칫솔에 물감을 살짝 묻힌 후 종이 위에 대고 손가락으로 칫솔을
긁는다. 물감이 마른 후 올려놓은 마분지 조각들을 떼어 낸다. 마분지를 떼어 낸
자리는 하얗게 남아 있고, 배경은 물감이 분사되어 작은 점들로 채색이 된다.

또 다른 방법은 조리용 체를 이용하는 것이다. 마분지를 얹은 종이 위에 체를
갖다 대고 물감을 묻힌 칫솔로 문지른다. 물감이 체의 작은 구멍을 통해 분사되면
서 작은 점들이 찍혀 환상적인 분위기를 만든다. 크리스마스 카드에 이용할 수 있
으며, 유아들 혼자서 하기는 다소 어렵기 때문에 교사의 도움이 필요하다.

칫솔분사 그림

• 붓으로 물감 뿌리기

잭슨 폴록의 작품을 유아들이 감상하게 한 후 이 그림을 응용하여 공동작품으로 만든다. 실외 공간에서 전지를 펼친 후 두꺼운 붓에 물감을 적시고 전지 위에 붓을 던지듯 물감을 뿌린다. 다양한 색의 물감으로 선을 만들면서 추상에 대한 개념을 직접 경험하며 생각해 본다.

잭슨 폴록, No.1, 1948

• 비누 거품 불어 찍기

컵에 물을 붓고 물감과 주방세제를 섞는다. 빨대를 컵 안에 넣고 비누 거품이 컵 위로 올라올 때까지 입으로 분 다음 종이로 찍어 낸다. 찍힌 비누 거품이 마르면 수영장, 바다, 아이스크림 등 연상되는 것을 그림으로 표현한다.

 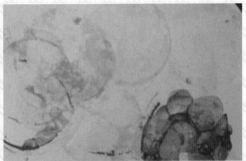

비누 거품 불어 찍기

• 씨앗 붙이기

실제 식물의 씨앗을 종이의 하단에 붙이고 어떠한 식물로 자라게 될지 그림으로 표현한다.

• 실 붙이기

실을 종이에 다양한 모양으로 붙이게 한다. 그런 다음 그 실이 무엇을 연상시키는지 이야기하고 그림으로 나머지 부분을 표현한다. 가령, 실을 곡선으로 붙이고 날아가는 풍선을 실 위에 붙인다든지, 실을 날개 모양으로 붙이고 천사를 그릴 수 있다.

실 붙이기

• 핸디코트 그림

핸디코트와 오공본드를 1:1 비율로 그릇에 담는다. 그런 다음 소량의 물감을 넣어 함께 섞는다. 섞는 과정에 모래를 넣으면 더 거친 질감을 만들어 낼 수 있다. 우드락에 일회용 숟가락 등으로 펴 바르고 말린 후 그 위에 붓으로 그림을 그리면 벽화와 같은 느낌을 주게 된다. 우드락에 바를 때 곱게 펴 바를 수도 있지만, 무늬를 그려 넣거나 핸디코트를 두껍게 올리며 질감을 강하게 표현할 수도 있다.

핸디코트 그림

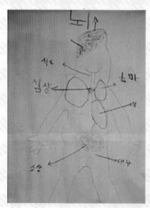

• 나의 몸 그리기

바닥에 전지를 깔고 한 명의 유아를 눕힌 후 팔과 다리로 재미있는 포즈를 취하게 한다. 다른 유아가 누워 있는 유아의 윤곽을 따라 그린다. 그런 다음 윤곽선 안에 세부적으로 눈, 코, 입, 옷, 신발 등을 그리고 색칠을 하거나 콜라주를 한다. 피에로, 도깨비, 천사 등 다른 인물로 변형시켜서 표현할 수도 있다.

나의 몸 그리기

유아교육과 전공 학생들 작품

• 큰 도화지에 공동화 그리기

3~4명이 한 조가 되어 그림의 주제를 정하고 역할을 분담하여 그림을 완성한다.

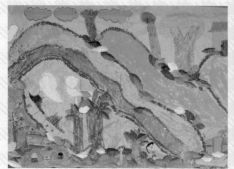

공동화 그리기

2. 찢기, 자르기, 붙이기

찢고 자르고 붙이는 활동은 유아가 직접 손을 활용해 표현하는 기법으로 감각 능력을 기르고 감성을 자유롭게 표현할 수 있는 즐거운 활동이다. 활동의 예는 다음과 같다.

• 신문지 찢기
교실이나 강당에서 음악을 틀어 놓고 신문지를 자유롭게 찢는다. 에너지를 마음껏 발산할 수 있는 시간이 된다.

• 신문지 붙이고 꾸미기
신문을 다양한 형태로 찢거나 오린다. 형태를 보며 표현할 대상을 상상한 후 종이에 붙이고, 그리기 도구로 나머지 부분을 표현해 준다.

• 도형 콜라주
여러 가지 도형을 붙여 형태를 구성하여 표현한다.

• 움직이는 사람 표현하기

사람의 몸이 팔, 손목, 손가락, 무릎, 발목 등 여러 부분으로 나뉘어 있다는 것을 알 수 있는 활동이다. 유아들이 직접 자신의 몸을 움직여 보면서 탐색하고, 신체의 각 부분에 해당하는 종이를 오리거나 찢게 한다. 찢거나 오린 종이를 이용해서 스키 타는 사람, 공을 차는 사람, 물구나무 선 사람 등 움직이고 있는 사람을 만들어 본다. 만든 모양을 종이에 그대로 붙인다. 그런 후 나머지 표현하고 싶은 부분을 그린다.

유아교육과 전공 학생 작품

• 잡지 콜라주

잡지에서 사람이나 가구, 음식, 지붕, 문 등을 가위로 오려서 종이에 붙이고 나머지 부분을 그림으로 그린다.

잡지 콜라주

• 헝겊 콜라주, 잡동사니 콜라주

여러 종류의 헝겊이나 주변에서 수집한 잡동사니를 붙여 구체적인 형상을 구성
하거나 추상적인 형태를 구성해 본다.

헝겊 콜라주   잡동사니 콜라주

• 휴지 콜라주

휴지를 잘게 찢어서 붙이면 새의 깃털이나 구름, 솜사탕 등의 느낌을 낼 수가
있다. 또 젤 미디엄이나 풀을 바른 후 휴지를 붙이고 그 위에 다시 미디엄이나 풀
을 바르면 광택이 나면서 색다른 느낌을 낼 수 있다. 미디엄이나 풀이 마른 후 다
음 사진처럼 물감을 칠할 수도 있다. 한지를 이용한 콜라주 활동도 할 수 있다.

휴지 콜라주   한지 콜라주

• **공작새 꾸미기**

종이 위에 손을 올려놓고 연필로 윤곽을 따라 그린다. 윤곽선 안에 그림을 그리거나 색칠한 후 오린다. 반 전체 유아들이 오린 손 그림을 벽에 붙여 커다란 공작새를 만들어 본다. 나이가 어린 유아들의 경우, 손을 따라 그리는 대신 손바닥에 물감을 묻힌 후 종이에 찍을 수 있다.

공작새

• **자연물 콜라주**

밑그림을 그린 후 꽃잎, 나뭇잎, 돌멩이, 조개껍질, 나무껍질, 열매 등 자연물을 붙여 완성한다. 확장활동으로 완성된 작품에 어울리는 그림이나 사진을 잡지에서 오려 붙일 수도 있다.

  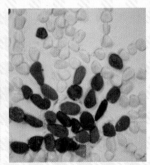

자연물 콜라주

· 모래 그림

종이 위에 풀로 그림을 그린다. 그 위에 모래를 뿌리고 흔들어 풀칠한 부분에 모래가 붙도록 한 다음 종이를 뒤집어 털어낸다.

톱밥에 색깔을 들여 같은 방법으로 활동한다.

모래 그림

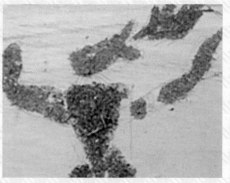

톱밥 그림

• 공룡뼈 발굴

닭뼈를 깨끗이 씻어 말린다. 전지에 공룡 모양을 그려 놓고 유아들과 공룡 몸 안에 뼈를 배치해 본다. 본드로 붙인 후 여백에 풀을 칠하고 모래나 커피가루를 뿌려 공룡이 땅속에 묻혀 있는 것을 표현한다. 그 위에는 톱밥, 작은 돌멩이, 과일 씨 앗 등 다양한 재료로 지층을 표현한다.

3. 찍기

• 손가락 판화

스탬프에 손가락을 찍은 후 종이에 다시 찍으며 모양을 만든다. 원하는 곳은 그 림으로 표현할 수도 있다.

손가락 찍기

• 손바닥, 발바닥 찍기

커다란 전지를 깔고 3~4명의 유아가 둘러앉는다. 접시에 물감을 짜 놓고 손바닥과 발바닥에 물감을 묻혀 전지에 마음껏 찍는다.

손바닥, 발바닥 찍기

• 채소 및 과일 판화

당근, 양파, 피망, 버섯, 감자, 사과 등을 이용한다. 이때 물기가 너무 많은 과일이나 채소는 피하는 것이 좋다.

채소 및 과일 판화

• 교실 물건 찍기

교실에 있는 다양한 물건을 찍어 본다. 단추, 포크, 풀 뚜껑, 블록, 나무토막, 가위 등을 사용할 수 있다.

 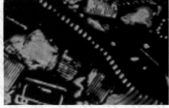 

교실의 물건 찍기

• 면봉 찍기

면봉을 물감에 담근 후 종이에 찍는다.

면봉으로 찍어 그리기

• 다양한 뼈 찍기

닭뼈 등 찍을 수 있는 부위의 뼈를 물감에 찍은 후 종이 위에 찍는다. 찍힌 뼈를 이용하여 다양한 장면을 그림으로 연출해 본다.

• 마블링

큰 대접에 물을 받아 놓고 마블링 물감 3~4가지 색을 2~3방울씩 떨어뜨린다. 나무젓가락으로 살살 젓거나 입으로 불어 모양을 만든다(나무젓가락으로 세게 저을 경우 물감이 곡선으로 퍼지기보다는 점으로 흩어져 모양이 제대로 나오지 않으니 주의한다). 도화지를 물에 살짝 담가 물 위의 물감을 찍어 낸다. 말린 후 그림을 그리거나 종이를 오려 붙이는 활동을 할 수도 있다. 마블링 물감 대신 유화 물감과 테레빈을 섞어 사용할 수도 있다.

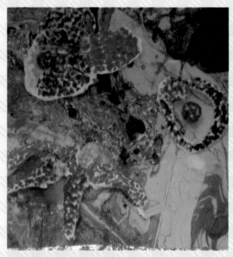
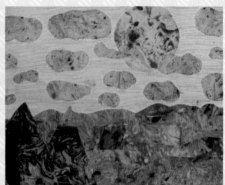

마블링 종이를 이용한 작품

• 종이 판화

마분지 위에 그림을 그려 모양대로 자른다. 다른 마분지에 자른 모양들을 붙이고 롤러에 물감을 묻혀 민 후 종이로 찍어 낸다.

종이 판화

• 우드락 판화

우드락 위에 연필로 그림을 꾹꾹 누르면서 그리든지, 종이에 그림을 그린 후 우드락에 올려놓고 모양대로 세게 누른다. 충분히 깊이 파졌는지 확인한 후 롤러로 밀어 찍는다. 깊이 파지 않을 경우 잉크나 물감이 들어가서 제대로 찍혀 나오지 않게 된다. 찍는 종이는 우드락보다 커야 한다.

또는 스티로폼에 그림을 그리고 스티로폼을 녹이는 본드로 선을 따라 짠다. 스티로폼이 녹아서 홈이 생기면 롤러로 밀어 찍는다.

우드락 판화

•골판지 판화

마분지에 골판지를 잘라 붙인 후 롤러로 밀어 찍는다. 골판지의 올록볼록한 질 감이 그대로 찍혀 나온다.

골판지 판화

•콜라주 판화

마분지에 종이, 쿠킹호일, 나뭇잎 등으로 콜라주를 한 후 롤러로 밀어 찍는다. 다양한 사물의 질감이 그대로 표현된다.

•자연물 판화

나뭇잎, 나무껍질, 깃털, 조개껍질 등 자연 물을 마분지에 붙인 후 롤러로 밀어 찍는다.

자연물 판화

• 크레파스 판화

사포 위에 크레파스로 그림을 그린다. 기름종이(식용유나 테레빈에 담근 종이)를 그림 위에 올려놓고 문지르면 연한 색으로 모양이 찍혀 나온다. 다리미질을 할 수도 있다.

• 점토 판화

점토 덩어리를 떼어 밑을 편편하게 한 다음 모양을 새긴다. 그런 후 물감을 발라 종이에 찍는다.

• 먹지 판화

먹지 위에 도화지를 얹고 뾰족한 물체로 그림을 그리면 좌우가 바뀐 그림이 나온다.

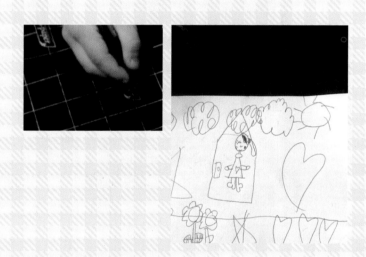

• 핑거페인트

모노프린트라고도 볼 수 있으며, 한 번만 찍어 낼 수 있는 판화다. 밀가루 풀을 손가락으로 저으며 모양을 만들고 종이로 찍어 낸다.

핑거페인트

4. 빚기와 만들기

• 손, 발 찍기

찰흙에 손이나 발을 세게 눌러 찍은 후 그 위에 비눗물을 바른다. 석고가루와 물을 개어 걸쭉하게 만들어 찰흙 위에 붓는다. 석고가 마르면 찰흙을 떼어 낸 후 물감을 칠해 준다.

손, 발 찍기

• 찰흙으로 조형물 구성하기

찰흙을 빚은 후 다양한 재료를 이용하여 조형물을 구성한다.

찰흙으로 조형물 구성하기

• **천사점토로 구성하기**

천사점토로 형태를 빚은 후 사인펜으로 채색한다. 파스텔톤의 색채가 나타난다.

천사점토로 구성하기

• **자연물과 찰흙으로 구성하기**

찰흙으로 형태를 빚은 후 여러 가지 열매, 나뭇가지, 나뭇잎, 나무조각, 돌멩이, 조개껍질 등 자연물을 이용하여 꾸민다.

자연물과 찰흙으로 구성하기

• **밀가루 점토로 놀이하기**

유아들이 빚은 다양한 형태의 지우개

• **칼라믹스로 지우개 만들기**

칼라믹스로 형태를 빚은 후 뜨거운 물에 끓이면 지우개가 만들어진다. 나만의 지우개를 만들어 본다.

• **자연물 이용하여 구성하기**

• 폐품으로 구성하기

플라스틱 병, 상자, 빨대, 계란판, 우유갑, 휴지 심 등 다양한 폐품을 활용하여 입체물을 구성한다.

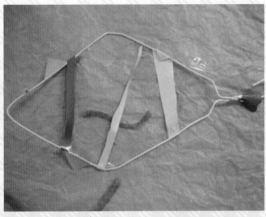

• 석고 조형

풍선을 불어 놓고, 털실을 약 30cm 이상 길이로 잘라 놓는다. 석고가루를 물과 섞어 걸쭉하게 한 다음 털실을 담갔다가 풍선에 감는다. 석고가 굳어지면 풍선을 터뜨린다. 풍선의 형태대로 굳어진 석고 주변을 붓으로 털어 정리하고 물감을 칠하거나 래커를 뿌린다. 크리스마스 등의 행사 때 장식으로도 사용할 수 있다.

풍선을 이용하여 장식효과를 낸 석고 조형

• 석고붕대

석고붕대로 만든 과일–학생 작품

석고붕대를 약 5cm 간격으로 자른다. 자른 석고붕대를 물에 적셔 사과, 배, 감자, 귤 등의 과일이나 채소에 올려놓고 손가락으로 문지른다. 석고붕대의 표면이 매끄러워지면 다시 물에 적신 석고붕대 조각을 올려놓고 문지른다. 3~4겹 가량 석고붕대를 붙인 다음 칼로 과일이나 채소의 반을 자른다. 며칠 동안 말린 후 수분이 빠져 크기가 줄어든 과일을 빼낸 다음 잘려진 나머지 반을 붙여 다시 석고붕대로 이음새를 붙인다. 또는 과일의 뚫린 부분에 석고붕대를 길게 잘라 붙여 과일의 잘린 모습을 표현한다. 석고붕대가 마른 후 과일의 색에 맞게 물감을 칠한 후 역할놀이에 사용한다.

• 페이퍼 마쉐

여러 장의 신문지, 한지, 가위, 빈 상자, 아크릴 물감, 밀가루 풀 등이 필요하다. 혼자서 만들 수도 있지만 커다란 박스를 뼈대로 동물을 만들거나 자동차를 만드는 등의 공동 작업도 할 수 있다. 만드는 순서는 다음과 같다.

① 빈 상자와 신문지를 뭉쳐 만들고자 하는 형태의 뼈대를 만든다.

② 신문지를 약 2cm 폭으로 잘라 밀가루 풀을 묻혀 뼈대 위에 붙인다.

③ 신문지를 3~4회 반복해 붙인다.

④ 한지를 신문지처럼 잘라 뼈대가 안 보일 정도로 붙인다.

⑤ 완전히 건조시킨다.

⑥ 아크릴 물감으로 색칠하거나 그린다.

⑦ 필요에 따라 털실, 눈, 펠트 등 여러 재료를 붙인다.

⑧ 광택이 필요한 경우 투명 래커를 뿌리거나 니스를 바른다.

• 모빌과 스태빌

모빌과 스태빌은 알렉산더 칼더에 의해 만들어졌다. 모빌은 천장에 매달아 움직이는 조각이고, 스태빌은 모빌과 대조되는 고정된 구조물로서 움직이지 않는 조각이다. 유아들과 함께 모빌과 스태빌을 응용한 활동을 할 수 있다.

다양한 종류의 모빌

• 인형 만들기

만들기를 위한 다양한 주제가 있겠지만, '인형'은 유아가 감정을 이입하여 놀이를 할 수 있다는 면에서 매우 중요하다. 유아들의 인형놀이, 극놀이를 관찰하면서 자신과 다른 사람들에 대해 어떻게 생각하고 있는지를 알 수가 있다. 평소에 수줍음이 많고 표현을 잘 하지 못하는 유아들도 인형을 통해 두려움 없이 자기표현을 할 수 있고, 언어적인 표현과 발달에도 중요한 매체가 된다.

인형을 만들 때는 인형이 목적을 위한 도구일 뿐 자체가 목적이 아님을 생각해야 한다. 유아들에게 왜 인형을 만들며 어떻게 이용할 것인가에 대해 이야기하고, 만들고 난 후에 놀이까지 이어지도록 안내한다. 만드는 것 자체가 목적이 되지 않도록 유의한다.

① 막대 인형: 막대 인형은 가장 단순한 형태로 종이에 얼굴을 그려 오린 후 막대기에 붙여만 주어도 된다. 사용할 수 있는 막대는 나무젓가락, 나뭇가지, 휴지속대, 마분지 원통 등이다. 인형의 얼굴은 종이에 그리는 것뿐만 아니라 두꺼운 면에 콜라주를 하거나 종이접시에 콜라주를 할 수 있다.

② 종이 인형: 색지를 오리거나 접은 후 색을 칠하고 콜라주를 한 인형이다. 유아들은 접기, 붙이기, 자르기, 칠하기 등의 기본 테크닉을 익히게 된다.

종이 인형

③ 봉투 인형: 작은 종이봉투에 신문지를 채우고 막대기를 넣은 후 마스킹 테이프로 주위를 감싼다. 종이봉투에 눈, 코, 입, 머리카락 등을 붙인다.

종이봉투 인형

④ 손 인형: 손 인형은 입이 움직이는 것과 손이 움직이는 것의 두 가지 종류가 있다. 둘 다 종이봉투나 양말 등으로 만들 수 있다.

손가락 인형

⑤ 손가락 인형: 손가락 인형은 어린 영아들이 특히 좋아하는 인형이다. 조작하기가 쉽고, 크기가 작아 보관하기도 쉽고, 혼자서 여러 인물을 가지고 놀 수 있는 장점이 있다. 점토에 손가락으로 작은 구멍을 낸 뒤 인형을 만들어 붙이거나, 손가락에 맞는 띠를 종이로 만든 다음 인형의 얼굴을 붙여서 만든다.

⑥ 장갑 인형: 면장갑, 털장갑 등의 손가락 부분마다 다양한 동물, 다양한 인물의 얼굴을 만들어서 바느질하거나 본드로 붙인다.

장갑 인형

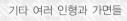 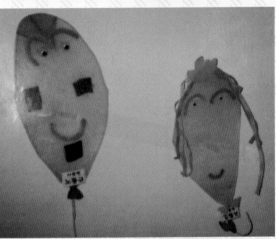

기타 여러 인형과 가면들

5. 유아들도 할 수 있는 즐거운 팝아트

팝아트란 'popular art'의 준말로서, 1950년대 중후반 미국에서 시작된 새로운 장르의 그림표현 방법이다. 팝아트 화가들은 추상표현주의 화가들이 그리는 그림이 일반인에게 너무 어렵다고 생각한다. 추상주의 화가들은 주관이 너무 강해 그들의 그림을 보는 보통 사람들은 주눅이 들거나 전시회 가는 것을 두려워하게 된다고 보는 입장이다. 팝아트는 매스 미디어와 광고 등 대중문화에 파고들어 온 시각 이미지를 미술의 영역으로 적극 끌어들여 작품으로 만든다.

팝아트 화가들은 만화의 주인공, 코카콜라 등 텔레비전이나 잡지광고에 자주 등장하는 대중문화의 이미지들을 미술 속으로 끌어들여 경쾌하고 쉽게 그림을 그림으로써 일반인들에게 친숙함을 준다. 이런 방식으로 이들은 순수예술과 대중예술이라는 이분법적인 위계 구조를 깨트렸다. 천상에 있던 미술 작품이 일반인들의 곁으로 오자 사람들은 처음에는 "이것도 미술이야?" 하며 의아해 하기도 했지만 "미술도 우리 생활과 관련이 있구나……." 하며 자연스럽게 받아들이게 되었다.

우리나라에서 팝아트를 유아교육 현장에 처음 시도한 이는 전 서울예술대학교 류우영 교수다. 류 교수(1942~)는 처음부터 팝아트를 유아들에게 해 보게 하지는 않았다. 그는 유치원의 어머니들을 대상으로 컴퓨터를 활용한 팝아트를 실험해 봄으로써 일반인들이 쉽게 그림 그리기를 할 수 있을까에 관심을 가지고 시도했다고 한다. 어머니들이 휴대폰으로 찍어 온 사진 또는 과거에 찍어 놓은 가족의 사진들을 가지고 그리기를 한 것이다. 인상파 화가나 추상주의 화가들은 긴 세월 동안 미술의 기초를 닦은 후 그림 그리기를 시작한 반면, 유치원에 유아를 보낸 어머니들은 컴퓨터와 프린터의 도움을 받으며 그림을 시작한 것이 다르다. 류우영 교수는 어머니들이 "난 미술에 빵점이었어."라든가 "난 그림을 그릴 수 없어."라는 마음을 극복하고 일단 시작하게 하는 데 목적을 두었다고 했다. 그래서 엄마들이 "그림 그리기는 어려운 일이 아니야."라는 마음을 갖게 하였다. 일단 어머니들이 컴퓨터를 활용해 그림 그리기를 시작하자 그림 그리기에 몰입하게 되었고, 나름대로 그린 그림을 가족들이 긍정적으로 좋아해 주자 실제로 미술 공부를 시작한 엄마도 생겼다고 한다. 이에 류우영 교수는 "엄마의 도움을 받으며 유아들이 팝아트를 할 수 있을까가 궁금해 유아와 엄마가 함께하는 팝아트 활동을 시도했더니 유아들도 그림 그리기에 대한 두려움 없이 그림 그리기를 하기 시작했다."라고 하였다.

다음에서는 유아들이 할 수 있는 팝아트 기법을 활용한 그림 그리기 과정을 살펴볼 것이다. 인물 사진이나 자연환경에서 찍은 꽃, 나무, 동물 사진 등등 모든 것이 소재가 될 수 있다. 유아들이 그린 그림도 아주 좋은 소재다.

〈준비물〉
• 소재—사진(휴대폰이나 카메라로 찍은 사진), 인물사진이나 정물, 꽃 등 자유 소재 사진
• 컴퓨터와 프린터
• 트레싱 페이퍼와 연필
• 아크릴 컬러와 붓
• 종이와 캔버스(F2호부터 F6, 8, 10〜100호 중 알맞은 크기 선택)

● 활동의 과정

① 사진을 찍거나 이미 갖고 있는 사진을 이용한다.

자동 노출에서 빛의 방향은 왼쪽이나 오른쪽에서 들어오게 찍으면 그림의 효과를 내기 쉽다. 다음의 오른쪽의 사진은 빛이 정면으로 들어올 때 찍은 사진이고, 왼쪽의 사진은 오른쪽에서 빛이 들어올 때 찍은 것이다.

사진을 선택할 때 명암 대비가 강한 사진을 선택하면 그림 그리기가 수월하다. 색깔 대비를 잘하면 멋진 팝아트 그림이 탄생한다.

한쪽에서만 빛이 들어오게 사진을 찍으면 윤곽의 대비가 강하여 컴퓨터 포토샵에서 파일변환이 쉽고 강렬한 색으로 대비할 때 쉽다.

정면이나 양면에서 빛이 들어오게 찍으면 전체적으로 부드럽게 구성이 되며, 면보다 선으로 섬세하게 그리는 것이 좋다.

② 컴퓨터의 포토샵에서 파일변환 작업을 한다.

다음은 컴퓨터 포토샵에서 파일변환 작업을 한 예다. 다양하게 작업이 이루어지면 그중에서 대비가 가장 잘 나타난 사진을 선택하여 그림을 그리면 쉽다. 컴퓨터의 포토샵에서 변환한 사진 중 '보기 1'은 칼라로 바꾼 것이고, '보기 2'는 흑백으로 바꾼 것이며, '보기 3'은 흑백으로 바꾼 것을 한 단계 강하게 바꾼 것이다.

원본   보기 1   보기 2   보기 3

③ 변환된 사진을 캔버스에 옮긴다.

포토샵에서 변환된 사진은 컬러보다 흑백사진이 대비가 분명하여 구분하기 쉽다. 프린터에서 인쇄도 손쉽게 할 수 있으며 경제적이다. 인쇄한 그림의 크기는 축소하거나 확대해서 복사하면 된다.

종이 또는 캔버스 위에 먹지를 놓고 인쇄한 그림을 놓은 후 트레이싱 페이퍼로 덮어 그림과 같이 선을 따라 연필로 눌러 얼개 그림을 그린다.

위 그림과 같이 연필로 캔버스에 눌러 그린다. 복사한 그림이 잘 보이게 하기 위해서 먹지를 사용하면 색칠하는 것이 손쉽다.

④ 캔버스에 옮긴 그림에 색칠을 한다.

색칠할 때 가장 엷은 색부터 라인을 따라 꼼꼼히 칠한다. 밝은 곳은 될 수 있는 대로 처음 칠한 것을 살려 가면서 점점 덧칠을 한다. 색은 강렬할수록 그림이 밝고 명랑해 보인다. 팝아트 화가들은 어떤 색을 사용해도 무방하다고 한다.

완성된 작품

⑤ 한 가지 그림본을 활용하여 다양하게 디자인할 수 있다.

꽃의 얼개 그림을 그려 낸 후에는 이 꽃을 반복하여 여기저기 그린 후 색깔을 다르게 칠하면 완전히 새로운 그림이 된다. 다음의 주황색 꽃을 사진으로 찍은 후 위의 활동 과정 방법대로 그림본을 떠서 팝아트 기법으로 그림을 그린 것이다.

완성된 작품

⑥ 유아와 엄마 또는 아빠가 서로 의논하면서 작품을 완성할 수도 있다.

다음의 그림은 가족이라는 생활주제를 다룰 때 유아가 그린 '우리 가족'이라는 그림을 팝아트 기법으로 그린 것이다. 유아가 그린 그림의 본을 떠서 엄마와 유아가 서로의 느낌과 생각을 나누며 색칠하고 그림의 모양을 바꾸기도 한 것이다. 그림의 본은 같은데 칠한 색이 달라 다른 그림으로 보이게 한 것이 색다르다. 유아와 어른이 함께 팝아트를 할 때에는 반드시 유아의 생각을 존중하며 하는 것이 좋다. 멋진 작품을 남기는 것이 주요 목적이 아니라 유아들이 그림 그리기를 두려워하지 않고 즐겁게 그리게 하는 것이 목적이기 때문이다.

완성된 다양한 작품

　　초등학교 입학을 앞둔 만 6세 유아들이 컴퓨터 작업을 할 수 있다면 팝아트 기법을 혼자서도 할 수 있다. 어린 유아들은 컴퓨터 조작이 힘들 수 있으므로 교사나 학부모가 도와주어야 한다. 실제로 어린 유아들이 그린 그림을 앞에서 설명한 '활동의 과정 ③'까지 어른들이 도와주고, 엄마와 함께 색칠하게 하였더니 네 가지의 다른 색감의 그림이 되었다.

Chapter 9

유아미술교육의 통합적 접근

　미래에는 창의성과 감성이 있고 다양한 측면의 경험과 지식을 통합할 수 있는 인재가 필요할 것이다. 유아교육도 예외일 수 없으므로 이러한 인성적 특징을 효율적으로 기를 수 있는 통합적 교수-학습 방법으로 교육해야 한다. 최근 타 분야에서 '통합'이라는 용어 대신 '융합'이라는 용어를 사용하며 학문 간 상호협력과 통합을 강조하고 있으나 유아교육 분야는 통합이라는 용어를 사용해도 무방해 보인다. 유아교육 분야에서의 통합적 접근은 아동중심 교육철학에 근거한 교수-학습 방법 "integrated teaching-learning method"의 'integrated'를 번역한 용어로 우리나라에서는 중앙대학교 사범대학 부속유치원에서 '활동중심 통합교육과정'(중앙대학교 사범대학 부속유치원 편, 1991)을 적용하면서부터 사용하기 시작했다. 같은 개념의 교육방법을 연세대학교 어린이생활관에서 '개방교육'이라는 용어를 1983년부터 사용하며 적용하였고, 1990년대 중반에는 초등학교에서도 교수-학습 방법을 통합교육으로 개선해 보고자 '열린교육'이라는 용어를 적용하며 교육개혁을 시도하였다. 영국에서 적용한 통합적 접근에 의한 교수-학습 방법은 영국의 유아 및 학부모들이 대단히 만족했던 방법으로서 교사가 일방적으로 계획하여 교육하는 대신에 유아의 흥미와 관심을 중심으로 교육을 시작하여 지적 호기심으로 심화 및 확장시켜 주었기에 유아교육의 질적 수준에 대한 만족도가 높았던 방법이다.

유아미술교육에서의 통합적 접근은 단순히 미술교육의 내용을 병렬적으로 합하거나 다양한 장르의 예술 분야 및 타 학문 분야와의 물리적 통합만을 의미하지 않는다. 우리가 여기서 의미하는 통합은 미술 그 자체를 주축으로 해서 다양하게 통합하므로 미래지향적인 능력을 기를 수 있는 교수-학습 방법을 의미한다.

유아의 삶과 관련된 경험을 통합하여 창의적 교육을 할 수 있는 미술교육을 함으로써 유아들은 탐색한 것을 미술 작품으로 표현할 수 있고, 다른 사람이 그리거나 만든 작품을 감상하다가 다시 탐색을 하거나 표현활동으로 작품을 만들 수 있으며, 유아미술교육의 내용과 생활주제를 통합할 수 있다. 심지어는 미술교육 내용과 문학·동작·과학·수학 등 다른 교과와도 통합하여 미술 작품을 만들어 낼 수 있다. 유아교육기관에서 유아들과 하는 이 모든 통합 과정에서 유아들의 심미적 능력이 길러질 수 있다.

통합할 수 있는 방법은 수없이 많지만 이 장에서는 우리들이 초임교사가 되어 쉽게 도전해 볼 수 있는 통합적 접근에 의한 활동을 소개하고자 한다. 누리과정에 수록된 유아미술 내용—탐색·표현·감상 내용을 상호 통합하는 것, 미술교육 내용과 생활주제를 통합하는 것, 미술교육 내용과 동작·문학·수학·과학 등 다른 학과목과 통합하는 활동—을 유아들과 직접 해 본 후 그들의 작품을 사진으로 소개하였다.

일부 유아교육기관에서는 다른 과목, 특히 한글, 수학, 과학 등과 미술교육 내용을 통합하여 타 교과교육 내용의 학습 효과를 높이려고 통합을 시도하는데, 이 과정에서 교과목의 교육내용을 강조하는 나머지 미술교육 내용은 소홀히 하는 경향이 있다. 다른 교과교육 내용과 미술교육 내용을 통합하는 활동도 중요하지만, 먼저 누리과정에서 요구하는 '예술 경험' 중 미술교육 내용—탐색·표현·감상 상호간의 통합활동—을 우선 해 보려고 노력한다.

여기에서는 앞에 소개한 유아미술교육 내용 간의 통합, 다른 교과내용과의 통합, 생활주제와의 통합을 소개하고자 한다. 처음 이 책을 쓰기 시작했을 때는 교사의 발문과 유아들의 언어적 반응까지 함께 소개하였지만, 각 유아교육기관마다 유아들의 생활 경험이나 문화적 배경이 다르고 유아의 언어적 표현은 영유아의 수만큼 다양하기 때문에 빼기로 하고 교사의 발문만을 소개하였다. 또한 내용 이해의 편의를 위해 각 활동들을 표의 형태로 제시하였다. 여기에 나온 교사의 발문은 예시일 뿐이며, 유아교육기관의 특성과 유아들의 개인적 특성에 따라 융통성 있게 변용하여 적용하는 것이 바람직하다.

1. 유아미술교육 내용 간의 상호 통합

1) 감상으로 시작하여 탐색과 표현으로 통합

미술 요소 및 원리	미술 요소: 색, 선, 모양, 명암, 질감 미술 원리: 강조, 균형, 공간
미술교육 내용	미술 작품 감상하기, 미적 요소 탐색하기, 미술활동으로 표현하기
활동 자료	아르침볼도의 '채소 기르는 사람', 핸디코트, 다양한 종류의 채소, 4절 크기의 우드락
감상	**1** '채소 기르는 사람'을 감상한다. • 그림을 보니 어떤 생각이 드니? • 화가는 왜 당근으로 코를 표현했을까? • 채소로 표현한다면 무엇으로 코를 표현하고 싶니? • 그림에 그려진 사람의 볼은 무엇으로 표현했니? • 볼을 만지면 어떤 느낌이 들 것 같니? • 화가는 왜 채소로 사람을 표현했을까?

감상	주세페 아르침볼도, 채소 기르는 사람, 1587~1590 
탐색	❷ 다양한 종류의 채소를 보며 미적 요소와 원리를 탐색한다. • 깻잎을 만져 보자. 어떤 느낌이 드니? • 당근은 어떤 모양이니? 우리 얼굴의 어떤 부분과 모양이 비슷하니? • 콩나물을 살펴보자. 어떤 색이 보이니?
표현	❸ 다양한 채소로 아르침볼도의 작품을 재구성해 본다. • 4절 크기로 자른 우드락에 핸디코트를 펴 바른 후 여러 가지 채소를 이용하여 인물을 구성해 본다.   동굴에 사는 사람　　　　　여왕

2) 탐색으로 시작하여 표현, 감상, 탐색, 표현으로 통합

미술 요소 및 원리	미술 요소: 색, 선, 형, 명암, 질감 미술 원리: 공간, 강조, 비례
미술교육 내용	미술 작품 감상하기, 미적 요소 탐색하기, 미술활동으로 표현하기
활동 자료	조지아 오키프의 '꽃', 사인펜, 물감, 프로젝션, 투명비닐, 아크릴 물감, 꽃 실물
탐색: 꽃 탐색하기	**1** 바깥 놀이터나 실내에서 꽃을 탐색한다. • 어떤 색이 보이니? 또 다른 색도 보이니? • 꽃잎의 모양은 어떻게 생겼니? • 자세히 보자. 무늬가 있니? 어떤 무늬가 보이니? 뒤쪽에는? • 꽃잎을 만져 보자. 만져 보니 느낌이 어떠니? 만지니 생각나는 것이 있니? • 냄새도 맡아 보자.
표현: 꽃 세밀화 그리기	**2** 자신이 탐색한 꽃을 자세히 표현해 본다. • 네가 본 꽃 중에서 그림으로 그려 보고 싶은 꽃이 있니? • 어떤 색의 꽃이니? • 꽃잎의 모양은? • 무늬도 볼 수 있었니? 어떤 선이 보였니?

1. 유아미술교육 내용 간의 상호 통합　**413**

감상: **조지아 오키프의** **작품 감상하기**	❸ 조지아 오키프의 작품 '두 송이 칼라(1928)' '푸른 나팔꽃(1935)'을 감상하거나 꽃을 확대 촬영한 사진 작품을 감상한다. • 무엇을 그린 그림일까? • 꽃의 어느 부분을 그렸니? • 무슨 색으로 꽃잎을 표현하였니? • 너희도 이런 색을 가진 꽃을 보았니? • 어디에 피어 있었니? 혹시 이름을 아니? • 이 꽃잎을 만지면 어떤 느낌일 것 같니? • 이 꽃에서는 어떤 향기가 날 것 같니? • 이 꽃의 잎은 어떤 모양일 것 같니? 왜 그렇게 생각했니? 크기는 어떨 것 같니? • 꽃은 꽃병에 꽂혀 있을 수도 있고 꽃밭에, 들판에, 산에, 길가에, 꽃가게에 있을 수도 있는데, 이 꽃은 어디에 있는 꽃일까? • 화가는 왜 꽃의 꽃잎 부분만을 그렸을까? • 이 꽃 그림이 마음에 드니? 왜? • 네가 화가라면 이 그림을 다르게 그리고 싶은 부분이 있니?
탐색: **꽃의 일부분** **확대하여** **탐색하기**	❹ 꽃의 일부분을 확대하여 탐색한다. • 조지아 오키프처럼 우리도 꽃의 일부분을 크게 볼 수 있는 방법이 있을까? • 어떤 꽃을 크게 보고 싶니? • 전에는 잘 보이지 않던 것들이 크게 보니 자세히 보이는 것이 있니? 

표현

⑤ 공동 작업으로 조지아 오키프의 그림처럼 일부분을 확대하여 표현해 본다.
자신들이 표현해 보고 싶은 꽃의 잎부분을 확대한 화면 위에 투명비닐을 붙이고
밑그림을 그린 후 채색한다.

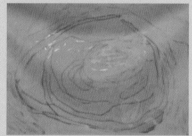

2. 미술교육 내용과 다양한 교과의 통합

1) 미술교육 내용과 신체 표현 활동의 통합

미술 요소 및 원리	미술 요소: 선, 모양 미술 원리: 공간, 움직임	동작 요소	장소, 방향, 속도, 리듬, 관계
미술교육 내용	미술 작품 감상하기, 미술활동으로 표현하기, 미술의 요소와 미술의 원리 탐색하기, 통합적으로 표현하기		
활동 자료	앙리 마티스의 '춤', 프로젝션 TV, 물감, 4절 도화지, 모양 스펀지		
미술: 감상	**1** 앙리 마티스의 '춤'을 감상한다.  앙리 마티스, 춤, 1910 • 그림을 처음 본 느낌이 어떠니? 왜 그런 느낌이 들었을까? • 그림을 자세히 보자. • 그림 속의 사람들은 무엇을 하고 있니? • 사람들은 왜 춤을 추고 있을까? • 그림에서 가장 가까이 있는 사람은 누구일까? • 이곳은 어디일까? 왜 그런 생각이 들었니? • 그림 속 사람들은 왜 옷을 입지 않고 춤을 추고 있을까? • 그림 속 사람들의 얼굴은 어떤 표정을 하고 있을까? • 그림에서 음악이 들린다면 어떤 느낌의 음악이 들릴 것 같니?		

신체 표현	**2** 그림 속 사람들의 모습을 신체로 표현해 본다. • 이 사람은 팔(다리, 머리, 몸)을 어떻게 하고 있니? • 두 다리를 쭉 펴고 있는 사람을 찾아보자. 이 사람의 몸은 어떻게 하고 있니? • 고개를 앞으로 숙이고 있는 사람은 어떤 사람이니? • 사람들이 어떤 모양을 만들고 있니? • 사람들이 어느 쪽으로 돌면서 춤을 추고 있니? • 무엇을 보고 알 수 있었니? • 그림 속 사람들의 모습을 몸으로 표현해 보자. • 어떤 사람을 표현해 보고 싶니? • 그 사람은 어떤 모습을 하고 있니? • 다 함께 표현해 보자. 
미술: **표현**	**3** 모양 스폰지에 물감을 찍어 마티스의 작품을 재구성해 본다.  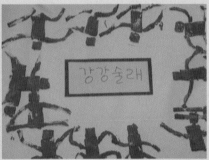

2) 미술교육 내용과 음악, 동작의 통합

미술 요소 및 원리	미술 요소: 선, 명암, 질감 미술 원리: 공간, 움직임		
음악 요소	소리, 박자, 리듬, 빠르기, 셈여림	동작 요소	장소, 방향, 속도, 리듬, 균형
미술교육 내용	미술 작품 감상하기, 미술활동으로 표현하기, 미술의 요소와 원리 탐색하기, 통합적으로 표현하기		
활동 자료	에드가 드가의 '아라베스크의 끝남'		

미술:
감상

1 에드가 드가의 '아라베스크의 끝남'을 감상한다.

에드가 드가, 아라베스크의 끝남, 1876~1877

- 그림을 자세히 보자. 무엇이 보이니?
- 발레하는 모습을 본 적 있니?
- 그림 속의 발레리나는 팔을 어떻게 하고 있니?
- 다리 모양은 어떠니? 발끝은 어떻게 하고 있니?
- 그림 속의 발레리나는 어떻게 움직일 것 같니?
- 발레리나 손에는 무엇을 들고 있는 것 같니?
- 발레복을 만지면 어떤 느낌이 들 것 같니?
- 발레리나의 뒤쪽에는 무엇이 보이니?

음악:
음악 감상
	2 차이코프스키의 '백조의 호수-정경'을 감상한다.
	• 음악을 들으니 어떤 생각이 떠오르니?
	• 음악 소리 크기가 어떻게 달라졌니?
	• 음악의 빠르기는 어떻게 달라졌니?
	• 이 음악을 들으면 빨리 움직이게 될까? 느리게 움직이게 될까?
	• 이 음악을 어떤 때에 사용하면
	  어울릴까?
	• 이 음악을 들으며 발레를 한다면
	  어떻게 움직일까?

동작: 발레 표현하기	**3** 음악에 맞추어 발레 동작을 표현해 본다.   • 그림 속의 발레리나는 어떤 모습을 하고 있니? • 팔을 어떻게 하고 있니? 다리 모양은 어떠니? 발끝을 어떻게 하고 있니? • 첫 번째 동작, 양팔을 앞으로 모으고 양쪽 발뒤꿈치를 붙이고 발은 바깥으로 똑바로 해 볼까? • 두 번째 동작, 양팔과 양발을 벌리고 바깥으로 똑바로 되도록 해 볼까? • 세 번째 동작, 한쪽 팔을 위로 들어올리고 양발이 서로 다른 쪽으로 가도록 해 볼까?

동작: 발레 표현하기	• 음악을 들으며 음악에 맞추어 발레를 춰 보자. • 음악을 들으면서 내가 발레리나가 되었다고 생각하고 발레를 해 보자. • 음악 소리가 크거나 작아질 때는 어떻게 동작을 하면 좋을까? • 음악의 빠르기가 빨라지거나 느려질 때는 어떻게 동작을 하면 좋을까? • ○○이처럼 해 볼까? 우리가 배운 동작을 해 볼까? • 음악이 빨라지네. 빨리 움직여 볼까? 느리게 움직여 볼까?

3) 미술과 과학, 수학의 통합

미술 요소 및 원리	미술 요소: 색, 모양 미술 원리: 공간, 강조, 비율, 움직임		
과학	개념: 반사	수학	모양, 패턴, 순서, 배열
	과정기술: 관찰하기, 예측하기		
	태도: 호기심		
미술교육 내용	미술 작품 감상하기, 미술활동으로 표현하기, 미술의 요소와 원리 탐색하기, 통합적으로 표현하기		
활동 자료	거울, 인형, 만화경, 모양 색종이, 플라스틱 모양 조각, OHP지, 사인펜 등		
과학: 만화경의 원리 알아보기	**1** 거울을 이용하여 만화경의 원리에 대해 알아본다. • 거울 속에 인형이 어떻게 보이니? • 거울을 2개로 보면 어떻게 보일까? 인형이 몇 개로 보이니? • 하나로 봤을 때와 다른 점이 있니? • 만화경을 본 적이 있니? • 만화경은 거울 3개를 모아서 만든 것이란다. 		

미술:

탐색

(만화경

속의

무늬

탐색하기)

2 만화경 속의 모양과 색을 탐색한다.

• 만화경 안을 볼까? 무엇이 보이니? 무슨 색이 보이니?

• 흔들어서 다시 볼까? 무슨 모양이 보이니?

• 만화경 안의 무늬와 모양들을 보니 생각나는 것이 있니?

수학:

만화경

속의

모양, 패턴

배열하기

3 모양 색종이와 플라스틱 모양 조각을 이용하여 패턴을 배열해 본다.

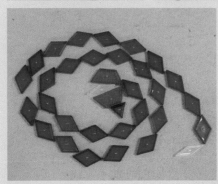 

미술:

표현 및

감상

(만화경

속의 무늬

표현하고

감상하기)

4 테이블에 거울을 세우고 다양한 색깔과 모양, 크기의 조각을 배열하여 만화경 속의 무늬를 표현해 본다.
- 만화경으로 본 무늬와 모양들을 표현해 보자.

5 거울에 비친 모양을 통해 만화경의 원리를 경험한다.

6 친구들이 표현한 무늬를 감상한다.

7 OHP지에 만화경 속의 무늬를 그려 볼 수도 있다.

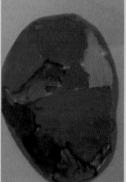

유아들 작품

4) 미술교육 내용과 언어의 통합

미술 요소 및 원리	미술 요소: 선, 색, 모양, 질감 미술 원리: 공간, 강조, 비율	언어	읽기, 말하기
미술교육 내용	미술 작품 감상하기, 미술활동으로 표현하기, 미술의 요소와 원리 탐색하기, 통합적으로 표현하기		

문학: 동화 듣기	**1** 동화 자료(PPT 화면)를 이용하여 『씨앗의 여행』 그림책을 읽어 준다.  **2** 씨앗을 심은 뒤 새싹이 나오는 부분까지만 들려준 후 이후의 내용을 상상해 본다. • 새싹이 자라 무엇이 될까? • 무슨 색의 꽃을 피울까? • 어떤 모양일까? • 크기는 어떨까? • 잎사귀의 모양은 어떨까?
미술: 표현	**3** 다양한 재료를 이용하여 내가 상상한 꽃을 꾸며 본다. • 화분에 심은 씨앗이 어떤 모양의 꽃을 피울지 생각해 보자. • 이 재료들로 어떻게 꽃을 만들 수 있을까? • 화분 옆에는 무엇이 있으면 좋을까?

미술:
표현

유아들 작품

3. 생활주제와 미술교육 내용의 통합

생활주제와 유아미술교육의 내용을 통합하여 활동을 계획하고 실행하면서 유아가 미술의 요소와 미술의 원리를 접할 수 있도록 하는 동시에, 생활주제의 목표를 달성할 수 있도록 접근하는 교육방법이다. 이 절에서는 미술교육 내용과 생활주제 '봄'을 어떻게 통합하는지 살펴보고, 연령별로 생활주제와 통합하여 실시할 수 있는 미술활동의 예를 살펴보도록 한다.

1) 생활주제(봄, 5세)와 미술교육 내용의 통합 과정

(1) 주제망 구성하기

주제망은 생활주제를 중심으로 교육적 가치, 영유아의 발달 특성과 흥미, 현대 사회의 요구 등을 고려하여 구성한다. 이때 교사는 전문 서적, 활동 자료집, 사전 및 백과사전 등 다양한 자료를 참고하고, 이를 기초로 이야기 나누기나 브레인스 토밍을 하는 과정에서 유아들이 표현하는 느낌이나 생각을 반영하며 유아들이 보는 앞에서 함께 개념망을 그린다. '봄'에 대한 주제망은 다음과 같다.

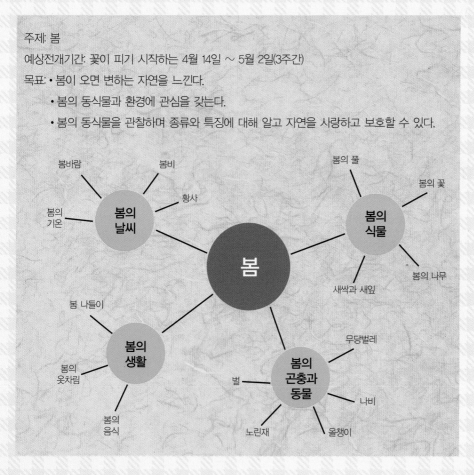

주제: 봄
예상전개기간: 꽃이 피기 시작하는 4월 14일 ～ 5월 2일(3주간)
목표: • 봄이 오면 변하는 자연을 느낀다.
　　 • 봄의 동식물과 환경에 관심을 갖는다.
　　 • 봄의 동식물을 관찰하며 종류와 특징에 대해 알고 자연을 사랑하고 보호할 수 있다.

봄바람 / 봄비 / 황사 / 봄의 기온 / **봄의 날씨**
봄의 풀 / 봄의 꽃 / 봄의 나무 / 새싹과 새잎 / **봄의 식물**
봄 나들이 / 봄의 옷차림 / 봄의 음식 / **봄의 생활**
무당벌레 / 나비 / 올챙이 / 벌 / 노린재 / **봄의 곤충과 동물**
봄

'봄'에 대한 주제망

(2) 주제망의 개념과 미술교육 내용 연결하기

주제망이 구성되어 유아들이 이해하게 될 주요 개념이 선정되면 개념 이해를 돕기 위한 주요 내용을 선정한다. 주요 내용은 유아의 발달 영역 및 교육과정의 각 영역들이 연계되도록 한다. 이때 미술활동으로 접근하는 것이 적합한 개념들을 파악한 후 미술교육 내용과 연결한다.

미술교육 내용은 자연이나 사물에서 주제망의 개념과 연결하여 미술의 요소와 원리 탐색 및 감상하게 한 후, 이를 미술활동으로 표현하여 다양한 미술 작품을 만들어 보게 한다.

'봄'이라는 주제에 대하여 '봄의 식물'과 관련된 주요 개념을 미술교육의 내용과 연결하면 다음과 같다.

〈표 9-1〉 '봄의 식물'과 관련된 주요 개념과 미술교육 내용과의 연결

주제	개념 ▶ 미술교육 관련 개념	미술교육 내용
봄: 봄의 식물	• 봄에는 새싹과 새잎이 돋아난다. – 새싹과 새잎의 색과 모양, 질감이 다르고 독특하다. • 봄에는 여러 종류의 꽃이 핀다. – 봄에 피는 꽃의 색, 선, 모양, 질감이 다르다. • 봄에는 여름, 가을, 겨울과 다른 자연의 모습을 볼 수 있다. – 봄의 풍경은 색, 선, 모양, 질감, 명암 등 미술의 요소로 구성되어 있다.	• 미술의 요소 탐색하기: 자연과 사물에서 선, 색, 모양, 명암, 질감 등 미술의 요소를 탐색한다. • 미술의 원리 탐색하기: 자연과 사물에서 강조, 비례, 대칭, 조화, 패턴 등 미술의 원리를 탐색한다. • 미술활동으로 표현하기 – 다양한 미술활동(그리기, 입체 작품 구성하기, 찍기)으로 자신의 생각과 느낌을 표현한다. – 미술활동에 필요한 재료와 도구를 다양하게 사용한다. – 미술활동을 협동해서 한다. • 자연의 아름다움 감상하기
	– 봄의 풍경은 강조, 비례, 대칭, 조화, 패턴 등 미술의 원리로 구성되어 있다.	• 미술 작품 감상하기 • 자신과 또래의 작품 감상하기

(3) 미술활동 구성하기

주제에 대한 개념을 선정하면 미술교육 내용 중 어떤 것을 경험하게 할 것인지, 어떤 활동으로 시작할 것인지, 어떻게 통합하여 경험하게 할 것인지, 구체적으로 계획하며 유아들과 함께 구성해 나간다.

'봄'이라는 생활주제에 대한 세부 주제 '봄의 식물'과 통합하여 구성된 미술활동의 예는 다음과 같다.

생활주제	봄
미술교육 내용	• 미술 작품 감상하기 • 미술활동으로 표현하기 • 미술의 요소와 원리 탐색하기 • 통합적으로 표현하기
주제	봄의 식물
봄의 새싹과 새잎 탐색하기	* 준비물: 그림책『봄이다』, 자연물 수집 주머니, 돋보기 줄리 폴리아노 지음, 이예원 옮김, 에린 E. 스테드 그림, 별천지, 2012 **1** 유아들에게 그림책『봄이다』를 들려준 후, 책 속 주인공처럼 봄이 되어 돋아난 주변에서 볼 수 있는 식물의 새싹을 찾아보고 탐색한다. **2** 수집할 수 있는 새싹이나 새잎을 주머니에 담아 온다. • 우리도 소년처럼 새싹을 찾아볼까? 어디에 가면 새싹과 새잎을 찾을 수 있을까? • 새싹과 새잎이 돋아난 것을 보았니?

봄의 새싹과 새잎 탐색하기	• 어떤 색(모양, 냄새)이니? • 자세히 보자. 무늬가 있니? 뒤쪽에는? • 만져 보니 느낌이 어떠니? 새싹을 만지니 생각나는 것이 있니? • 이 새싹이 자라면 모양이 달라질까? 색깔은? 어떻게 달라질 것 같니?   봄의 새싹을 탐색하는 모습
새싹과 새잎 세밀화 그리기	* 준비물: 연필, 색연필, 사인펜, 파스텔, 물감, 가는 붓, 머메이드지, 새싹과 새잎 실물 자료 **3** 수집한 새싹과 새잎을 탐색한 후 자신이 그리고 싶은 실물 자료를 선택하여 세밀화를 그려 본다. • 무엇을 그려 보고 싶니? • 자세히 보자. • 어디서부터 시작할까? • 잎 모양은 어떤 모양이니?

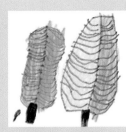

유아들의 작품

새싹과 새잎
세밀화
그리기

4 유아들의 작품을 감상한다.

- 친구의 그림을 보자.
- 무엇이 제일 눈에 띄니?
- 친구는 어떤 모양의 새싹을 그렸니?
- 친구는 새싹을 무슨 색을 사용하여 표현했니?
- 친구의 그림을 보니 생각나는 것이 있니?
- 친구의 그림에서 제일 마음에 드는 부분은 어디니?
- 친구가 제일 열심히 한 부분은 어느 부분인 것 같니?

* 준비물: 우드락(12×12cm), 도배용 풀, 티슈, 수채화 물감, 봄의 풀과 잎 등

5 유아들이 수집한 자연물을 다양한 방법으로 배치해 본다.

- 티슈를 더운 물에 불린 후 도배용 풀과 물감을 섞는다.
- 우드락 위에 풀을 펴 바르고 자연물들을 배열한다.
- 자연물 위에 다시 티슈를 얇게 얹어 햇볕이 잘 드는 곳에 말린다.
- 봄의 자연물들이 다른 형태로 보존된 모습을 감상한다.

봄의
자연물
간직하기

유아들의 작품

* 준비물: 유아들이 수집한 봄의 꽃 자연물, 물감, 붓, 4절 하드보드지, 1회용 종이접시

봄의 색 탐색하고 봄의 색 만들기

6 3~4명씩 그룹이 되어 유아들이 수집한 여러 종류의 꽃과 자연물을 다양한 방법으로 탐색한다.
- 친구들이 모아 온 꽃과 나뭇잎, 풀들을 펼쳐 보자. 무엇이 보이니?
- 어떤 색들이 있니? 비슷한 색끼리 모아 보자.
- 비슷한 색들 중에서 제일 진한 색부터 점점 흐린 색으로 차례대로 놓아 보자.

- 물감으로 자연물과 비슷한 색을 만들어 보자.
- 무슨 색을 더하면 색이 흐려질까?

봄 정원 꾸미기

7 봄 정원을 산책하고 탐색한 후 유아들과 교실에 정원을 꾸며 보기 위한 계획을 토의한다.
- 아름다운 정원을 우리 교실에 가지고 올 수 있는 방법이 있을까?

8 정원의 설계도를 그린다.
- 어떤 모습의 정원을 만들면 좋을지 생각해 보자.
- 어떤 모양의 정원을 만들면 좋을까?
- 우리 유치원/어린이집의 정원은 어떤 모양일까?
- 우리 유치원/어린이집 정원의 모양은 어디에서 보면 가장 잘 보일까?

9 교사가 촬영한 유치원/어린이집 정원 사진과 여러 형태의 정원 사진을 보며 이야기 나눈다.

위에서 촬영한 여러 정원의 형태

- 이 사진은 정원을 어디에서 본 모습일까?
- 무엇이 보이니?
- 길은 어느 부분일까? 길은 어떤 모양이니?
- 꽃과 나무가 심어져 있는 부분은 어떤 모양으로 되어 있니?

봄 정원 꾸미기

10 유아들이 구성할 정원을 설계한다.
- 우리 교실에 꾸밀 정원의 모양을 생각해 보자.

설계도를 그리고 있는 유아들　　　　유아들이 그린 정원 설계도

11 정원을 꾸미기 위한 재료와 방법을 토의한 후 재료를 모은다.

재료를 찾는 유아들　　　　유아들이 찾은 재료

12 유아들이 수집한 다양한 재료를 이용하여 정원을 꾸민다.

물감, 자연물, 폐품이 더해지며 정원이 구성되어 가고 있는 모습

공간과 길이의 측정이 이루어지는 모습

봄 정원
꾸미기

재료의 특성에 적절한 방법을 찾아내는 유아들

조화와 통일, 균형의 원리를 경험하며 정원을 완성해 나가고 있는 유아

더 아름다운 정원을 만들기 위하여 마지막 손질을 하는 유아들

봄 정원
꾸미기

완성된 정원

※ 앞의 활동은 서일대 부설 유치원 하늘반 유아들과 서지우 교사가 함께 구성한 '정원
프로젝트' 과정을 기술한 것이다.

2) 생활주제와 통합한 미술활동 계획안 구성

주제에 따른 개념과 연관하여 구성된 미술활동을 유아들과 실행하기 위해서는 보다 구체적인 계획이 필요할 수도 있다. 다음의 표는 생활주제 '봄'과 관련된 미술활동 계획안 구성의 예다.

생활주제	봄	주제	봄의 식물	소주제	봄의 꽃과 풀
활동명	봄의 꽃과 풀의 색 탐색하기			활동 유형	보고 관찰하기
관련 미적 요소	색	소요 시간	40분	대상 연령	만 4세
목표	1. 자신의 감각을 사용하여 봄에 볼 수 있는 자연물에서 색을 탐색한다. 2. 자연물에서 색을 얻을 수 있는 방법을 알아본다. 3. 자연에서 미적 요소를 탐구하는 것을 즐긴다.				
활동 자료	산책활동 중 찾은 자연물(꽃잎, 나뭇잎, 여러 종류의 풀, 봄나물 등), 화선지, 절구, 물(물병), 명반, 투명한 플라스틱 컵, 붓				
활동 과정					

1 봄동산 산책활동 중 다양한 자연물을 수집하고 여러 감각을 사용하여 탐색한다.

- 무엇을 찾았니?
- 이것은 어떤 색(모양, 냄새)이니?
- 만져 보니 느낌이 어떠니? 비슷한 느낌이 나는 것은 또 무엇이 있을까?
- 그 꽃(풀)과 비슷한 색의 자연물은 또 무엇이 있을까?
- 이 자연물을 손으로 누르면 어떻게 될까?
- 손바닥으로 비비면 어떻게 될까?

2 준비된 자료를 탐색하고 수집한 자연물에서 색을 얻을 수 있는 방법에 대해 이야기를 나눈다.

- 어떻게 하면 우리가 가져온 자연물로 종이를 물들일 수 있을까?
- 한지 위에 우리가 가져온 자연물을 돌멩이로 찧으면 어떻게 될까?
- 색깔(냄새, 모양)은 어떠니?
- 돌멩이로 민들레를 찧어도 쑥처럼 물이 나올까?

- 민들레는 어떤 색깔의 물이 나올까?
- 또 어떤 것을 돌멩이로 찧으면 노란색 물이 나올까?
- 어떤 도구를 사용하면 색깔물이 더 잘 나올까?
- 우리가 다치지 않고 색깔물을 만들려면 무엇을 조심해야 할까?

3 유아들이 원하는 도구를 사용하여 자연물을 찧어 즙을 만들어 본다.
- 어떤 색이 나오니?
- 손가락에 묻혀서 종이에 찍어 볼까?
- 이 자연물과 다른 자연물을 같이 찧으면 어떤 색깔이 나올까?
- 재료의 색이 잘 두드러지도록 하기 위해 명반을 가루로 만든 후 물에 섞어(물 1ℓ에 명반 1g 정도) 빨아 둔 색 물에 붓는다.
- 식물에서 색이 우러나면 유리컵에 붓는다.

4 유아들이 만든 색깔을 보고 이야기 나눈다.
- 무엇으로 색깔물을 만들었니?
- 가장 마음에 드는 색은 무엇이니?
- 우리가 만든 색들에 이름을 붙여 볼까? 어떤 이름을 붙이면 좋을까?
- 우리가 모은 색으로 화선지를 물들여 볼까?
- 화선지에 칠해 보니 어떤 색이 나타나니?
- 우리가 보았던 자연물의 색깔과 종이에 물들였을 때 나타난 자연물의 색깔이 다른 것이 있었니?
- 우리가 모았던 자연물 중에 색깔을 만들 수 없었던 것이 있었니?

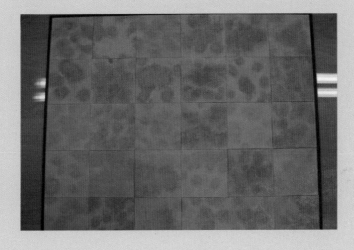

3) 생활주제와 통합할 수 있는 미술활동의 예

생활주제와 미술활동을 통합할 때 교사는 유아의 연령과 미술 능력 발달을 고려하고 아름다움 탐색하기, 미술활동으로 표현하기, 아름다움 감상하기 등 미술교육 내용 간의 통합, 다양한 과목과의 통합을 모두 고려하여 계획하도록 한다. 여기서는 생활주제와 통합할 수 있는 미술활동의 예를 살펴보기로 한다.

생활주제	미술활동과 사례
유치원	• 미술영역의 도구 탐색하기 • 미술영역의 잡동사니 물건 탐색하기 • 유치원/어린이집의 물건들 촉감 체험하기 　⇨ 유치원/어린이집의 물건들 프로타주 • 친구 얼굴 탐색하기 　⇨ 다양한 재료 이용하여 친구 얼굴 구성하기

유치원

- 친구와 사진 촬영하기
  - ⇨ 친구와 촬영한 사진 감상하기
  - ⇨ 친구와 함께 찍은 사진 액자로 만들기

- 친구에게 어울리는 옷 디자인하기

- 문자도 감상하기
  - ⇨ 내 이름 디자인하기

- 여러 종류의 깃발, 로고 탐색하기
  - ⇨ 우리 반 상징 깃발(로고) 디자인하기

봄

- 밀레의 '봄' 감상하기
  ⇨ 손바닥과 발바닥으로 봄 동산 꾸미기

장 프랑수아 밀레, 봄, 19세기경

- 봄 동산 산책하며 꽃잎의 색, 모양, 향기 탐색하기
  ⇨ 봄꽃, 잎사귀로 꾸미기
  ⇨ 색 모래로 봄의 느낌 표현하기

- 산책하며 나무 탐색하기
  ⇨ 뻥튀기로 봄 나무 꾸미기
  ⇨ 봄 나무 그려 병풍 만들기
  ⇨ 물감 찍기로 봄 나무 표현하기

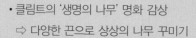

- 클림트의 '생명의 나무' 명화 감상
  ⇨ 다양한 끈으로 상상의 나무 꾸미기

클림트, 생명의 나무, 1905~1909

**나와
가족**

• 내 얼굴 탐색하기
• 나 그리기
• 자화상 감상하기
• 엄마 아빠 그리기

• 화가 날 때를 생각하고 그림으로 그려요. 내 감정을 모양으로 표현해요.

 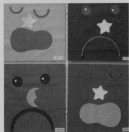 

• 찍기로 가족 얼굴 그리기
• 나와 가족 잡지 콜라주
• 다양한 재료를 이용하여 우리 가족 입체적으로 구성하기(페인트 붓, 스타킹과 옷걸이,
  다양한 크기의 뚜껑, 납작한 아이스크림 막대, 지점토, 야채와 과일 등)

나와 가족	• 친구의 사진을 보고 어떤 느낌인지 생각해 보아요. • 콜라주 작품 감상하기 • 헨리의 '가족' 조각 작품 감상하기 • 가족 그림 감상하기

우리
동네
	• 우리 동네 산책하며 담, 벽 만져 보기
	  ⇨ 담장 꾸미기
	  ⇨ 흙벽에 그림 그리기(낙서하기)
	  ⇨ 주워 온 돌과 나뭇가지에 색칠하기

	  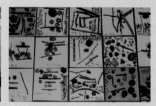
	
	• 미장원 견학하고 다양한 헤어스타일 탐색하기
	  ⇨ 다양한 재료로 헤어스타일 만들어 그리기(선)

	• 우리 동네 재래시장 돌아보기
	  ⇨ (공동작업) 우리 동네 재래시장 구성하기, 간판 디자인하기

우리 동네	• 우리 동네 건축물 감상하기 ⇨ 우리 동네 만들기

동식물과
자연
	• '왕벌의 비행' 음악과 동영상으로 감상하기
	  ⇨ '왕벌의 비행'을 듣고 느낌을 선으로 표현하기

	• 동물 소리, 생김새 탐색하기
	  ⇨ 감상활동: 동물이 있는 풍속화 감상하기(김홍도의 '황묘농접도', 김득신의 '파적도')

	         김홍도, 황묘농접도, 1745 김득신, 파적도, 18세기
	
	  ⇨ 명화 속 동물 그리기(풍속화 감상 후, 동물이 있는 일부를 지워 어떤 장면일지 상상한 후
	     그려 보기)
	
	• 달걀판으로 애벌레 만들기

	• 개미집 꾸미기

동식물과 자연	• 공룡시대 꾸미기 

여름	• 비와 함께 놀이해요
	   ⇨ 비 내리는 모습을 그려요, 물로 바위와 모래에 그림을 그려요.

	• 여름 꽃, 여름 과일 탐색하기
	   ⇨ 신사임당의 초충도 감상하기(가지와 벌, 수박과 들쥐, 오이와 개구리)

	신사임당, 초충도, 16세기
	
	   ⇨ 여름 꽃, 풀, 과일의 즙으로 여름 풍경 그리기, 여름 꽃 나뭇잎으로 손수건 만들기

여름	• 여름 하늘 탐색하기/하늘 사진찍기 ⇨ 토마스 라마디유의 '하늘' 작품 감상하기 ⇨ 하늘 사진 위에 그림 그리기    
교통 기관	• 타이어 굴러 탐색하기 ⇨ 나만의 바퀴 디자인하기   • 바퀴 찍어 나무토막으로 교통기관 구성하기  • 교통기관 모빌　　　　　　　• 도형 이용하여 교통기관 구성하기  

우리 나라	• 우리나라 장식품 감상하기(병풍, 떨잠, 노리개 등) ⇨ 한지와 먹으로 병풍 만들기, 민화의 한복 자연물로 꾸미기, 떨잠 만들기, 딱지방울 접어 노리개 만들기 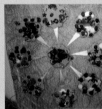 • 우리나라 전통악기 감상하기, 여러 가지 탈 감상하기 ⇨ 전통악기 만들기, 글자 이용하여 그리기, 내가 쓰고 싶은 탈 만들기, 조각보 꾸미기 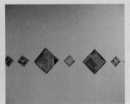 
생활 도구	• 실물화상기로 그림자 놀이하기 ⇨ 라이트 테이블에 모양 아크릴이나 큐브 아크릴로 놀이하기 

생활 **도구**	• 생활도구 이용하여 찍기  • 백남준의 비디오 아트 '다다익선' 감상하기 ⇨ (공동작업) 빈 상자와 도화지, 셀로판지 이용해서 비디오 아트 설치하기    백남준, 강익중, 다다익선, 1988
가을	• 산책하며 나뭇잎 색깔별 모양별 분류하기 ⇨ 가을색으로 나뭇잎 찍기 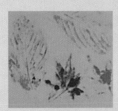  

• 가을동산 산책하며 나뭇잎 모으기

⇨ 화선지에 가을 나뭇잎 색 물들인 후 바람에 날아가는 낙엽 표현하기

⇨ 에곤 실레 '네 그루 나무', 앤드루 와이어스 '바다로부터의 바람'(색)

2019 Andrew Wyeth / ARS, New York – SACK, Seoul

• 나뭇잎 관찰하기

⇨ 나뭇잎 얹어 색스프레이로 뿌려 그리기

가을

• 눈의 모양, 성질 탐색하기
　⇨ 검정 도화지에 흰 물감 면봉으로 찍어 눈 표현하기

• 모지스 할머니(1860~1961)의 '눈 풍경' 작품 감상
　⇨ 색모래로 눈 오는 날 풍경 그리기, 눈 모빌 만들기

• 물과 얼음 탐색하기
　⇨ 눈 위에 그림 그리기, 색얼음으로 그리기

겨울

참고문헌

교육과학기술부 고시 제2011-30호/보건복지부 고시 제2011-106호.

교육과학기술부 고시 제2012-16호.

교육과학기술부(2013). 누리과정 해설서.

권가영, 류경희, 강상(2014). 산책을 통한 자연탐색활동이 만 1세 영아의 어휘력, 의사소통능력, 사회·정서 능력에 미치는 영향. 유아교육학논집, 18(1), 125-143.

김선월(2003). 자연산책을 통한 미술요소 탐색활동이 유아의 그림표현에 미치는 영향. 중앙대학교 교육대학원 석사학위논문.

김유선(2017). 환경과 디자인. 서울: 도서출판 플로라.

김재은(1976). 그림에 의한 아동의 심리진단. 경기: 교육과학사.

김정(1994). 아동의 미술교육연구. 서울: 창지사.

문은배(2011). 색채 디자인 교과서. 서울: 안그라픽스.

박연서 외(2018). 색채론. 서울: (주)한국색채디자인연구소.

박정애(2010). 의미 만들기의 미술: 미술교육을 위한 새 패러다임. 서울: 시공사.

심영옥(1999). 동서미술의 제 문제: Franz Cizek의 미술 교육 방법론 연구. 현대미술 연구소 논문집, 1, 153.

안인희, 이상금(2003). 김애마선생기념회, 애마 선생님 이야기. 서울: 정우사.

이고은(2007). 미술교육에서 유아의 그리기 표상능력과 창의성의 상관관계 연구. 이화여자대학교 교육대학원 석사학위논문.

이기숙(1981). 유아교육시설. 福祉社會와 幼兒教育의 發展方向(pp. 79-93). 사단법인 새세대육영회.

이미옥(2009). 아동미술교육. 경기: 양서원.

이원영(1981). 유아를 위한 교재 및 놀잇감. 福祉社會와 幼兒教育의 發展方向(pp. 57-76). 사단법인 새세대육영회.

이정욱, 임수진(2012). 탐색·표현·감상의 통합적 유아미술교육. 서울: 정민사.

장순미(2008). 미술관 방문활동이 유아의 그림 표현능력 및 그림 감상능력에 미치는 영향. 중앙대학교 대학원 박사학위논문.

정미경(1999). 미적 요소에 기초한 활동중심 통합미술프로그램이 유아의 미술표현능력 및 미술감상능력에 미치는 영향. 중앙대학교 대학원 박사학위논문.

주리애(2017). 색즉소울: 색채심리 안내서. 서울: 학지사.

중앙대학교 사범대학 부속유치원 편(1991). 활동중심 통합교육과정. 경기: 양서원.

중앙대학교 사범대학 부속유치원 편(1999). 그림과 조각 – 유아의 사고력 신장을 위한 활동중심 통합교육 자료집 1. 경기: 양서원.

지성애, 김성현(2014). 만 3세 유아 미술교육에 대한 교사의 인식 및 실태. 유아교육학논집, 18(1), 23 – 47.

허길래선생님을 사랑하는 사람들의 모임(1996). 허길래. 경기: 양서원.

홍미숙(2001). 통합적 미술감상활동이 유아의 그림표현능력에 미치는 영향. 충남대학교 교육대학원 석사학위논문.

황해익, 송연숙, 손원경(2002). 유치원 수준별 교육과정 평가도구 개발 연구. 열린유아교육연구, 7(2), 315 – 334.

Archambault, R. D. (1974). *John Dewey on education*. Phoenix edition. Chicago and London: The University of Chicago Press.

Arnheim, R. (1997). *Visual Thinking. 35th anniversary printing*. Berkley, LA, London: University of California Press.

Barnes, R. (1987). *Teaching art to young children 4 – 9*. Allen & Unwin.

Beatty, B. (1998). *Preschool education in America: The cultural of young children from the colonial era to the present*. 이원영 역. 미국유아교육사. 경기: 교육과학사. (원전은 1995년 출판)

Bower, T. G. R. (1990). *A primer of infant development*. 이원영 역. 경기: 교문사. (원전은 1977년 출판)

Brownlee, P. (1983). *Magic places: A guide for adults to encourage young children's creative art work*. Auckland, N.Z.: N.Z. Playcentre Federation.

Dewey, J. (1902). The child and the curriculum. CA pamplet by the Univ. of Chicago Press. in the book edited by Archambault, R. D. (Ed.)(1974). *John Dewey on education* (pp. 339 – 358). The University of Chicago Press.

Dewey, J. (1926). Individuality and Experience, the Journal of the Barnes Foundation. Quoted in John Dewey on education Edited by Achambault, R. D. (1964).

Dewey, J. (1954). *Art and education*. Merion, PA: Barnes Foundation Press.

Eisner, E. W. (1972). *Educating artistic vision*. New York & London: Macmillan.

Feldman, E. (1993). *Practical art criticism*. Englewood Cliffs, NJ: Prentice – Hall.

Gaitskell, C., & Hurwitz, A. (1970). *Children and their art*. New York: Harcourt Brace and World Inc.

Gregory, R. L. (1997). *Eye and brain – the psychology of seeing* (5th ed.). Princeton University Press.

Harms, T., & Clifford, R. M. (1989). *Family day care rating scale*. New York: Teachers College Press.

Herberholz, B., & Hanson, L. (1994). *Early childhood art* (3rd ed.). Dubuque, IA: Wm. C. Brown.

Hill, P. S. (1924). *A conduct curriculum*. New York: Charles Scribner's Sons.

Itten, J. (1989). 색채의 예술. 김수한 역. 서울: 지구문화사.

Kellogg, R. (1970). *Analyzing children's art*. Palo Alto, Ca: Mayfield Publishing Company.

Kellogg, R. (1970). *Analizing children's art*. Palo Alto, California: National Press Books.

Rood, O. N. (1879). Students' text-book of color, modern chromatics with applications to art and industry. New York: D. Appleton and Company.

Kraus – Bœlte, M., & Kraus, J. (1892). *The kindergarten guide: An illustrated hand – book, designed for the self – instruction of kindergarteners, mothers, and nurses* (3rd ed.). New York: E. Steiger & Co.

Lessen – Firestone, J. (1995). The trials of testing. *Scholastic Early Childhood Today, 23*.

Lowenfeld, V., & Brittain, W. L. (1982). *Creative and mental growth* (7th ed.). New York: Macmillan Publishing Co.

Luscher, M. (1969). *The luscher color test*. New York: Random House.

Munro, T. (1929). Franz Cizek and the free expression method. In J. Dewey (Ed.), *Art and education*. Merion, PA: Barnes Foundation Press.

Paulson, F. L., Paulson, P. R., & Meyer, C. A. (1991). What makes a portfolio a portfolio? *Educational Leadership, 48*(5), 60 – 63.

Read, H. (1943). *Education through art*. London: Faber & Faber.

Rood, O. N. (1879). *Student's text-book of color; or, modern chromatics, with applications to art and industry*. New York: D. Appleton and Company.

Schiller, C. (1995). 실러의 아동관과 영국의 유아교육. 이원영 역. 서울: 창지사. (원전은 1979년 출판)

Viola, W. (1936). *Child art and Franz Cizek*. Vienna: Austrian Junior Red Cross.

http://www.historyofeducation.org.uk/page.php?id=31

http://www.roehampton.ac.uk/Colleges/Froebel/Froebel – History

찾아보기

인명

Freud, S. 24, 29, 165

Fröbel, F. W. 24, 165

Gardner 155

Gauguin, P. 82, 127

Gogh, v. V. 61, 71, 72, 84, 85, 87, 89, 96, 108, 127, 231, 235

Gregory, R. L. 117, 124

Grimshaw, J. A. 84

Hall, G. S. 30, 38

Hanson, L. 263

Harms, T. 290

Heda, W. C. 62

Herberholz, B. 224, 263

Hill, P. S. 38

Hobbema, M. 83

Homer, W. 102

Hook 120

Itten, J. 123

James, W. 116

Kahlo, F. 235

Kandinsky, W. 76, 100, 116

Kellogg, R. 111, 133, 134, 135

Kirchner, E. L. 94

Klee, P. 72

Klimt, G. 60, 104, 105, 230

Kramskoy, I. N. 98

Lessen-Firestone, J. 259

Load, R. 30

Lowenfeld, V. 30, 111, 133, 134, 135

Magritte, R. 228, 229

Mailloll, A. 78

Malevich, K. S. 75, 76

Marc, F. 60, 62, 95

Matisse, A. 72, 416

Michelangelo 116

Modigliani, A. 75, 78, 94, 95

Mondrian, P. 70, 73, 74, 322, 323

Monet, C. 60, 61, 64, 69, 75, 79, 99, 230, 317

Montessori, M. 30

Munch, E. 63, 99

NAEYC 259

Newton, I. 120

Paulson, F. L. 257

Piaget, J. 31, 115, 165

Pollock, J. 73

내용

저자 소개

✿ 이원영(Rhee Won-Young)

이화여자대학교 사범대학 교육학과 학령전교육 전공(현 유아교육과) 졸업
이화여자대학교 대학원 교육학과 학령전교육 전공(석·박사)
미국 University of Washington 대학원 유아교육 MEd
영국 Sheffield University 방문교수
배재학당 재단이사
전국 유아교사양성사립대학 교수협의회 회장
한국유아교육학회 회장
세계유아교육기구(OMEP) 한국위원회 회장
대통령 자문기구 교육개혁위원회 위원
대통령 자문기구 교육인적자원개발정책위원회 위원
여성부 정책자문위원회 자문위원
유아교육법 제정을 위한 유아교육대표자연대 의장
환태평양유아교육연구회(PECERA) 회장
현) 중앙대학교 사범대학 유아교육학과 명예교수
　　교육부중앙유아교육위원회 부위원장
　　PECERA Executive Board member

✿ 임경애(Im Kyung-ae)

중앙대학교 사범대학 유아교육과 졸업
중앙대학교 대학원 유아교육과(석·박사)
중앙대학교 사범대학 부속유치원 교사
서울국악유치원 원장
현) 경복대학교 유아교육과 교수

✿ 김정미(Kim Jung-mi)

중앙대학교 사범대학 유아교육과 졸업
중앙대학교 대학원 유아교육과(석·박사)
미국 University of Illinois at Urbana-Champaign 방문교수
삼육대학교 부속유치원 원장
현) 삼육대학교 유아교육과 교수

✿ 강유진(Kang Yu-jin)

중앙대학교 사범대학 유아교육과 졸업
숙명여자대학교 예술대학 회화과 졸업(서양화 전공)
중앙대학교 대학원 유아교육과(석사)
현) 경복대학교 아동상담보육과 교수

자유표현과 심미감 중심의

유아미술교육(2판)
Art Education for Young Children (2nd ed.)

2015년 3월 30일 1판 1쇄 발행
2018년 9월 10일 1판 5쇄 발행
2019년 3월 15일 2판 1쇄 발행

지은이 • 이원영 · 임경애 · 김정미 · 강유진
펴낸이 • 김진환
펴낸곳 • ㈜ **학지사**

04031 서울시 마포구 양화로 15길 20 마인드월드빌딩
대표전화 • 02)330-5114   팩스 • 02)324-2345
등록번호 • 제313-2006-000265호

홈페이지 • http://www.hakjisa.co.kr
페이스북 • https://www.facebook.com/hakjisa

ISBN 978-89-997-1780-2 93370

정가 23,000원

이 도서의 국립중앙도서관 출판시도서목록(CIP)은 서지정보유통지
원시스템 홈페이지(http://seoji.nl.go.kr)와 국가자료공동목록시스템
(http://www.nl.go.kr/kolisnet)에서 이용하실 수 있습니다.
(CIP 제어번호: 2019007174)

교육문화출판미디어그룹 학지사

심리검사연구소 **인싸이트** www.inpsyt.co.kr
원격교육연수원 **카운피아** www.counpia.com
학술논문서비스 **뉴논문** www.newnonmun.com
간호보건의학출판사 **학지사메디컬** www.hakjisamd.co.kr